Gaston Lenôtre

DESSERTS
DE FRANCE

Ich widme dieses Buch meinen Eltern,
Gaston und Eléonore Lenôtre.

Mein Vater hat mir seine Jugend ausführlich geschildert. Da er seine Mutter schon als kleines Kind verloren hatte, wurde er von einer Amme erzogen; dies war um das Jahr 1875. Mit zwölf Jahren war er bereits Konditorlehrling in Cormeilles bei Lisieux. Er hatte einen einzigen freien Tag im Jahr und musste seinem Meister jedes Jahr sechs Schürzen und zwölf Putzlappen liefern ... Ein Photo zeigt ihn einige Jahre später als Souschef in den Küchen des Grand Hôtel in Paris; nochmals ein Zeitsprung, und er vermählt sich mit Eléonore und verlässt Paris, um in der Normandie, in Saint-Nicolas, zwischen Bernay und dem Vallée d'Auge, einen kleinen Hof zu übernehmen. Dort kam ich 1920 zur Welt, ein Jahr vor meinem Bruder Marcel.

Ich habe von meinem Vater das Bild eines lebenslustigen, grosszügigen Mannes von gesundem Menschenverstand und Kultiviertheit in Erinnerung. Musiker, Tenorsaxophonist, Präsident der Musikgesellschaft von Bernay, während 35 Jahren Bürgermeister von Saint-Nicolas, Bezirksrat – und immer lagen ihm die Anliegen der Schwächsten am Herzen. Dank seines Könnens als Bauer und Viehzüchter und nicht zuletzt auch dank der tatkräftigen Mithilfe Eléonores wurde der Hof ständig grösser, bis zu jenem Tag, als ihn ein Gehirnschlag aus dem Leben riss.

Auch von Eléonore möchte ich erzählen. Als jüngstes von vier Mädchen auf einem kleinen Hof in Saint-Nicolas geboren, wurde sie von ihrer früh verwitweten Grossmutter Adelaïde aufgezogen. Diese stellte sich ihrem Schicksal – ohne Familienzulagen, ohne Sozialversicherungen. Das Leben war hart, und die Leute kämpften mit allen Kräften, um sich durchzubringen.

Schon als Zwölfjährige war Eléonore bei einer Schneiderin angestellt und begleitete diese, zu Fuss oder auf einem Karren, bei Regen, Schneetreiben oder Sturm, auf die Stör zu Gutsherren und anderen Bessergestellten, für die sie nähte, flickte, stopfte und Tischtücher stickte. Mit Vierzehn liess sie ihre Patin eine Lehre als Köchin in einem Patrizierhaus in Paris antreten. Dort erlernte sie die Kochkunst; zuerst bei der Familie Perreire und dann bei den Rothschilds. Ihr erster Mann starb 1915 im Krieg. Zurück in Saint-Nicolas lernte sie Gaston Lenôtre kennen, und die Köchin wurde Bäuerin. Sie verliess uns 1967, achtzigjährig.

1933, als ich mein Abschlussdiplom in der Tasche hatte, war sie es, die mich auf den Geschmack der Patisserie brachte: eine Fügung des Schicksals. Ich spüre ihre Nähe heute noch.

Ich möchte mit einigen Worten noch meine zweite Familie erwähnen, diejenige, die ich selbst gewählt habe und die heute das Unternehmen Lenôtre bildet. Junge Leute beiderlei Geschlechts, die uns ihr Vertrauen geschenkt haben, denen ich meine Leidenschaft vermitteln konnte und die heute zu Hunderten in ganz Frankreich, ja sogar in der ganzen Welt, die «Philosophie Lenôtre» lebendig erhalten und weiterverbreiten: den Begriff der Qualität, eine besondere Unternehmenskultur, die Freude an der gelungenen Arbeit, Selbstachtung und der Respekt für unsere Gäste, die schliesslich aus uns das machen, was wir sind.

Gaston Lenôtre

Traditionelle Rezepte
aus Frankreichs Regionen

In Zusammenarbeit
mit Dominique Lizambard, Joël Boulay
und Christoph Gaumer

Mit Photographien
von Pierre Hussenot, unter Mitwirkung
von Marianne Paquin

AT Verlag

DIE DESSERTS MEINER KINDHEIT

Kindheitserinnerungen werden wach, wenn von Desserts, Torten und Kuchen die Rede ist. Auf dem Hof in der Normandie, auf dem ich geboren bin, machte meine Mutter kleine Sablés, Sandteiggebäck aus Zucker, Mehl, Vanille und dem Rahm, den man von der Milch abschöpfte. Neben Reispudding und Karamelcreme sind Crêpes für mich die ersten süssen Erinnerungen, jene, die den unvergesslichen Geschmack der Kindheit bewahren.

Das Fest, das mich als Kind am meisten beeindruckte, war der traditionelle Tag des Dreschens. Als Abschluss der arbeitsreichen Zeit auf dem Feld und auf dem Hof galt dieser Tag im ländlichen Leben mehr als Ostern oder Weihnachten. Und er wurde festlich begangen; die Leckerbissen, die bei dieser Gelegenheit aufgetischt wurden, zeugten von der Grosszügigkeit der Bauern. Auf dem Hof meiner Eltern in Saint-Nicolas, zwischen Bernay und dem Vallée d'Auge, war die Vielfalt der Desserts bemerkenswert: im Ofen gebackene Äpfel, Kuchen, «Teurgoule», der traditionelle normannische Reiskuchen, und Karamelcremen.

Zur Erntezeit wurden auf den Feldern Garben von Weizen, Gerste, Hafer und Roggen zu nach oben spitz zulaufenden bis zu fünfzehn Meter hohen Gebilden aufgetürmt. Füllhörnern gleich standen diese Türme auf den abgeernteten Feldern, die letzten Garben gebündelt und gebrochen als Dach darauf gelegt, die Ähren nach unten gerichtet, um das wertvolle Gut vor Regen zu schützen. Hoch oben auf ihren Leitern legten die Knechte letzte Hand an und überliessen dann dem Erntemeister das Abschlussbouquet und die Girlanden, welche dieser voller Stolz zuoberst auf den Getreidehocken aufpflanzte. Mein Bruder Marcel und ich bewunderten diese Männer, von denen es nicht mehr viele gab, die ihr Können derart beherrschten. Die Reihen der Getreidehocken wurden je nach dem herrschenden Wind in gebührendem Abstand voneinander aufgestellt, um für den Fall eines Feuers zu verhindern, dass die ganze Ernte vernichtet wurde.

Damals wurde im November gedroschen. Nach der Neuaussaat hatten die Bauern mehr Zeit, man mietete die Dreschmaschine, die sich langsam von Hof zu Hof durcharbeitete. Es war ein beeindruckendes Bild, wie unsere zwei Fuhrmänner Marcel und Lucien mit vier stämmigen Zugpferden das mehrtönnige Gerät auf seinen Eisenrädern über die holperigen Feldwege zogen, gefolgt von zwei weiteren Pferden, welche die Dampfmaschine zogen. Für die Kinder war das Dreschen ein Fest, denn es brauchte viele Hände, um die Dreschmaschine zu füttern, und Schuleschwänzen wurde mit Nachsicht geduldet.

Eléonore, meine Mutter, hatte alles fest im

Ein Bonnezeaux Château de Fesles, ein Wein voller Weichheit und Kraft, zu einem Mandelbiskuit oder einem Pithiviers – paradiesischer Genuss!

Griff, aber sie hatte auch einen Sinn für Feste. Vier Tage im voraus fing sie mit den Vorbereitungen an, um die dreissig Leute, die sich an der Dreschmaschine ablösten, gebührend zu bewirten – genau wie wir heute einen Empfang vorbereiten. Als erstes liess sie ein Schwein schlachten und stellte zusammen mit ihren Mägden Yvonne, Marie und Mathilde Würste her, Blutwürste mit Zwiebeln, Terrinen und Pasteten, Schinken zum Braten, Schultern und Haxen mit Thymian eingerieben, gepökelt und gekocht. Mein Lieblingsgericht jedoch waren Kutteln. Die echten normannischen Kutteln, so wie sie heute noch zwei meiner alten Freunde zubereiten, Suzanne und Albert Caron in Lieurey, ein Metzgerpaar aus Leidenschaft. Ich kann nicht widerstehen, Ihnen hier ihr köstliches Rezept mitzugeben: Auf den Boden eines Steinguttopfs gibt man zuerst die entzweigesägten Schienbeine, dann die vier längsgespaltenen Füsse. Dann folgen die Kutteln, von allen Teilen, Pansen, Blättermagen, Haube, Labmagen und Enddarm. Zwischen die einzelnen Kuttelschichten legt man Karotten- und Zwiebelscheiben (eine ganze Zwiebel gibt man mit Gewürznelken gespickt dazu). Gewürze und Kräuterbündel kommen in die Mitte des Kutteltopfs. Die Kutteln werden anschliessend gepresst, mit einem Kohlblatt abgedeckt und mit vergorenem Apfelwein begossen. Der Steingutdeckel wird aufgelegt und der Spalt mit Brotteig hermetisch zugekittet, und nun kommt der Topf für zwölf bis fünfzehn Stunden zum Bäcker in den Backofen …

Doch zurück zu den Vorbereitungen meiner Mutter: Am nächsten Tag bereitete sie Suppenhühner und Masthähnchen, Mastenten und mit Hafer, Gerste und Klee aufgezogene Kaninchen zu. Die Vorratskammer begann vor lauter Vorräten beinahe zu bersten wie jene im Märchen von Pantagruel.

Der folgende Tag war den Desserts gewidmet, und um den Holzofen herrschte emsiges Treiben. Zu einer riesigen Fläche ausgewallter Kuchenteig wurde zu Kuchen geformt. Unter den kundigen Fingern meiner Mutter reihten sich auf den grosszügig mit Zucker bestreuten Kuchenböden Apfelschnitze, süss-saure Calville-Äpfel und herrlich duftende Goldparmänen.

Dann wurden die grossen Tische mit dicken leinenen Tüchern gedeckt und Stühle und Bänke aus Schule und Kirche geholt. Bereits am Vortag wurden die Kompottschüsseln mit Birnen und Äpfeln von der Hurde gefüllt, die mächtigen Henkelkrüge mit vergorenem Apfelwein auf die Tische gestellt.

Endlich kam der Tag der Ankunft der Dreschmaschine, begleitet vom Schnauben der Pferde und dem Gerassel der Eisenräder. Unverzüglich wurde die Maschine sorgfältig eingestellt und ausprobiert. Die Gehilfen luden den Kessel, Dampf zischte, Lederriemen knallten. Alles war bereit. Männer und Pferde zogen sich zurück, stillten ihren Hunger und gingen dann schlafen. Der nächste Tag würde lang sein.

Vor Anbruch des nächsten Tages ging es in der Küche zu und her wie in einem Bienenstock.

Warme, knackende Brotlaibe und «Pain brié» (eine weisse, sehr feste normannische Brotspezialität), bis zwölf Pfund schwer, kamen direkt aus Bernay. Pro Mann und Tag musste mit eineinhalb Kilogramm Brot gerechnet werden, und mein Vater, grosszügig wie er war, sorgte dafür, dass es niemandem an etwas mangelte.

Schalen mit brühheissem Kaffee vor sich, machten sich die Männer an die dicken, mit reichlich Butter bestrichenen Brotscheiben. Anschliessend gab's Omeletten mit kaltem Pökelfleisch, verfeinert mit etwas Schnittlauch und Senf. Man begoss alles mit einem leichten Apfelwein; der siebenprozentige war für den Abend reserviert …

Beim Pfiff der Maschine begaben sich alle auf ihre Posten; von oben warfen die Männer Garbe um Garbe auf die Brücke der Dreschmaschine, andere breiteten die Ähren zügig auf dem Laufband aus. Die Körner strömten auf einen Schlag heraus, und es brauchte einen kräftigen Mann, um die grossen Jutesäcke, die mit dem Namen des Hofs beschriftet waren, zu füllen und in den Kornspeicher hinaufzutragen. Am hinteren Ende spie die Dreschmaschine das Stroh aus, das sofort zu Garben gebündelt wurde; es wurde im Winter als Streu für die Tiere verwendet.

Aus einer anderen Öffnung der Dreschmaschine kam die Spreu. Hier war nun die Reihe an Marcel und mir, sie in Säcke abzufüllen, und voller Stolz luden wir sie auf einen Karren, der von unserem Esel Pompon gezogen wurde. Mit geriebener Runkelrübe und Heu vermischt, gab diese Spreu das Winterfutter für das Vieh ab. Einlagerung in Silos kannte man damals noch nicht, doch Rahm und Butter waren dafür um so

besser. Auch Kunstdünger gab es nicht, deshalb auch keine Riesenerträge; doch wie das Brot schmeckte!

Ich weiss nicht, ob Wirtschaft und Ökologie sich je vertragen werden, aber gegenwärtig scheinen alle gleichzeitig «hü» und «hott» zu rufen. Ich für meinen Teil habe damals schon meine Wahl getroffen. Sie heisst Qualität, und dafür werde ich immer eintreten. Diese Geschichte vom Tag des Dreschens, die auch die Geschichte meiner Kindheit ist, soll Ihnen zeigen, dass dieses Bemühen der Sinn meines Lebens ist.

Ich begegne meinen Kunden sehr oft in den glücklichen Stunden ihres Lebens – bei Taufen, Konfirmationen, Hochzeiten –, und es ist ein sehr angenehmer Aspekt dieses Berufes, den kleineren und grösseren Anlässen im Leben Farbe zu geben. Ich liebe diese Traditionen, die fein durchwirkt sind mit Spuren des Brauchtums und der Geschichte unserer Regionen. Was wäre das Dreikönigsfest ohne Dreikönigskuchen, Karneval ohne Crêpes oder Krapfen, eine Hochzeit ohne gebührende Hochzeitstorte? Der kulinarische Reichtum unserer Regionen ist schier unerschöpflich und diente häufig als Inspiration für die grossen, klassischen Rezepte der Pariser Köche und Konditoren.

Die französische Kunst der Patisserie verdankt viel Antonin Carême, der ihr am Ende des 18. Jahrhunderts neues Leben einhauchte. Carême folgten Jules Gouffé, der «Meister der dekorativen Küche», Coquelin und sein Liebesbrunnen (Puits d'amour, Rezept Seite 27), Chiboust von

«Far breton», ein süsses Fladengebäck aus der Bretagne (Rezept Seite 78).

der Rue Saint-Honoré, der eine Torte dieses Namens schuf (Rezept Seite 20), Bourbonneux und · Garchi, welche sie vervollkommneten. Die zwei Weltkriege versetzten diesem schöpferischen Klima einen empfindlichen Dämpfer; mit der Verunmöglichung der Lehrlingsausbildung versiegte auch die Weitergabe von Wissen und Können, und so dauerte es bis in die Mitte der fünfziger Jahre, bis die leichte und innovative Patisserie der heutigen Zeit aufkam.

An der Schöpfung dieser modernen Patisserie war ich beteiligt, doch fehlte mir immer die Zeit, mich mit den typischen regionalen Rezepten gründlich zu befassen. Die Suche nach Rohprodukten erster Qualität führte mich dann mit Männern und Frauen zusammen, die stolz, ja fast verliebt sind in ihre Obstgärten, ihren Wein, ihr Vieh. Gewissenhaft und verantwortungsbewusst haben sie schon immer gewusst, dass es für die echte Küche authentische Rohprodukte braucht. Landbutter, frischer, roher Rahm, Früchte der Jahreszeit, in voller Reife gepflückt, Wildblumenhonig, Qualitätsgewürze und -alkohole, natürlich eingemachte Früchte – dies alles ist so unverzichtbar für das Gelingen wie Fingerfertigkeit und Talent. Dank Leuten wie Sender, dem Frankreich eine einmalige kulinarische Bibliothek verdankt, war es mir möglich, das grossartige Können unserer Eltern und die mannigfaltigen Traditionen unserer Provinzen in ihrer ganzen Breite kennenzulernen.

Bald erkannte ich, dass eine grosse Zahl von Kuchen und Gebäcken in Vergessenheit geraten waren, die es verdienten, dem heutigen Geschmack angepasst und wiederentdeckt zu werden. Der «Colombier», mit dem das Pfingstfest in Marseille begangen wird (Rezept Seite 150), die «Cannelets» aus der Gironde (Rezept Seite 208), der «Ruifard» aus der Dauphiné (Rezept Seite 138), der «Pastis» aus dem Quercy (Rezept Seite 186).

Wie Proust habe auch ich meine «Madeleine», die vielfältige Erinnerungen in mir wachruft: der «Mirliton». Doch wer kennt es noch, dieses feine Blätterteiggebäck mit Mandeln, Rahm, Butter und Zucker, parfümiert mit Vanille und Orangenblüten, das beim Backen aufgeht wie ein Soufflé? Trotz seiner Einfachheit ein Wunder an Wohlgeschmack, leicht und auf der Zunge zergehend, und dennoch ist dieses alte normannische Rezept fast überall in Vergessenheit geraten, mit Ausnahme von Max Duflo in Yvetot.

Zum Glück gibt es ermutigende Anzeichen für das Wiederaufblühen einer echten, der Region verbundenen Patisserie: das wiedererwachte Interesse an unseren Traditionen, die Suche nach Qualitätsprodukten, der rücksichtsvolle Umgang mit der Umwelt …

Gegenstand dieses Buches sind Familienrezepte, deshalb werden Sie viele Desserts finden, deren Basis ein Butterhefeteig ist. Das erste Feingebäck wurde in der Tat aus Brotteig hergestellt, der mit der Steigerung des Lebensstandards nach und nach durch Butter und Eier verfeinert wurde. Rezepte mit Schokolade sind selten zu finden, da Schokolade lange Zeit ein Luxus war, den man sich auf dem Land nicht leistete.

Ich habe mich bemüht, die Rezepte der heutigen Zeit anzupassen. Weniger gezuckert, leichter, mit möglichst frischen Zutaten widerspiegeln sie einen anderen Lebensstil als denjenigen unserer Vorfahren, aber sie bewahren immer die ursprünglichen geschmacklichen Eigenschaften ihrer Vorbilder.

«Regionalspezialitäten», dieses Wort möchte ich gerne häufiger in unseren Bäckereien und Konditoreien angeschlagen sehen. Wenn dieses Buch meinen Kollegen und Kolleginnen, Hausfrauen und Hobbyköchen Lust macht, sich in ihr kulinarisches Erbe zu vertiefen, um es in der heutigen Zeit angepasstem Gewand wiederzubeleben, ist dies für mich der schönste Lohn dafür, dass ich diese Rezepte aus unseren herrlichen französischen Provinzen zusammengetragen habe.

Es ist mir leider an dieser Stelle nicht möglich, alle meine Kollegen aus den Provinzen namentlich aufzuführen, die ihren Regionalspezialitäten wieder zu Ruhm und Ansehen verholfen haben. Doch sei ihnen allen mein Dank gewiss.

DESSERTWEINE

*D*ie Weinberge Frankreichs produzieren fast alle herrliche Dessertweine. Und trotzdem ist es eher selten, dass man der Wahl zu den Nachspeisen passender Weine die gebührende Aufmerksamkeit schenkt. Champagner ist das perfekte Getränk für festliche Anlässe und wird vielfach auch zu Patisserien empfohlen. Dabei wird ausser acht gelassen, dass deren Zuckergehalt unweigerlich mit der Säure des Champagners – insbesondere wenn es sich um einen trockenen handelt – in Konflikt gerät.

Anlässlich zahlreicher Verkostungen habe ich Gelegenheit gehabt, eine Menge Weine sowohl zu Desserts mit Früchten wie auch zu Patisserien mit Rahm und Gebäck mit Schokolade zu degustieren und dabei wunderschöne Geschmacksverbindungen zu entdecken.

Die grossen weissen Süssweine schmecken unvergleichlich zu Desserts mit Rahm, mit Mandeln oder Früchten, besonders die Sauternes aus dem Bordelais, die Quarts-de-Chaume und Bonnezeaux des Loiregebiets. Die natürlichen Süssweine wie der Banyuls sind ideal zu Schokolade. Aber keine Regel ohne Ausnahme ...

Der Sauternes ist ohne Zweifel der bekannteste süsse Weisswein; der Château d'Yquem, weltweit von höchstem Renommé, hat massgebend zu diesem Nimbus beigetragen. Aus Sémillon- und Sauvignontrauben gewonnen, ausgesprochen spät gelesen, werden die Beeren von einem Pilz (Botrytis cinerea) befallen, und wenn diese sogenannte Edelfäulnis vollendet ist (das heisst den Trauben einen grossen Teil des Wassers entzogen, damit die Säure vermindert und den Zuckeranteil prozentual entsprechend erhöht hat), erhält man einen süssen, sanften, cremigen Wein mit Pfirsich-, Aprikosen- und Honigaromen. Die grossen Sauternes sind nach einigen Jahren Lagerung unvergleichlich, aber des öfteren schlicht zu süss als Dessertbegleiter. Mit stark gezuckerten Mandelkuchen jedoch, mit kandierten Früchten und mit Pflaumen verstehen sie sich bestens. Aus der gleichen Gegend sind die Weine von Saint-Croix-du-Mont, Cadillac und Montbazillac zu empfehlen.

Der süsse Jurançon, der am Fusse der Pyrenäen hergestellt wird, ist ein interessanter Begleiter zu Früchten. Seine Ananas- und Grapefruitaromen, die sich mit zunehmendem Alter entwickeln, harmonieren ganz speziell mit Zitrusfrüchten.

Die Weissweine aus dem Loiretal scheinen regelrecht als Dessertbegleiter kreiert worden zu sein: Sie veredeln diese und gewinnen gleichzeitig selbst durch die süssen Geschmacksnoten.

Die besten weissen Süssweine der Region findet man in der Anjou, genauer gesagt in der Gegend der Coteaux du Layon. Das Rebgut besteht ausnahmslos aus Chenin blanc, wird spät gelesen, nach Reifestand in mehreren Etappen. Das Resultat ist bestechend, insbesondere was die zwei Herkunftsbezeichnungen Quarts-de-Chaume und vor allem Bonnezeaux betrifft. Mild und kraftvoll entwickeln die grossen Bonnezeaux Aromen von Quitten, Akazienhonig, Reinetten und Mangos. Die Säure der Cheninblanc-Trauben verhindert, dass der Wein kraftlos wird, und gibt ihm eine aussergewöhnliche Lebensdauer. Auf dem Château de Fesles, einem der besten Bonnezeaux-Güter, das ich heute zusammen mit Jacques Bonvin führe, stellen wir diesen Ausnahmewein nach traditioneller Methode her, zum Teil mit Gärung in Eichenfässern. Man kann ihn als Aperitif, zwischen 10 und 12 Grad kalt, geniessen, doch mundet er auch herrlich zu Nachspeisen mit Rahm, zu Früchte- und Mandelkuchen. Ein «Pithiviers», zum Beispiel mit Kirschen (Rezept Seite 90), oder ein Mandelbiskuitcake zusammen mit einem alten Bonnezeaux – das ist das Paradies auf Erden! Ähnlich dem Bonnezeaux, jedoch leichter und etwas weniger cremig, da die Lage stärker nach Norden exponiert ist, präsentieren sich die Quarts-de-Chaume.

Qualitativ hochstehende natürliche Süssweine auf Basis von Grenache-Trauben eignen sich perfekt als Begleiter zu Schokoladendesserts. Die würzige Kraft der Banyuls, Muscats, Rivesaltes, Maury und Rasteaux harmoniert hervorragend mit dem nicht minder kraftvollen Geschmack von Bitterschokolade, besonders wenn die Weine bereits ein gewisses Alter erreicht haben.

Zu Früchtekuchen passen besonders gut Elsässer Grauburgunder-Spätlesen (Pinot gris, vormals unter dem Namen Tokay gehandelt) oder Muscats. Gewürztraminer, selbst aus Spätlesen, sind meines Erachtens zu gehaltvoll und können den Geschmack des Desserts übertönen.

Es gibt eine ganze Anzahl weiterer Weine, die sich vorzüglich mit Nachspeisen vertragen.

Empfehlenswert sind alter Porto und süsser Sherry (Oloroso) zu Schokolade, die delikaten Moselweine zu Rahmdesserts, die «Vins jaunes» aus dem Jura mit ihrem Nussgeschmack natürlich zu Kuchen und Gebäck mit Nüssen …

Zu guter Letzt vielleicht ein Gläschen Hochprozentiges, auf die Nachspeise abgestimmt, wie ein alter Calvados zu Apfelkuchen, Kirsch zu Kirschenauflauf. Dunkle Schnäpse sollen chambriert, klare sehr kühl serviert werden.

Ile-de-France

Man vergisst allzu oft, dass die Ile-de-France ein bedeutendes Landwirtschaftsgebiet war, bevor sie zu einer Ballung von zusammenhängenden Ortschaften wurde. Vor kurzem noch reichte die Landwirtschaft bis vor die Tore von Paris, kleine Betriebe, die Viehzucht und Gemüseanbau betrieben und die Stadt mit begehrten Lebensmitteln versorgten. Erlesene Gemüse, wie die berühmten Argenteuil-Spargel oder Clamart-Erbsen, Ziegen aus der Aufzucht von Arpajon, exzellente Früchte, wie Montmorency-Kirschen, Erdbeeren von Orsay, Birnen von Rueil und Provins, Chasselas-Trauben von Fontainebleau. Im königlichen Gemüsegarten von Versailles, lebendiger Zeuge dieser Anbautradition, stehen noch heute über hundertjährige Obstbäume. Nicht minder berühmt war die Ile-de-France für ihre ausgezeichneten Milchprodukte und Frischkäse, die grosszügig für die verschiedensten Backwaren verwendet wurden. So diente zum Beispiel in Coulommiers junger, weisser Brie als Füllung für köstliches Hefegebäck, und die «Crémets» von Fontainebleau, kleine, mit Eischnee und Rahm vermischte Frischkäse, standen jenen aus der Anjou in nichts nach.

Der sahnige Fontainebleau-Quark ebenso wie der erstklassige Rahm der Gegend waren seit jeher ein geschätzter Bestandteil der traditionellen Desserts der Ile-de-France. Und, was wären französische Desserts ohne «Crème Chantilly», den nach dem gleichnamigen Marktflecken in der Oise benannten Schlagrahm, der so unnachahmlich jedes Dessert verfeinert?

Doch in erster Linie ging es darum, die Bevölkerung der Stadt zu ernähren. Die Pariser Konditorkunst und Küche waren daher eher Sache von Berufsleuten als von Hausfrauen. So gab es in dieser Gegend auch früh schon Zünfte, aus denen in der Folge die spezialisierten gastronomischen Berufsstände von heute entstanden.

Auf den Kreuzzügen lernten die Franzosen den Rohrzucker und mit Öl zubereiteten Blätterteig kennen. Damit begann der Aufschwung der eigentlichen Feinbäckerei, obwohl Zucker (damals noch in den Apotheken verkauft) noch lange ein Luxus blieb.

Im Jahr 1270 räumte Ludwig der Heilige den «Obloyers», den Strassenhändlern, welche die «Oublies», Vorläufer unserer heutigen Waffeln, verkauften, ein Sonderstatut ein. Hundert Jahre später erhielten die Patissiers das Monopol für Pasteten (zu jener Zeit häufiger salzig als süss) und durften daneben auch «Echaudés», «Talmouses», Kuchen, Marzipan, Dariolen, Krapfen und anderes Backwerk verkaufen. Durch die Strassen hallten die Rufe der zahllosen fliegenden Händler, die, frisch aus dem Ofen, eine Fülle von Kleingebäck feilboten.

Im 17. und besonders im 18. Jahrhundert kommen Brandteig, Blätterteig, Butterhefeteig, dann Glace (Eis), Meringue (Baiser) und Biskuit auf. Die Geschichte der Feinbäckerei verläuft in der Folge parallel zur Geschichte des Landes im allgemeinen, mit Zeiten des Überflusses und solchen des Mangels.

Noch bis zum Zweiten Weltkrieg gab es in der

Nähe von Paris Bauernhöfe, die erstklassige Roh-produkte lieferten. Zu unserem Restaurant «Pré Catelan», im Herzen des Bois de Boulogne, gehörte ursprünglich ein Viehstall, wo zwanzig Kühe aus der Normandie zweimal täglich eine cremige Milch gaben – zur Ergötzung der klei-nen Pariser, die sich im Wald amüsierten. Frisch gemolkene Milch kostete 50 Centimes die Tasse, zum Mitnehmen, «verkorkte Karaffe inbegrif-fen», 1 Franc 50 der Liter. Wie gerne wäre ich zu dieser Zeit Chefpatissier im «Pré Catelan» gewe-sen, hätte mit sahniger Milch feine Biskuits und zartschmelzende Glace zubereitet. Aber damals war ich noch nicht zum «Pariser» geworden.

SAINT-HONORE
Saint-Honoré-Torte

Für 6 Personen

Vorbereitung: 1¾ Stunden
Backzeit: 30 bis 35 Minuten

200 g Blätterteig
(Rezept Seite 250)
200 g Brandteig
(Rezept Seite 251)

Für den Karamel:
200 g Zucker

Für die Füllung:
800 g Konditorcreme
(Rezept Seite 253), mit
Vanillezucker aromatisiert
2 Blatt Gelatine
100 g Zucker
5 Eiweiss
1 Prise Salz
2 Kaffeelöffel Zitronensaft

Abbildung gegenüber

*D*ieser 1846 von einem Meister namens Chiboust geschaffene Pariser Klassiker verdankt seinen Namen wohl dem Schutzheiligen der Zunft der Feinbäcker – es sei denn, er erinnere ganz einfach an den Wohnsitz ihres Schöpfers, die Rue Saint-Honoré. Mit seinem eigenen Namen taufte Chiboust jene delikate Mischung von Konditorcreme und steif geschlagenem Eischnee, mit Vanille aromatisiert, die als Crème Chiboust die Saint-Honoré-Torte krönt. Da diese Creme nur äusserst kurze Zeit haltbar ist und daher am selben Tag zubereitet werden muss, garnieren heute zahlreiche Konditoren ihre Saint-Honoré-Torte mit einfachem Schlagrahm.

Ein Backblech mit Butter bestreichen und mit Mehl bestäuben oder mit Backtrennpapier auslegen.

Den Blätterteig zu einem Kreis von 24 cm Durchmesser auswallen, auf das Blech gleiten lassen und mit einer Gabel einstechen.

Den Ofen auf 240 Grad vorheizen.

Den Brandteig zubereiten und in einen Dressiersack mit 2-cm-Lochtülle füllen. Mit dem Brandteig auf den Blätterteigboden 2 bis 3 mm vom Rand entfernt einen Kranz und in die Mitte eine Spirale spritzen. Eine 1-cm-Lochtülle aufsetzen und damit zusätzlich 16 nussgrosse Brandteig-Windbeutel auf das Blech setzen.

Alles im vorgeheizten Ofen 15 Minuten backen, dann die Temperatur auf 200 Grad zurückschalten und weitere 15 Minuten backen (den Backofen nicht öffnen, der Teig fällt sonst zusammen). Die Windbeutel 5 bis 10 Minuten vor Ende der Backzeit herausnehmen (oder noch besser Tortenboden und Windbeutel separat backen). Den Tortenboden und die Windbeutel abkühlen lassen.

Inzwischen die Konditorcreme herstellen und mit Vanille aromatisieren. 600 g davon für die Crème Chiboust beiseite stellen. Den Rest in einen Spritzbeutel mit Lochtülle geben und damit,

sobald diese abgekühlt sind, die Windbeutel von der Unterseite her füllen.

In einem kleinen Topf 200 g Zucker mit 4 Esslöffeln Wasser zu einem hellen Karamel kochen, vom Feuer nehmen und 5 Sekunden in ein Gefäss mit kaltem Wasser stellen. Den Topf auf eine kalte Unterlage stellen, die Windbeutel in den Karamel tunken und mit der karamelisierten Seite auf eine gebutterte Platte stellen, damit die Glasur beim Abkühlen schön glatt und ebenmässig wird. Die Windbeutel auf den Teigboden setzen und mit wenig noch flüssigem Karamel befestigen.

Die Gelatineblätter 10 Minuten in kaltes Wasser legen, herausnehmen und abtropfen lassen. In der Konditorcreme zergehen lassen und diese zugedeckt heiss halten.

In einem kleinen Topf 100 g Zucker mit 2 Esslöffeln Wasser erhitzen. Gleichzeitig (die beiden Arbeitsvorgänge müssen unbedingt parallel durchgeführt werden, damit Zuckersirup und Eischnee zugleich fertig sind!) das Eiweiss mit einer Prise Salz und 2 Kaffeelöffeln Zitronensaft zu einem festen, steifen Schnee schlagen. Sobald er schaumig wird, den Eischnee mit einem Kaffeelöffel Zucker bestreuen. Damit der Zucker im Topf nicht karamelisiert, die Hitze reduzieren. Nach unge-

fähr 5 Minuten sollte der Zucker zum Ballen gekocht sein, das heisst, ein in eiskaltes Wasser getauchter Tropfen Zuckersirup lässt sich leicht zu einem Kügelchen rollen.

Unter stetigem Schlagen den Zuckersirup zum Eischnee geben, indem Sie ihn der Wand des Gefässes entlang zugiessen. Sobald die Eischneemasse homogen ist, einige Löffel davon zügig unter die heisse Konditorcreme mischen. Sorgfältig den restlichen Eischnee untermischen, ohne die Creme lange zu rühren. Die Torte mit einer Schicht Creme bestreichen und anschliessend mit einem Dressiersack mit 2-cm-Lochtülle garnieren oder mit zwei Löffeln Nocken formen und die Cremeschicht damit belegen. Bis zum Servieren im Kühlschrank aufbewahren.

Die Saint-Honoré-Torte kann auch mit leicht gezuckertem Schlagrahm garniert werden.

BISCUIT PARISIEN
Gefüllte Biskuittorte mit Meringuehaube

Ursprünglich bezeichnete man als Biskuit ein zweimal gebackenes und dadurch länger haltbar gemachtes Brot vom Aussehen eines flachen, trockenen Fladens. Es war ein Grundnahrungsmittel der Seeleute und Soldaten, die es «Kriegsbrot» nannten.

Dieser bäuerliche Fladen wurde nach und nach verbessert, mit Zucker, Eiern und Butter angereichert und mauserte sich zum beliebten, gut haltbaren Reiseproviant, als «Beauvilliers» von einem Lehrling des Palais Royal geschaffen. Mit dem Biskuit nach Savoyer und nach Reimser Art, dem gefüllten «Biscuit mousseline» und dem Biskuit nach Pariser Art mit Mandeln und Meringuehaube sind wir dann schon meilenweit entfernt vom «Kriegsbrot» von einst ...

Für 6 bis 8 Personen

Vorbereitungszeit:
1½ Stunden
Backzeit: 35 Minuten

Für den Biskuit:
3 Eier
1 Zitrone, fein abgeriebene Schale
95 g Zucker
15 g Vanillezucker
30 g Mehl
30 g Stärkemehl oder Maisstärke

Für die Konditorcreme:
400 ml Milch
3 Eigelb
80 g Zucker
15 g Mehl
15 g Maisstärke
2 cl Rum
90 g gemahlene Mandeln

Für die Garnitur:
120 g kandierte Früchte
1 cl Rum

Für die Meringue:
150 g Zucker
4 cl Wasser
3 Eiweiss
1 Prise Salz
1 Kaffeelöffel Zitronensaft

Puderzucker

Zunächst den Biskuit zubereiten. Eine hohe Springform von 22 cm Durchmesser ausbuttern und mit Mehl ausstäuben. Den Ofen auf 230 Grad vorheizen.

Die Eier trennen. In einer Schüssel die Eigelbe mit der feingeriebenen Zitronenschale, 80 g Zucker und dem Vanillezucker etwa 5 Minuten schaumig schlagen (mit dem Handrührgerät bei niedriger Geschwindigkeit beginnen, dann bei mittlerer Geschwindigkeit weiterschlagen), bis die Masse als dickes Band vom Schneebesen fällt. Mehl und Stärkemehl beigeben.

Das Eiweiss steif schlagen, etwa in der Hälfte der Zeit die restlichen 15 g Zucker einstreuen. Den Eischnee vorsichtig, ohne langes Rühren, damit er nicht zusammenfällt, unter die Eigelbmasse heben.

Den Teig in die vorbereitete Form giessen und in den Ofen geben, die Temperatur dabei auf 180 Grad senken. 35 Minuten backen. Noch heiss aus der Form nehmen und abkühlen lassen.

Inzwischen nach der Beschreibung auf Seite 253 die Konditorcreme zubereiten. Noch warm in eine Schüssel giessen; sobald sie lauwarm ist, den Rum mit den gemahlenen Mandeln vermischen und beigeben, ohne allzuviel zu rühren, dann abkühlen lassen.

Die kandierten Früchte für die Garnitur im Rum einlegen.

Eine italienische Meringue (eventuell auch eine in der Zubereitung einfachere französische Meringue, Rezept Seite 144) zubereiten. Den Zucker mit dem Wasser beträufeln und zum Kochen bringen. Das Eiweiss zusammen mit Salz und Zitronensaft steif schlagen. Beides braucht ungefähr gleich lang. Nach 10 Minuten sollte der Zucker zum Ballen gekocht sein: Zur Kontrolle einen Tropfen Zuckersirup in eiskaltes Wasser fallen lassen; er sollte eine Kugel formen. Den Zuckersirup schön dem Gefässrand entlang zum Eischnee giessen, und diesen, bis er abgekühlt ist, langsam weiterschlagen.

Den Biskuit horizontal in drei gleich dicke Scheiben schneiden. Auf der untersten Scheibe die Hälfte der Mandel-Konditorcreme und die kandierten Früchte verteilen, die zweite Scheibe darauf legen, mit dem Rest der Konditorcreme bestreichen und mit der dritten Scheibe bedecken.

Den Ofen auf 240 Grad vorheizen.

Mit einem Palettenmesser oder Teigschaber die Meringuemasse auf dem Biskuit verteilen, nach Belieben mit einem Dressiersack mit Sterntülle ausschmücken. Mit Puderzucker bestäuben, mit gehobelten Mandelspänen bestreuen und nochmals mit Puderzucker bestäuben. Für einige Minuten in den Ofen geben, bis die Meringue goldgelb ist. Abkühlen lassen.

PARIS-BREST
Brandteigring mit Krokantcreme

Für 6 Personen

Vorbereitung: 40 Minuten
Backzeit: 30 Minuten

180 g ziemlich fester Brandteig (Rezept Seite 251)
1 Eigelb zum Bestreichen
50 g gehackte Mandeln oder feingehobelte Mandelblättchen

Für die Füllung:
160 g Butter
80 g Krokant (gemahlene oder gehackte karamelisierte Mandeln)
200 g Konditorcreme (Rezept Seite 253)
1 Kaffeelöffel Rum oder wasserlöslicher Kaffee, nach Belieben

Puderzucker

Abbildung folgende Doppelseite

*E*inem Kuchen den Namen einer Sportveranstaltung zu geben, scheint etwas abwegig. Wir befinden uns im Jahr 1891, und obwohl es die Tour de France, die grosse Frankreich-Radrundfahrt, erst seit wenigen Jahren gab, waren die grossen Strassenrennen äusserst populär.
Ein Konditor in der Pariser Vorstadt liess sich vom Tross der Radrennfahrer, die an seinem Schaufenster vorbeisausten, zur Herstellung eines grossen radförmigen Brandteigrings inspirieren, den er mit Krokantcreme füllte: der Paris-Brest war geboren. Wenig später entstand eine Variante mit Crème Chiboust und ohne Mandeln und wurde Paris-Nice getauft!

Den Ofen auf 240 Grad vorheizen.

Ein Blech buttern oder mit Backtrennpapier auslegen. Einen Kreis von 20 cm Durchmesser als Grundform darauf aufzeichnen.

Den Brandteig zubereiten und in einen Dressiersack mit 1-cm-Lochtülle füllen. Drei Brandteigringe bilden: den ersten der aufgezeichneten Kreislinie folgend, den zweiten im Innern unmittelbar an den ersten anschliessend und den dritten darauf zwischen die zwei ersten Ringe spritzen. Den Teig mit Eigelb bestreichen und mit den Mandeln bestreuen. 30 Minuten bei einen Spalt weit geöffneter Ofentür (einen Holzkochlöffel dazwischenklemmen) backen. Sobald der Teig schön aufgegangen ist (nach ca. 15 Minuten), die Ofentemperatur auf 220 Grad senken (weiterhin einen Spalt weit offen lassen) und fertigbacken. Aus dem Ofen nehmen, abkühlen lassen und am unteren

Rand des dritten Rings horizontal durchschneiden.

Für die Füllung die Butter weich rühren, den Krokant einrühren, dann nach und nach die geschmeidige, kalte Konditorcreme untermischen. Langsam etwa 2 Minuten schlagen, um die Mischung aufzulockern. Nach Wunsch mit Rum oder Kaffee aromatisieren. Die Creme in einen Dressiersack mit 2-cm-Sterntülle geben. Den unteren Teigring mit der Creme bestreichen und rundherum mit Rosetten oder Flämmchen dekorieren. Den Deckel auflegen, mit Puderzucker bestäuben, und die Torte bis zum Gebrauch kalt stellen.

PUITS D'AMOUR
Liebesbrunnen

Für 10 Stück

Vorbereitung: 40 Minuten
Backzeit der Böden:
10 bis 15 Minuten

200 g Brandteig
(Rezept Seite 251)
150 g Blätterteig
(Rezept Seite 250)
1 Eigelb zum Bestreichen
200 g Zucker
500 g Konditorcreme
(Rezept Seite 253)

Abbildung gegenüber

*I*m 19. Jahrhundert ist jeder Vorwand gut genug, um als Name für eine kulinarische Kreation zu dienen. Konditoren und Köche taufen ihre Gerichte zu Ehren berühmter Persönlichkeiten oder aufsehenerregender Ereignisse. Hat die Freundschaft zwischen Frankreich und Russland Hochkonjunktur, wird aus der Charlotte nach Pariser Art eine Charlotte russe. Im Hotel Carlton serviert Escoffier die in London zu Ehren einer Sängerin kreierten Pêches Melba, und in Paris gibt die Uraufführung von «Thermidor» einer Hummerzubereitung den Namen, die für den Autor des Stücks, Victorien Sardou, geschaffen worden war. 1843 ist die komische Oper «Le puits d'amour» ein grosser Erfolg: Und schon gibt es ein kleines Gebäck gleichen Namens, ursprünglich ausschliesslich aus Blätterteig, mit Konditorcreme gefüllt und karamelisiert.

Zuerst den Brandteig zubereiten. Dann den Blätterteig zubereiten und 2 mm dick auswallen. Kurz ruhen lassen, anschliessend daraus zehn 7 cm grosse Scheiben ausstechen. Mit einer Gabel einstechen und auf ein leicht befeuchtetes oder mit Backtrennpapier belegtes Backblech legen.

Den Backofen auf 210 Grad vorheizen.

Den Brandteig in einen Dressiersack mit 5-mm-Tülle geben und damit auf jede Blätterteigscheibe 2 mm vom Rand einen Ring spritzen. Mit dem restlichen Brandteig zwanzig Ringe von 6 cm Durchmesser auf das Blech spritzen und mit Eigelb bestreichen. Im vorgeheizten Ofen die Ringe 10 Minuten, die Böden 15 Minuten backen.

100 g Zucker mit 2 Esslöffeln Wasser karamelisieren. Jeweils zwei Brandteigringe nacheinander in den noch flüssigen Karamel tauchen und übereinander auf einen der Böden kleben. Nach Belieben fünf zusätzliche Brandteigringe herstellen und jeweils halbiert als Henkel befestigen.

Die Teigförmchen mit jeweils etwa 50 g Konditorcreme füllen. Die Teigränder mit Alufolie abdecken, so dass nur noch die Cremefüllung frei ist. Diese mit Zucker bestreuen. Aufpassen, dass kein Zucker auf die Teigränder kommt, da sie sonst unter dem Grill anbrennen. Die Liebesbrunnen 30 Sekunden unter dem Grill goldgelb karamelisieren.

PONT-NEUF
Mürbeteigtörtchen

*G*ebäck war nicht seit jeher gleichbedeutend mit Süssigkeit, denn Zucker war lange Zeit rar und teuer. In der Tat waren einige unserer heutigen Desserts ursprünglich salzige Gebäcke, wie zum Beispiel die «Talmouses», die ein Vorläufer dieses Blätterteiggebäcks waren. Dieses uralte Rezept, zum ersten Mal ist es bereits im 14. Jahrhundert im «Viandier de Taillevent» erwähnt, bestand aus einem mit Quark belegten Teigviereck, dessen Ecken vor dem Backen übers Kreuz zusammengeschlagen wurden. Später wurden die «Talmouses» mit Béchamelsauce, Eigelb und Käse angereichert, und schliesslich entstanden daraus die süssen «Talmouses pont-neuf» – ihr Namenszusatz stammt vielleicht daher, dass sie auf der Brücke Pont-Neuf verkauft wurden. In seiner heutigen Form ist das Gebäck mit Konditorcreme oder Frangipanecreme gefüllt und mit Gelee von roten Beeren oder Mandelblättchen garniert.

Für 10 Stück

Vorbereitung: 45 Minuten
Ruhezeit: 1 bis 1½ Stunden
Backzeit: 25 bis 35 Minuten

300 g Mürbeteig (Rezept
Seite 251) oder Blätterteig
(Rezept Seite 250)

Für die Füllung:
200 g Konditorcreme
(Rezept Seite 253)
200 g Brandteig
(Rezept Seite 251)
25 g Makronen
1 Esslöffel Rum

1 Ei zum Bestreichen
100 g Johannisbeergelee
Puderzucker

Tarteletteförmchen mit ziemlich hohem Rand buttern. Den Ofen auf 220 Grad vorheizen.

Den Mürbeteig 3 mm dick auswallen (Blätterteig nur 2 mm dick) und daraus zehn Scheiben von etwas grösserem Durchmesser als die Formen ausstechen. Die Teigreste beiseite legen. Die Förmchen mit dem Teig so auslegen, dass er etwa 3 mm über den Rand hinaussteht. Die Teigböden mit einer Gabel einstechen und 1 bis 1½ Stunden an einem kühlen Ort ruhen lassen.

Inzwischen für die Füllung die Konditorcreme und den Brandteig herstellen. Die Makronen zerstossen und mit der Konditorcreme, dem Brandteig und dem Rum sorgfältig vermischen. In einen Dressiersack mit 12-mm-Tülle geben und damit die Teigförmchen füllen (jeweils etwa 40 g Füllung pro Stück).

Den Rest Mürbeteig 1 mm dick auswallen und daraus 20 etwa 2 mm breite Streifen schneiden. Jeweils zwei davon übers Kreuz auf die Törtchen legen. Mit Ei bestreichen und 25 bis 35 Minuten im vorgeheizten Ofen backen. Auf einem Kuchengitter abkühlen lassen.

Das Johannisbeergelee auf kleinem Feuer zergehen lassen. Aus einem Karton eine Schablone von etwas grösserem Durchmesser als die Törtchen ausschneiden. Unterteilen Sie sie in vier gleich grosse Segmente, und schneiden Sie zwei einander gegenüberliegende Kreissegmente weg. Die Schablone auf die Törtchen legen und die freiliegende Fläche mit Puderzucker bestäuben. Die Schablone entfernen und die ungezuckerten Viertel mit Johannisbeergelee bestreichen.

Die Törtchenböden können am Vortag vorbereitet und bis zum Backen im Kühlschrank aufbewahrt werden.

MOUSSE FONTAINEBLEAU
Frischkäse-Mousse

Für 6 Personen

Vorbereitung: 20 Minuten
Kühlstellen: ½ bis 1 Stunde

½ l Rahm
5 Blatt Gelatine

500 g Fontainebleau oder,
wenn nicht erhältlich, Rahmquark mit mindestens
40% Fettgehalt
115 g Puderzucker
5 g Vanillezucker
70 g kandierte Früchte

Für die Garnitur:
Frische Früchte der Jahreszeit
(Zwetschgen, Aprikosen,
Erdbeeren, Walderdbeeren,
Himbeeren)

Der Fontainebleau – ein typisches Produkt der Ile-de-France – ist ein delikater, sahniger, ungesalzener Frischkäse, der wie die «Crémets» der Vendée und des Anjou nur gezuckert und zusammen mit frischen, pürierten oder kandierten Früchten genossen wird. Fontainebleau guter Qualität hat einen Fettgehalt von mindestens 40 Prozent (als «triple crème» können es bis zu 70 Prozent sein), man lässt ihn sehr langsam gerinnen und gründlich abtropfen. Traditionell wird er in Musselin verpackt angeboten.

In einem sehr kalten Gefäss den Rahm schlagen, zuerst bei mittlerer, dann bei höherer Geschwindigkeit. Sobald er andickt, kühl stellen.

Die Gelatineblätter in kaltem Wasser einweichen, abtropfen lassen und in einem mässig heissen Wasserbad auflösen. Weiterhin über dem Wasserbad mit einem Viertel des Fontainebleau oder des Rahmquarks verrühren und mit dem Schneebesen schlagen, bis die Masse glatt und dickflüssig ist.

Den restlichen Frischkäse mit dem Puderzucker, dem Vanillezucker und den kandierten Früchten vermischen. Den mit der Gelatine verrührten Frischkäse beigeben und das Ganze kräftig schlagen.

Zuletzt sorgfältig portionenweise den geschlagenen Rahm darunterziehen. In eine Schüssel geben und im Kühlschrank ½ bis 1 Stunde fest werden lassen.

Zum Servieren die Mousse mit in feine Scheiben geschnittenen frischen Früchten kranzförmig dekorieren.

MILLEFEUILLE
Cremeschnitte

Griechen und Araber kannten den Blätterteig, allerdings mit Öl zubereitet, bereits längere Zeit, als er durch die Kreuzritter ins Abendland gelangte. Ohne Zweifel waren die berühmten «Talmouses de Saint-Denis» das erste Blätterteiggebäck in unseren Breiten.

Jahrhunderte später stritten sich der Maler und frühere Konditor Claude Gellée, der Lothringer genannt, und der Hofkonditor des Prinzen von Condé um die Vaterschaft dieses Rezepts. Im 17. Jahrhundert wiederentdeckt, wurde der Blätterteig verfeinert und vermehrt verwendet. Zu Beginn des 19. Jahrhunderts kreierte der grosse Carême das Pastetchen und die Cremeschnitte aus Blätterteig, welche ihre bemerkenswerte Leichtigkeit dadurch erhalten, dass sie ohne Füllung gebacken werden.

Für 6 Personen

Vorbereitung: 40 Minuten
Ruhezeit: 1 bis 2 Stunden
Backzeit: 20 Minuten

650 g Blätterteig
(Rezept Seite 250)

Für die Füllung:
500 g vanillierte Konditorcreme (Rezept Seite 253)
100 ml Rahm

50 g Puderzucker
Johannisbeergelee

Den Blätterteig in 3 gleich grosse Stücke teilen, 2 mm dick auswallen und jedes Stück zu einem 20 x 30 cm grossen Rechteck schneiden. Dabei den Teig mehrmals heben und auf die Arbeits-fläche zurückfallen lassen: Dadurch zieht er sich während des Backens nicht zu-sammen. Die drei Teigrechtecke leicht mit Mehl bestäuben, falten und 1 bis 2 Stunden kühl stellen.

Den Ofen auf 220 Grad vorheizen.

Ein Backblech leicht befeuchten oder mit Backpapier auslegen. Die Teig-rechtecke nacheinander darauf auslegen und mit einer Gabel dicht einstechen. 20 Minuten im vorgeheizten Ofen backen, dann abkühlen lassen.

Inzwischen für die Füllung zunächst die Konditorcreme zubereiten und gut kühl stellen. Den Rahm mit dem Schnee-besen oder dem Handrührgerät steif schlagen und sorgfältig unter die Konditorcreme ziehen.

Das schönste der Blätterteigrechtecke wird zum Abdecken verwendet: mit Puderzucker bestäuben und mit dem Dressiersack mit sehr feiner Tülle (3 bis 5 mm) darauf mit Johannisbeergelee ein Gittermuster ziehen.

Auf eines der anderen Teigrechtecke die Hälfte der Konditorcreme gleichmässig aufstreichen, das zweite Teigrechteck darauf legen, mit der restlichen Creme bestreichen und mit dem vorbereiteten Teigdeckel bedecken. Bis zum Servieren kühl stellen. Da die Cremefüllung den Blätterteig aufweicht, ist es empfehlens-wert, die Cremeschnitten frühestens 2 bis 3 Stunden vor dem Servieren fertig-zustellen.

POIRES BOURDALOUE
Birnen-Creme-Kuchen

*D*ieser Mürbeteigkuchen verdankt seinen Namen nicht dem berühm-ten Prediger, sondern viel prosaischer der Rue Bourdaloue, an welcher sich das Geschäft eines Pariser Konditors der Belle Epoque namens Fas-quenelle befand: Er war es, der diese Spezialität erfand. Ursprünglich han-delte es sich um eine Birnennachspeise, die mit Griess, später mit Kondi-torcreme und erst dann mit der heute üblichen Frangipanecreme zubereitet wurde. In der Folge entstand daraus ein Kuchen gleichen Namens, der aus einem Mürbeteigboden und derselben Zubereitung als Belag besteht. Auf dieselbe Art werden auch Aprikosen, Pfirsiche und Ananas zubereitet.

Für 8 Personen

Vorbereitung: 20 Minuten
Backzeit: 40 Minuten

Für die Frangipanecreme:
100 g Butter
125 g gemahlene Mandeln
125 g Puderzucker
2 Eier
1 Esslöffel Maisstärke
1 Esslöffel Rum
270 g Konditorcreme
(Rezept Seite 253)

350 g Mürbeteig
(Rezept Seite 251)
4 grosse Birnen, in Sirup
pochiert
15 g zerkrümelte Makronen
15 g Melassezucker
Puderzucker

Abbildung gegenüber

Eine ofenfeste Form ausbuttern, die Butter erstarren lassen und mit Mehl bestäuben.

Für die Frangipanecreme in einem kleinen Gefäss die Butter mit dem Hand-rührgerät cremig rühren. Bei mittlerer Geschwindigkeit die gemahlenen Man-deln, den Puderzucker und die Eier beigeben. Der Teig muss geschmeidig und leicht sein. Zum Schluss die Mais-stärke, den Rum und die kalte Kondi-torcreme in kleinen Portionen nach und nach unter ständigem Rühren einarbei-ten.

Den Ofen auf 240 Grad vorheizen.

Den Mürbeteig auswallen und damit die vorbereitete Form auslegen. Mit zwei Dritteln der Masse füllen, die Birnen halbieren und sternförmig darauf legen, mit dem Rest der Masse bedecken. Mit den zerstossenen Makronen und dem Melassezucker bestreuen. In den vorgeheizten Ofen geben, sofort die Hitze auf 200 Grad senken, und 35 Minuten backen. Am Ende der Backzeit mit Puderzucker bestäuben und 1 Minute unter dem Grill karamelisieren. Vor dem Servieren abkühlen lassen.

Profiteroles
Windbeutel

Für 8 Personen

Vorbereitung: 30 Minuten
Backzeit: 20 bis 25 Minuten

400 g Brandteig
(Rezept Seite 251)

Für die Sauce:
80 g Kakaopulver
200 ml Milch
180 g Zucker
100 ml Rahm
30 g Butter

600 ml Glace (Eis) nach Wahl
nach Belieben 100 g Mandelspäne oder -blättchen für die Dekoration

Abbildung gegenüber

Das Wort «Profiteroles» stammt aus dem 16. Jahrhundert und bezeichnete ursprünglich «kleine Profite». Von daher wurde es für einen Teig verwendet, von dem man «profitiert», das heisst der beim Backen bemerkenswert aufgeht.
Profiterolen oder Windbeutel waren ursprünglich, bevor sie zur Grundlage verschiedener köstlicher Patisserien wurden, gesalzen. Im 19. Jahrhundert bereitete man Profiterolen als Suppeneinlage zu, die man kurz vor dem Servieren in die Suppe gab. Die «Gougères», kleine, mit Käse gefüllte Windbeutel, wie sie im Burgund mit Vorliebe zum Aperitif genossen werden, sind eine aktuelle Variante davon.
Die süsse Variante dieses Gebäcks wurde zuerst mit vanilliertem Schlagrahm gefüllt, überzogen mit einer kalten Kaffee- oder Schokoladensauce, zubereitet. Die Verbindung einer kalten Füllung mit einer warmen Sauce ist ein raffinierter Einfall neueren Datums.

Den Brandteig zubereiten und mit einem Dressiersack mit 1-cm-Lochtülle auf einem gebutterten Backblech 40 nussgrosse Häufchen formen. Diese 20 bis 25 Minuten bei 200 Grad im Ofen backen. Die Windbeutel müssen schön goldbraun werden und aufgehen. Aus dem Ofen nehmen, lauwarm abkühlen lassen und waagrecht in der Mitte durchschneiden.

Für die Sauce das Kakaopulver in eine kleine Schüssel sieben. In einem Topf Milch und Zucker vermischen und aufkochen. Unter ständigem Rühren mit dem Schneebesen zum Kakaopulver giessen, zurück in den Topf geben und unter fortgesetztem Rühren erhitzen. Den Rahm beigeben, die Sauce nochmals aufkochen, dann vom Feuer ziehen und die Butter einrühren.

Kurz vor dem Servieren auf jeden Windbeutelboden etwas Glace geben, den Deckel aufsetzen und auf Tellern anrichten. Mit der kochenden Sauce begiessen und nach Belieben mit gerösteten Mandelspänen oder -blättchen garnieren. Sofort servieren.

Artois, Picardie, Champagne, Ardennes

Artois, Picardie, Champagne und Ardennen gehören zu den faszinierendsten Provinzen Frankreichs, weil sie ihre Traditionen in hohem Masse zu bewahren wussten. Gastfreundschaft wird in diesen Regionen des Nordens grossgeschrieben, der Kaffee ist zu jeder Tageszeit warmgestellt, und immer liegen dazu Waffeln, gezuckerte Küchlein oder ein leckeres, mit Butter bestrichenes Hefebrot bereit. Der Karneval ist im Brauchtum fest verankert geblieben, und unzählige Feste, Kirchweih und Märkte bieten Gelegenheit, den Kindern Süssigkeiten zu schenken. Von Anfang November an wurden – und werden oft auch heute noch – von Amiens bis Sedan Martiniküchlein und Lebkuchen zum Nikolaustag gebacken. Zu Weihnachten machte man Hefekuchen, «Cuignets» oder «Cougnoux» oder auch «P'tits Jésus» genannt, letzteres, da man ihnen die Form eines Wickelkindes gab. Am Neujahrstag tat man sich an süssen Waffeln und Rahm gütlich. Am Dreikönigsfest zogen die Kinder verkleidet und ein Almosen erbettelnd von Haus zu Haus. In Lille wird heute noch zum Dreikönigstag ein herrlicher Butterhefekuchen, mit geriebener Orangenschale verfeinert und mit Hagelzucker dekoriert, hergestellt.

Zu Lichtmess und zum Karneval gehören traditionell Waffeln und Crêpes, in der Picardie «Landimolles», in der Champagne «Lantimolles» genannt, die immer mit viel Butter und Rahm zubereitet und oft mit Alkohol parfümiert wurden. In Armentières gehören zum Karneval die «Nieulles», kleine runde Küchlein aus Mehl und Milch. Der Herzog von Luxemburg, Herr der Stadt im 16. Jahrhundert, soll einst solche von einem Festmahl übriggebliebenen Küchlein vom Balkon des Rathauses unter die Menge geworfen haben. Pierre Boidin, Konditor in Armentières, hat diesen alten Brauch in den dreissiger Jahren wieder aufleben lassen, und seither findet das Fest der «Nieulles» immer zur Karnevalszeit statt. Obwohl «nioleur» und davon abgeleitet «niolleux» unter Berufsleuten lange Zeit die Bezeichnung für einen untauglichen Lehrling war, sind diese Küchlein in Flandern seit eh und je überaus beliebt …

Rund ums Jahr gibt es, weil nichts in den Kaffee getunkt besser schmeckt, «Couque» und «Cramique», jenes Hefebrot mit Korinthen, das in Nordfrankreich denselben Stellenwert hat wie im Elsass der Gugelhopf.

Der Norden ist auch das Land des Zuckers. Von den Antillen gelangte der Rohrzucker zu uns, unentbehrliches Grundprodukt des beliebten Zuckerkuchens. Der grobkörnige braune Rohrzucker erinnert mit seinem feinwürzigen Geschmack an Rum mit einer feinen Zimtnote. Aus Zuckerrüben wird weisser Zucker, aber auch Melassezucker gewonnen, der in der ganzen Region für Backwaren und Speisen verwendet wird. Der helle Melassezucker wird nach der ersten Raffination aus dem Zuckersirup gewonnen; er schmeckt wie Kandiszucker. Der braune Melassezucker ist der Rückstand der zweiten Raffination, er erinnert im Geschmack stärker an Melasse und besitzt eine markante Rumnote. Er wird be-

sonders von unseren flämischen Freunden geschätzt und für Backwaren und andere Speisen
verwendet.

Die Desserts aus dem Norden Frankreichs sind
reicher an Zucker als an Früchten und im ganzen
rustikaler, da sich hier die alten, überlieferten
Rezepte erhalten haben.

MACARONS D'AMIENS
Mandelmakronen

Für ungefähr 40 Stück

Vorbereitung: 15 Minuten
Backzeit: 20 bis 25 Minuten

250 g gemahlene Mandeln
225 g Puderzucker
25 g Vanillezucker
3 Eiweiss (100–110 g)
35 g Aprikosenmarmelade
oder Apfelmus

Abbildung gegenüber

*M*akronen waren in Italien bereits berühmt, als sie Katharina von Medici in Frankreich einführte. An diesem delikaten kleinen Gebäck – «maccherone» heisst auf italienisch «feiner Teig» – fand man in zahlreichen Städten Frankreichs auf Anhieb Gefallen und kürte es vielerorts zur örtlichen Spezialität. Zu den bekanntesten Makronen zählen jene der Karmeliterinnen von Nancy, die leichten Makronen von Saint-Emilion (Rezept Seite 207), die weicheren Pariser Makronen, die Angelika-Makronen von Niort und jene von Bordeaux mit Schokolade. Daneben gibt es auch Varianten mit Pinienkernen, mit Haselnüssen, mit Zitrone, mit Himbeeren.

In den alten Rezepten wird gewöhnlich das ungeschlagene Eiweiss verwendet, was das Gebäck weicher, schwerer und kleiner macht, es aber nicht minder köstlich schmecken lässt, wie die hier beschriebenen Makronen aus Amiens, deren Rezept vom Ende des 18. Jahrhunderts stammt, beweisen.

In einer Schüssel die gemahlenen Mandeln mit Puder- und Vanillezucker vermischen. Nach und nach das Eiweiss (nicht geschlagen!) beigeben und einarbeiten, anschliessend die Marmelade oder das Apfelmus unterrühren. Nur kurz durcharbeiten (1 bis 2 Minuten).

Den Ofen auf 160 Grad vorheizen.

Ein Backblech mit Backpapier auslegen. Mit einem Esslöffel oder einem Dressiersack mit 10–12-mm-Tülle kleine Teighäufchen mit genügend Abstand aufs Blech setzen. Leicht mit einem benetzten, ausgedrückten Pinsel befeuchten.

20 bis 25 Minuten im vorgeheizten Ofen backen, dabei ein zweites Blech unter das erste schieben, damit keine zu abrupte Hitzeeinwirkung entsteht. Die Makronen abkühlen lassen und vom Blech nehmen.

Diese Makronen können tiefgekühlt werden. Dazu lässt man sie auf dem Backpapier und gibt sie in fest verschliessbare Behälter.

TARTE AU SUCRE
Zuckerkuchen

*W*ie im Elsass und in Lothringen liebt man auch im Norden die «Tartes», flache Kuchen mit den verschiedensten Belägen: Zuckerkuchen, Rahmkuchen, Zwetschgenkuchen, Rhabarberkuchen … Doch der Zuckerkuchen, um genau zu sein, ist es ein Rohzuckerkuchen, ist von allen der beliebteste. Man geniesst ihn zum Frühstück, als Nachspeise und als Imbiss zu einer Tasse Kaffee. In den Ardennen machte man ihn ursprüng-

Für 8 Personen

Vorbereitung: 20 Minuten
Ruhezeit: 2 Stunden
Backzeit: 35 Minuten

175 g Butter
10 g Frischhefe
250 g Mehl
1 Messerspitze Salz
20 g Puderzucker
2 Eier
1 Ei zum Bestreichen
150 g Rohzucker
250 g dicker Rahm

lich mit Schweineschmalz – aus Gründen der Sparsamkeit, aber auch um einen knusprigeren Teig zu erhalten. Man nannte den Kuchen daher auch «Galette à coup de poing (Faustschlag)», da ein Faustschlag in die Mitte des Kuchens die einfachste Art war, das Gebäck zu teilen!

Von der Butter 125 g zergehen und abkühlen lassen. Die Frischhefe in einem Esslöffel warmem Wasser auflösen.

Das Mehl auf die Arbeitsfläche sieben, das Salz und den Puderzucker beigeben und in der Mitte eine Mulde machen. Zuerst die Eier, dann die zerlassene Butter und die Hefe hineingeben und das Ganze von Hand oder in der Küchenmaschine kneten, bis der Teig geschmeidig ist. Zu einer Kugel formen, in ein mit Mehl bestäubtes Tuch wickeln oder zugedeckt in eine Schüssel geben und 1 Stunde aufgehen lassen.

Ein Backblech mit Backpapier auslegen. Darauf den Teig zu einer Kreisfläche von etwa 23 cm Durchmesser auswallen. Mit dem Ei bepinseln und bei Zimmertemperatur nochmals ungefähr 1 Stunde aufgehen lassen. Mit dem Rohzucker bestreuen, die restliche Butter in Flocken darauf verteilen und den Kuchen im Ofen bei mittlerer Hitze (180 bis 200 Grad) 30 Minuten backen.

Den Rahm darübergiessen und den Kuchen nochmals für 5 bis 6 Minuten zurück in den Ofen geben. Lauwarm servieren.

GAUFRES
Waffeln

Für 6 bis 8 Personen

Vorbereitung: 15 Minuten
Backzeit: 4 bis 5 Minuten pro
Waffel

Für den Brandteig:
350 ml Milch
100 g Butter
1 Prise Salz
260 g Mehl
8 Eier
¼ l Milch
¼ l Rahm

Abbildung gegenüber

*I*n Griechenland buk man zwischen zwei heissen Blechen sehr dünne Kuchen, die man «Obelios» nannte. Diese Backmethode hielt sich bis ins Mittelalter, als die «Obleyeurs» ihr nun «Oublies» genanntes Gebäck flach oder zu Tüten gerollt anboten. Eines Tages hatte ein findiger Geist die Idee, die Bleche mit einem Bienenwabenmotiv zu dekorieren, und mit dieser charakteristischen Zeichnung war die Waffel geboren.

Vielerorts noch als typische Karnevalsspeise bekannt, sind Waffeln vor allem im Norden Frankreichs rund ums Jahr äusserst beliebt. Üppig mit Butter und Rahm zubereitet, werden sie hier wie eh und je auf der Strasse verkauft. Keine Kirchweih, kein Volksfest ohne Waffeln, und natürlich dürfen sie auch bei keinem Familienfest fehlen. Die Waffeleisen sind heutzutage mit den verschiedensten Motiven versehen und werden der Gelegenheit entsprechend ausgewählt.

Für den Brandteig die Milch in einen Topf giessen, Butter und Salz dazugeben. Aufkochen, vom Feuer ziehen, das Mehl beigeben und zuerst mit dem Schneebesen, dann mit einem Holzspatel einrühren. Nochmals kurz auf die Herdplatte stellen und weiterrühren, damit der Teig trocken wird.

Den Teig in eine Schüssel geben, die Eier eins nach dem andern dazugeben

und mit den Knethaken des Handrührgeräts langsam einarbeiten. Dann bei niedriger Geschwindigkeit mit den Rührbesen in zwei- bis dreimal die Milch und den Rahm untermischen. Es soll ein flüssiger, glatter Teig entstehen.

Das Waffeleisen erhitzen und die Innenflächen mit Butter bestreichen. Portionenweise den Teig auf das Waffeleisen giessen und die Waffeln beidseitig in 2 Minuten ausbacken.

Warm, mit Puderzucker bestäubt, mit Apfel-, Quitten- oder Himbeergelee servieren.

CŒURS DE SAINTE-CATHERINE
Herzkuchen mit kandierten Früchten

Für 6 Personen

Vorbereitung: 30 Minuten
Backzeit: 55 bis 60 Minuten

175 g Butter
1 Prise Salz
125 g Zucker
3 Eier
250 g Mehl
7 g Backpulver
80 g kandierte Früchte
4 cl Orangenblütenwasser
1 gestrichener Kaffeelöffel
Zimt
Puderzucker

Abbildung gegenüber

*V*erlobungen und Hochzeiten waren immer Gelegenheiten, um dem Ereignis entsprechende Kuchen zu verschenken und zu geniessen. So war es im Norden, besonders um Amiens, Sitte, dass der Bräutigam bei seinen künftigen Schwiegereltern das «Cuignet de Noël», einen länglichen Hefekuchen, anschnitt und den Anschnitt mit nach Hause zu seinen Eltern brachte, um diesen die Kochkünste seiner Braut zu demonstrieren …
Doch auch die Ledigen vergass man nicht. So überreichte man zum Beispiel in der Picardie den jungen unverheirateten Frauen jeweils am 25. November, dem Fest der heiligen Katharina, dieses charmante herzförmige Gebäck. Ein Brauch, der, wie es scheint, in Frankreich einzigartig ist.

Die Butter bei Zimmertemperatur weich werden lassen. Das Salz beigeben und mit einem Spatel cremig rühren. Den Zucker und die Eier eins nach dem andern unter stetigem Rühren beigeben. Mehl und Backpulver sieben, dazugeben und kräftig und schnell weiterrühren, bis ein leichter Teig entsteht. Zuletzt die kandierten Früchte, das Orangenblütenwasser und den Zimt untermischen.

Den Ofen auf 170 Grad vorheizen.

Eine herzförmige oder runde Form ausbuttern (der Kuchen kann auch erst nach dem Backen in Herzform geschnitten werden). Den Teig in die Form geben und zunächst 10 Minuten bei 170 Grad, dann 35 bis 40 Minuten bei 200 Grad backen.

Aus dem Ofen und der Form nehmen und auf einem Kuchengitter abkühlen lassen. Wenn nötig in Herzform schneiden. Mit Puderzucker bestäuben.

Statt eines grossen mehrere kleine Kuchen formen, die Backzeit verkürzt sich dann um 10 bis 15 Minuten.

CRAMIQUE
Flämisches Hefebrot mit Korinthen

Für zwei Cakeformen von
20 cm Länge

Vorbereitung: 20 Minuten
Ruhezeit: 3 bis 4 Stunden
Backzeit: 30 bis 35 Minuten

250 g Korinthen
350 g Butter
12 g Frischhefe
50 ml Milch
525 g Mehl
150 ml Wasser
9 g Salz (2 Kaffeelöffel)
40 g Zucker
3 Eier
1 Ei zum Bestreichen

Abbildung gegenüber

Dieses als «Cramique», «Couque» oder «Couke» bezeichnete Hefegebäck mit Korinthen stammt ursprünglich aus Flandern – im Flämischen bedeutet das dem Namen zugrundeliegende «Koek» ganz einfach Kuchen. Das Gebäck von anno dazumal enthielt zwar weniger Butter, doch eine ausserordentliche Menge an Eigelb: Auf 600 g Mehl wurden 16 Eigelb genommen! In Dünkirchen wird heute noch ein kleines, «Koeckbotteram» genanntes Gebäck hergestellt, was wörtlich übersetzt «Butterküchlein» heisst. Damit dieses Hefebrot gelingt, sind erstklassige getrocknete Weinbeeren unerlässlich. Am besten eignen sich die süssen, kernlosen dunklen Korinthen.

Vorzugsweise bereits am Vortag die Korinthen in kochendes Wasser einlegen, 10 Minuten ziehen, dann abtropfen lassen.

Die Butter bei Zimmertemperatur weich werden lassen. Die Hefe in der lauwarmen Milch auflösen, in einer Rührschüssel mit dem Mehl, dem im Wasser aufgelösten Salz, dem Zucker und 2 Eiern mischen. 2 bis 3 Minuten langsam kneten, bis ein fester Teig entsteht, das dritte Ei dazugeben und nochmals 2 bis 3 Minuten kneten. Dann die Butter in kleinen Stücken beigeben und bei höherer Geschwindigkeit weitere 10 Minuten kneten. Die Korinthen daruntermischen und nochmals 1 bis 2 Minuten rühren. Den Teig in eine grosse Schüssel geben und 1¾ Stunden bei Zimmertemperatur gehen lassen.

Den Teig mit der Hand in zwei Teile teilen und auf der mit Mehl bestäubten Arbeitsfläche zu Laiben formen, die in die Cakeformen passen.

Die Cakeformen (noch besser sind spezielle Cramique-Formen aus gebranntem Ton) buttern. Den Teig hineingeben, mit dem verquirlten Ei bepinseln und nochmals 1½ bis 2 Stunden bei Zimmertemperatur gehen lassen. Das Volumen sollte sich verdoppeln und der Teig die Formen praktisch ausfüllen.

Den Ofen auf 200 Grad vorheizen, und die Cakes darin 30 bis 35 Minuten backen.

Dieses Hefebrot hält sich sehr gut in Folie verpackt an einem kühlen Ort und kann auch tiefgekühlt werden. Es schmeckt herrlich frisch oder getoastet, mit gesalzener Butter oder Honig bestrichen.

POIRES A LA CHAMPENOISE
Tartelettes mit Champagner-Birnen

Charlotten, Soufflés, Mousses – Birnen sind die Grundlage verschiedener raffinierter Nachspeisen. Ein Beispiel ist das folgende Gebäck, das nach Art der «Poires Bourdaloue» (Rezept Seite 31), jedoch mit Champagner

Für 6 Tartelettes

Vorbereitung: 20 Minuten
Ruhezeit: 30 Minuten
Backzeit: 20 bis 25 Minuten

180 g Blätterteig
(Rezept Seite 250)
½ Flasche trockener
Champagner (brut)
200 g Zucker
4 schöne Birnen
(Comice, Williams)
90 g Mandelcreme
(Rezept Seite 252)
1 Ei zum Bestreichen
½ Orange, Saft

hergestellt wird. Häufig tragen Desserts den Zusatz «à la champenoise», obschon sie mit der Region eigentlich nichts zu tun haben, sondern ganz einfach mit Champagner zubereitet werden.

Zu diesen Tartelettes mit Birnen-Mandelcreme-Füllung empfehle ich einen halbtrockenen Champagner (demi-sec), ein einst sehr beliebter Dessertwein, der heute – vielleicht zu Unrecht – durch den trockenen Champagner etwas verdrängt wurde.

Ein Backblech mit leicht befeuchtetem Backpapier auslegen. Den Blätterteig 3 mm dick auswallen, 6 Kreise von etwa 12 cm Durchmesser ausstechen und aufs Blech setzen. Im Kühlschrank ungefähr 30 Minuten ruhen lassen.

Den Champagner zusammen mit 175 g Zucker in einen kleinen Topf geben, aufkochen und 2 bis 3 Minuten köcheln lassen.

Die Birnen schälen, halbieren, die Kerngehäuse entfernen. Die Birnenhälften 10 Minuten im Champagnersirup pochieren und anschliessend auf einem Sieb abtropfen lassen. Sobald sie abgekühlt sind, die sechs schönsten Birnenhälften der Länge nach in 5 mm dünne Scheiben schneiden, am oberen Ende

jedoch nicht durchschneiden, so dass sie noch zusammenhalten.

Den Ofen auf 180 Grad vorheizen.

Die Mandelcreme gleichmässig auf die Blätterteigböden streichen. Auf jeden eine halbe Birne legen und fächerförmig ausbreiten. Mit einem Kaffeelöffel Zucker bestreuen und mit dem Ei bestreichen. Im vorgeheizten Ofen 20 bis 25 Minuten backen.

Die verbleibenden zwei Birnenhälften mit dem Champagnersirup und dem Orangensaft zu einem Birnencoulis pürieren. Die Birnentartelettes kalt oder lauwarm zusammen mit leicht geschlagenem Rahm und dem Birnencoulis servieren.

Für 6 bis 8 Personen

Vorbereitung: 30 Minuten
Ruhezeit: 1 Stunde
Backzeit: 1½ Stunden

125 mittelfeiner Griess
¼ l trockener Champagner
(brut)
150 ml Wasser
300 g Zucker
2 cl Grand Marnier
1 Kaffeelöffel abgeriebene
Orangenschale
2 Eier
100 g kandierte Früchte
100 g helle Rosinen
5 Eiweiss
1 Prise Salz
2 Kaffeelöffel Zitronensaft

Flan au Champagne
Griesspudding mit Champagner

Obwohl der Pudding heute zu einer bescheidenen Dessertspeise geworden ist, war er einst so hoch geschätzt, dass er selbst die königliche Tafel zierte. Zu jener Zeit wurde er eher salzig als süss gegessen. Ein «Flan au Champagne» wird zum ersten Mal im 19. Jahrhundert erwähnt, und zwar mit kandierten Früchten und mit Mehl anstelle von Griess.

Im Unterschied zu den landläufig als «Pudding» bezeichneten Dessertspeisen, die man in der Form nur erkalten lässt und dann stürzt, wird ein echter Pudding im Wasserbad gegart.

Den Griess in einen Topf geben, mit dem Champagner und dem Wasser begiessen und 1 Stunde bei Zimmertemperatur aufquellen lassen.

Den aufgequollenen Griess auf kleinem Feuer unter ständigem Rühren 4 bis 5 Minuten eindicken. 200 g Zucker, den Grand Marnier, die abgeriebene Orangenschale und 1 Ei beigeben und weiterhin über sanfter Hitze 5 Minuten köcheln lassen. Den Topf vom Herd nehmen und die Masse in eine Rührschüssel geben. Die kandierten Früchte, die Rosinen und das verbleibende Ei daruntermischen.

Das Eiweiss unter Zugabe von Salz und Zitronensaft steif schlagen, etwa in der Hälfte der Zeit 30 g Zucker dazugeben und am Schluss nochmals 30 g. Zunächst ein Drittel des Eischnees unter die Griessmasse mischen, um sie zu lockern, dann den restlichen Eischnee darunterheben.

Den Ofen auf 180 Grad vorheizen.

Eine hochwandige Form buttern, leicht mit Zucker ausstreuen, die Masse hineingeben und im Wasserbad 1½ Stunden backen.

Aus dem Ofen nehmen, 10 Minuten ruhen lassen, dann stürzen und vollständig abkühlen lassen. Zum Karamelisieren die Oberfläche des Puddings mit Zucker bestreuen und 3 bis 4 Minuten unter den heissen Grill stellen. Den Pudding gut gekühlt mit einer Vanillesauce oder einem Coulis aus roten Beeren servieren.

DARTOIS A LA MANON
Gefüllter Blätterteigkuchen

Für 6 bis 8 Personen

Vorbereitung: 45 Minuten
Backzeit: 45 Minuten

350 g Blätterteig
(Rezept Seite 250)
150 g Mandelcreme
(Rezept Seite 252)
100 g Konditorcreme
(Rezept Seite 253)
500 g Äpfel (Reinetten oder Golden)
45 g Zucker
10 g Vanillezucker
1 Ei zum Bestreichen
Puderzucker

Dartois, ein Blätterteiggebäck, wird sowohl als pikante Vorspeise wie auch als süsse Nachspeise gereicht. Die pikante Variante enthält Geflügel, Schinken, Stopfleber oder Süsswasserkrebse, die süsse wird mit Konfitüre, Konditorcreme mit Rum, kandierten Früchten oder Frangipanecreme gefüllt. Zusätzlich können noch kleingewürfelte Äpfel oder Birnen sowie Vanillezucker beigefügt werden.

Der Name dieser Gebäckart soll auf die Provinz Artois zurückgehen, wo man zahlreiche Gerichte mit Teig zubereitet, doch ist dieser Ursprung nicht gesichert. Was man hingegen weiss, ist, dass der «Dartois oder Gâteau à la Manon» zu Ehren des Komponisten Jules Massenet nach seiner Oper «Manon» getauft wurde. Massenet soll für dieses Gebäck eine besondere Vorliebe gehabt haben.

Den Blätterteig 2 mm dick auswallen und in zwei Rechtecke schneiden, das eine (es wird als Deckel dienen) etwas grösser als das andere. Das kleinere Teigstück mit einer Gabel einstechen.

Die Mandelcreme und die Konditorcreme mischen und gleichmässig auf dem Teigboden verteilen, dabei rundherum einen Rand von 3 bis 4 cm frei lassen. 2 Stunden kühl stellen.

300 g Äpfel zusammen mit dem Zucker und etwas Wasser zu einem leichten Mus kochen. Kalt stellen. Den Rest der Äpfel in 1 cm grosse Würfel schneiden und mit dem Vanillezucker mischen. Die Apfelwürfel zum Mus geben und das Ganze auf dem mit Mandelcreme bestrichenen Teigboden verteilen.

Den Teigrand mit einem Pinsel befeuchten. Den Teigdeckel darauf setzen und an den Rändern mit den Fingern fest zusammenpressen. Mit einem Messerrücken rundherum regelmässig verteilt im Teigrand Einschnitte anbringen. 1 bis 2 Stunden kühl stellen, anschliessend mit dem verquirlten Ei bestreichen und nach Belieben mit einem kleinen Messer eine dekorative Zeichnung anbringen.

Den Ofen auf 240 Grad vorheizen.

Den Dartois nochmals mit Ei bestreichen und in den Ofen geben. Nach 5 bis 7 Minuten die Temperatur auf 200 Grad senken und 35 bis 40 Minuten weiterbacken, dabei aufpassen, dass der Teig nicht zuviel Farbe nimmt. Um eine schön glasierte Oberfläche zu erhalten, 10 Minuten vor Ende der Backzeit mit Puderzucker bestäuben und fertigbacken.

BISCUIT DE REIMS
Löffelbiskuits

Für 20 bis 25 Stück

Vorbereitung: 20 Minuten
Backzeit: 20 bis 25 Minuten

3 Eigelb
140 g Zucker
20 g Vanillezucker
3 Eiweiss
125 g Mehl
Puderzucker
Stärkemehl
30 g Hagelzucker

Abbildung gegenüber

Dieses Biskuitgebäck war ursprünglich, im 18. Jahrhundert, von etwas anderer, gerundeter Form. Damals formten es die Konditoren vor dem Backen mit einem Löffel, was dem Gebäck auch den Namen «Biscuit à la cuillère», «Löffelbiskuit», gab.

Auch dieses Gebäck ist eine Schöpfung, die wir dem grossen Carême zu verdanken haben. Talleyrand, bei welchem Carême in Diensten stand, liebte es, Biskuits in ein Glas Madeira zu tunken, und beschwerte sich, dass er diese dazu halbieren müsse. Carême kam auf die Idee, den Teig in eine Papiertüte zu geben, deren Ende er abschnitt, um auf diese Art längliche, daumendicke Biskuits zu formen. Auf diese Weise wurde der Dressiersack erfunden. Obwohl die Biskuits manchmal rosa gefärbt und mit Vanille parfümiert werden, schwören die alteingesessenen Reimser darauf, dass – entsprechend seiner ursprünglichen Bestimmung, in Wein, hier wohl in sehr süssen Champagner, getunkt zu werden – nur das weisse Biskuit das echte ist.

In einer Schüssel die Eigelbe mit dem Zucker und dem Vanillezucker 5 bis 6 Minuten bei mittlerer Geschwindigkeit schaumig rühren. Nach und nach das (ungeschlagene) Eiweiss beigeben und jedesmal 2 bis 3 Minuten schlagen, damit die Masse schön luftig wird. Das Mehl sorgfältig unterheben. Um die Masse geschmeidig zu machen, zuletzt einen Kaffeelöffel Wasser darunterrühren. Dadurch zergeht der Teig besser in den Formen und erhält überdies einen schönen Glanz.

Kleine rechteckige Förmchen gleichmässig leicht buttern und mit einer Mischung aus gleichen Teilen Puderzucker und Stärkemehl ausstäuben. Den Ofen auf 180 bis 190 Grad vorheizen.

Den Teig mit dem Dressiersack mit 1-cm-Lochtülle in die Förmchen spritzen. 10 Minuten bei Zimmertemperatur stehen lassen, damit sich eine leichte Kruste bildet. Den Hagelzucker mit einem Teigroller grob zerdrücken und den Teig damit bestreuen. Die Förmchen kurz umdrehen, um überflüssige Zuckerkörner zu entfernen, und die Biskuits nochmals ungefähr 10 Minuten trocknen lassen. Dann 20 bis 25 Minuten backen, dabei darauf achten, dass der Teig nicht zuviel Farbe nimmt.

Um rosarote Biskuits zu erhalten, dem Teig nach etwa 10 Minuten Rühren einige Tropfen Lebensmittelfarbstoff beigeben.

NORMANDIE

*W*er Normandie sagt, denkt an fette Weiden, an Milchkühe und an blühende Apfelbäume. Milch, Rahm und Butter der Region – letztere oft noch auf dem Bauernhof von Hand hergestellt – zählen zu den besten Frankreichs. Um zu verstehen, weshalb die Normandie als das «Land des Genusses und des Überflusses» gilt, muss man auf dem Markt von Sainte-Mère-l'Eglise am Ärmelkanal oder jenem von Gacé im Vallée de la Touque die exquisite Landbutter probieren, im Vallée d'Auge den dickflüssigen frischen Rahm mit seiner feinen Haselnussnote aus grossen Kübeln schöpfen und im Pays de Bray knackige Reinetten vom Baum pflücken …

Bei einem solchen natürlichen Reichtum erübrigt es sich, sich mit komplizierten Zubereitungsarten abzumühen. Die Normannen hatten schon immer eine Vorliebe für üppige und einfache Rezepte, vorausgesetzt, dass sie mit guten Rohprodukten hergestellt wurden.

Bei den Nachspeisen ist der Apfel König. In der Normandie werden die Obstgärten noch mit Liebe bestellt, und in einer Zeit, da man auf den Märkten allzuoft nur fade, schlecht gereifte Golden findet, sind die herrlichen, saftigen Äpfel aus der Normandie für jeden Konditor ein echter Glücksfall.

Ein Besuch des Marktes von Sainte-Opportune im Seinetal ist eine gute Gelegenheit, die verschiedensten alten Sorten zu kosten oder wiederzuentdecken: schöne Boskop, zart und fest, unvergleichlich für Kuchen; erfrischende Goldparmänen, die sich gleichermassen für pikante wie

für süsse Gerichte eignen; duftige, süss-saure Calville-Äpfel, die nach einem normannischen Dorf genannt sind. In der Normandie werden Äpfel auch für pikante Speisen verwendet und begleiten zum Beispiel Ente, Blutwurst und Fisch. In erster Linie aber werden daraus herrliche Desserts gemacht. An Wochentagen bescheiden einfach im Ofen gebacken, hüllen sie sich an Sonn- und Markttagen in Teig und verwandeln sich in «Bourdelots» und «Cochelins» – Äpfel sind die Grundlage von unzähligen Backwaren, die am besten mit einem milden Apfelwein aus dem Vallée d'Auge zu geniessen sind.

Für mich bleibt die «Cochelin» genannte Apfeltasche das Gebäck meiner Lehrjahre. 1933, als ich noch ein kleiner Lehrling war, vertraute mir mein Lehrmeister, Marcel Alabarbe, die Zubereitung dieses Gebäcks an. Es wurde vor allem für den samstäglichen Markttag in Bernay zubereitet. Frühmorgens schon verhandelten an diesen Tagen Bauern und Händler in ihren schwarzen Kitteln eifrig Preise, die Brieftaschen vollgestopft mit Banknoten. War man handelseinig geworden, «ass man einen Bissen» und fuhr abends mit dem Ochsenkarren wieder nach Hause, vielleicht etwas gar beschwingt, zu Füssen einen Korb voll «Cochelins» …

Jeweils am Freitag abend begann ich kistenweise Äpfel zu rüsten und in Würfel zu schneiden. Sie wurden in grosse Steinguttöpfe gefüllt, ähnlich jenen, die für die gesalzene Butter verwendet wurden: eine Lage Äpfel, einige Löffel Zucker und Vanille, eine weitere Lage Äpfel und so weiter. Am Samstag, vor Tagesanbruch, bereitete Roland, der Chef, grosse, runde Blätterteigscheiben vor. Ich verteilte darauf halbmondförmig die Äpfel, bestrich die Ränder mit Ei, schlug den Teig zur Hälfte und presste die Ränder mit Daumen und Zeigefinger fest zusammen. Bevor man die Apfeltaschen vorsichtig auf Backbleche gleiten liess, wurden sie noch mit einem spitzen Messer dekoriert und in der Mitte ein kleines Abzugsloch angebracht.

Sobald der dreistöckige Koksofen die richtige Temperatur erreicht hatte, kamen die Bleche hinein, die grossen Kuchen zuhinterst, die kleineren vorne. 5 Minuten vor Ende der Backzeit bestäubte ich die Apfeltaschen mit Puderzucker, um sie zu karamelisieren. Harte Arbeit, aber was für ein Anblick, wenn der ganze Inhalt des Ofens zum Abkühlen auf den Gittern ausgelegt war! Sobald vierzig «Cochelins» beisammen waren, goldbraun und glänzend, durfte ich die noch heissen Croissants in Weidenkörbe verpacken, und auf ging's zu den kleinen Cafés und Restaurants, um sie auszuliefern. Ich war glücklich, denn ich war mit dem grössten Kompliment von Marcel Alabarbe belohnt worden: «Gut so, Kleiner, schick sie ins Geschäft.»

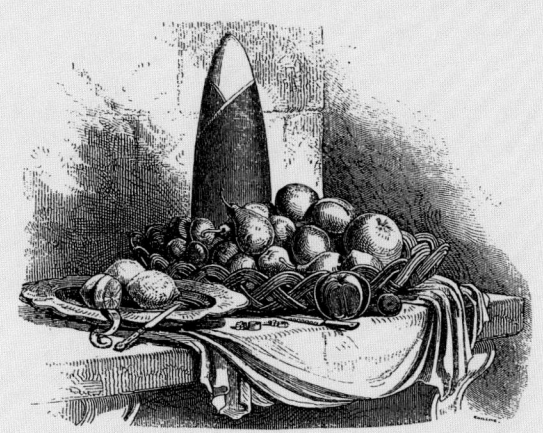

Tarte Normande
Normannischer Apfelkuchen

Vorbereitung: 15 Minuten
Ruhezeit: 2 Stunden
Backzeit: 55 Minuten

150 g Mürbeteig
(Rezept Seite 251)
1 kg Äpfel (Goldparmänen
oder Boskop)
50 g Puderzucker
nach Belieben ½ Kaffeelöffel
Zimt
50 g Butter
100 g Puderzucker mit einer
Messerspitze Zimt
50 g Apfelgelee (wenn der
Kuchen kalt serviert wird)

Abbildung gegenüber

Stolz der Hausherrin ist der Kuchen, und insbesondere der Apfelkuchen, in der häuslichen Küche wohl das beliebteste Backwerk. Daher ist es nur natürlich, dass es davon eine beträchtliche Menge an Rezepten gibt, und nicht wenige davon normannischen Ursprungs. Yport, Bayeux oder Pont-Audemer, jede Region, um nicht zu sagen jeder Sprengel, hat sein besonderes Apfelkuchenrezept. Ehemals aus den Resten des Brotteigs hergestellt, wurde der Kuchen nach und nach angereichert und hat sich zu einem eigenständigen Gebäck gemausert – herrlich mit Zimt aromatisiert in Yport, mit Mandelcreme in der Gegend von Brionne oder grosszügig mit Calvados flambiert in der Gegend von Auge.

Ein Kuchenblech von 20 cm Durchmesser mit dem Teig so auslegen, dass er 2 bis 3 cm über den Rand hinaussteht. 2 Stunden ruhen lassen.

Die Äpfel schälen, entkernen, 500 g davon beiseite legen. Den Rest mit 2 Esslöffeln Wasser, den 50 g Puderzucker und nach Belieben ½ Kaffeelöffel Zimt zu einem Mus kochen. Abkühlen lassen.

Die beiseitegelegten Äpfel halbieren und in feine, 2 bis 3 mm dünne Scheiben schneiden. Das Apfelmus auf dem Teigboden verteilen, mit den Apfelscheiben so regelmässig wie möglich belegen. Die Butter zerlassen und über den Kuchen giessen. Mit der Hälfte des mit Zimt aromatisierten Puderzuckers bestreuen.

Den Ofen auf 180 bis 200 Grad vorheizen und den Kuchen darin 55 Minuten backen. 5 Minuten vor Ende der Backzeit mit dem Rest des Zimt-Puderzuckers bestäuben, um dem Kuchen Glanz zu verleihen. Wenn der Kuchen kalt serviert wird, vorher mit zerlassenem Apfelgelee bestreichen.

Tourte de Pont-Audemer
Gedeckter Apfelkuchen

Seit dem Mittelalter nehmen salzige und süsse gedeckte Kuchen bei jedem Festmenü den Ehrenplatz ein, und dies obwohl sie seit dem 19. Jahrhundert von den Pariser Köchen etwas voreilig als zu rustikal abgetan wurden.

Unter ihnen ist der gedeckte Apfelkuchen ein klassisches Dessert, von dem es zahlreiche Abwandlungen gibt – bis hin zum mit Früchten gefüllten «Ruifard» aus der Dauphiné (Rezept Seite 138) und dem mit eingelegten Birnen gefüllten «Poirat» aus dem Berry und Bourbonnais (Rezept Seite 109). Der

Für 6 bis 8 Personen

Vorbereitung: 40 Minuten
Backzeit: 50 Minuten

600 g leicht säuerliche Äpfel
(Goldparmänen oder
Calvilles)
65 g Butter
25 g Vanillezucker
75 g Aprikosenkonfitüre
300 g Blätterteig
(Rezept Seite 250)

Für die Glasur:
½ Eiweiss
100 g Puderzucker
einige Tropfen Zitronensaft

Kuchen kann aus Blätter- oder Mürbeteig sein und die Füllung von Äpfeln, Birnen, Pflaumen, Aprikosen bis zu Rahm, getrockneten Weinbeeren oder Mandeln reichen. Der ursprünglich gedeckte Kuchen kann sogar den Deckel verlieren, die «Tourte» wird dann zur «Tarte». Und wenn man die Füllmasse statt auf einen Teigboden direkt in die Form gibt und mit Teig bedeckt, haben wir einen Kuchen nach Art der Lot-et-Garonne oder was unsere englischen Freunde eine «Pie» nennen.

Die Äpfel schälen, entkernen und in etwa 1½ cm grosse Würfel schneiden. Die Butter in einer weiten Pfanne zerlassen. Sobald sie schäumt, die Apfelwürfel hineingeben und 3 bis 4 Minuten unter ständigem Rühren dünsten. Den Vanillezucker beigeben, sanft weiterrühren und auf kleiner Hitze 6 bis 7 Minuten köcheln lassen. Die Äpfel müssen, wenn man sie mit einem Messer anstickt, weich sein. In einer Schüssel abkühlen lassen, dann die Aprikosenkonfitüre daruntermischen.

Eine hohe Kuchenform oder einen Tortenring von 20 cm Durchmesser buttern.

Den Teig in zwei gleich grosse Teile teilen und 3 mm dick auswallen. Mit der einen Hälfte die Form so auslegen, dass der Teig über den Rand der Form hinaussteht. Die abgekühlten Äpfel hineingeben. Den überstehenden Teigrand mit einem Pinsel befeuchten, die zweite Teighälfte darauf legen und die Teigränder mit dem Teigroller gegen die Aussenwand der Form zusammenpressen. Den Teig 2 cm vom oberen Rand der Form entfernt abschneiden und über den Deckel zurückschlagen. Mit einer Messerspitze im Deckel gleichmässig schräge Einschnitte anbringen.

Für die Glasur in einer Schüssel das Eiweiss mit dem Puderzucker verrühren. 2 bis 3 Tropfen Zitronensaft dazugeben. Die Glasur mit einem Spachtel oder Palettenmesser gleichmässig auf dem Teigdeckel verteilen und 15 Minuten bei Zimmertemperatur fest werden lassen.

Den Ofen auf 220 Grad vorheizen. Den Kuchen 10 Minuten backen, dann die Temperatur auf 200 Grad senken und 40 Minuten weiterbacken. Darauf achten, dass die Glasur nicht Farbe nimmt. Wenn sie hart ist und gelblich zu werden beginnt, mit Alufolie abdecken und so fertigbacken.

DOUILLONS D'YVETOT
Birnen im Schlafrock

Abbildung gegenüber

*D*ie Frucht im Schlafrock, das heisst in einer Teighülle gebacken, ist eines der uralten, klassischen Desserts aus dem Nordwesten Frankreichs. In der Normandie werden dazu Birnen verwendet. Ihr Name ist von «douillette», der Bezeichnung für einen dicken, gefütterten Mantel, abgeleitet, da die Frucht wie in eine angenehme, mollige Hülle verpackt wirkt. Für dieses Herbstdessert verwendet man am besten Williams- oder Comice-Birnen, notfalls auch Guyot-Birnen, die jedoch das Garen weniger gut ertragen. Ursprünglich wurden die Birnen mit Butter gefüllt und mit Zimt

Für 4 Personen

Vorbereitung: 1 Stunde
Ruhezeit: 2 bis 3 Stunden
Backzeit: 45 Minuten

4 feste, aber reife Birnen
150 g Konditorcreme
(Rezept Seite 253)
2 Eier
2 Crêpes (Rezept Seite 76)
25 g Vanillezucker
(2 Päckchen)
300 g Blätterteig
(Rezept Seite 250)
1 Kaffeelöffel Zucker

parfümiert und dann in Mürbeteig gehüllt. Unser Rezept beschreibt die traditionellen «Douillons» von Yvetot, wie sie der grosse Patissier Max Duflot zubereitet: mit Konditorcreme gefüllt und in Blätterteig eingeschlagen, zergehen sie buchstäblich im Mund.

Die Birnen schälen, mit einem Pariserlöffel das Kerngehäuse entfernen und die Birnen etwas aushöhlen. Williamsbirnen, die eine sehr dünne Haut haben, können auch ungeschält verwendet werden. Die Birnen mit Konditorcreme füllen.

Eines der Eier trennen. Die Crêpes halbieren, mit Eiweiss bepinseln und mit Vanillezucker bestreuen. Jede Birne in eine Crêpehälfte wickeln, und damit diese schön satt anliegt, mit einer Schere wo nötig Einschnitte anbringen.

Den Blätterteig vierteln und 3 mm dick zu Quadraten von etwa 18 cm Seitenlänge auswallen. Die Birnen auf je eines der Teigstücke stellen und darin einhüllen. Die Teigspitzen am oberen Ende der Früchte zusammenfassen, leicht befeuchten und zusammenpressen, dabei die Stiele der Birnen herausragen lassen. Aus den Teigresten nach Belieben Dekorationen, zum Beispiel in Form von Blättern, formen.

Das ganze Ei und das verbleibende Eigelb mit einem Kaffeelöffel Zucker verrühren und damit den Teig bestreichen. Die Birnen 2 bis 3 Stunden in den Kühlschrank stellen.

Den Ofen auf 220 Grad vorheizen.

Den Teig nochmals mit Ei bestreichen und die Birnen in den Ofen geben. 20 Minuten backen, dann die Hitze auf 180 Grad senken und 25 Minuten weiterbacken. Wenn der Teig zu schnell und zu viel Farbe nimmt, mit Alufolie abdecken. Lauwarm oder kalt servieren.

COCHELIN D'EVREUX
Apfeltasche

Für 8 Personen

Vorbereitung: 25 Minuten
Backzeit: 45 Minuten

450 g Blätterteig
(Rezept Seite 250)
1 kg säuerliche Äpfel
100 g Zucker
75 g Vanillezucker
1 Ei zum Bestreichen

Abbildung gegenüber

*D*iese grossen Apfeltaschen, die eine ganze Tischgesellschaft sättigen können, sind typisch für die Region. (Sie sind nicht zu verwechseln mit den mancherorts ebenfalls «Cochelins», andernorts «Aguignettes» genannten kleinen Teigmännchen, welche die Kinder am Neujahrs- und Dreikönigstag erhalten.)
Ursprünglich mit Mürbeteig zubereitet, wird diese Apfeltasche heutzutage fast immer aus Blätterteig gemacht. Ihren Charakter erhält sie von den verwendeten Äpfeln. Daher ist es wichtig, besonders gute, schmackhafte Sorten zu verwenden. Calville-Äpfel, eine grosse Frucht mit fester Schale und sehr zartem Fleisch, sind ohne Zweifel die beste Wahl; bedauerlicherweise sind sie heutzutage eher selten.

Den Blätterteig 3 mm dick zu einem grossen Kreis auswallen. Die eine Hälfte (den Boden) mit einer Gabel dicht einstechen. Auf ein Backblech legen und, mit Backpapier bedeckt, kühl stellen.

Die Äpfel schälen, entkernen und ein Drittel davon mit dem Zucker und 50 ml Wasser zu einem Mus kochen (dies wird ungefähr 250 g ergeben). Abkühlen lassen.

Den Rest der Äpfel (rund 500 g) in etwa 1½ cm grosse Würfel schneiden. Die Apfelwürfel mit dem Vanillezucker mischen und anschliessend zum Apfelmus geben. Das Ganze auf der eingestochenen Seite der Teigfläche verteilen, dabei 2 bis 3 cm Rand frei lassen. Den Rand mit einem Pinsel befeuchten, die zweite Teighälfte darüberschlagen und die Teigränder gut zusammendrücken. Den Rand mit Daumen und Zeigefinger rollen und zu einer Wulst zurückschlagen. Den Teig mit dem verquirlten Ei bestreichen, 1 Stunde kalt stellen, und anschliessend die Oberfläche mit einer Messerspitze nach Belieben verzieren.

Den Ofen auf 220 Grad vorheizen.

Den Teig nochmals mit Ei bestreichen, und die Apfeltasche in den Ofen geben. Nach 10 Minuten die Temperatur auf 180 Grad senken, und 25 Minuten weiterbacken, dann die Temperatur für die restlichen 10 Minuten auf 160 Grad reduzieren. Heiss oder lauwarm servieren.

BRIOCHE DU PERCHE
Brioche

Für 6 Personen

Vorbereitung: 45 Minuten
Ruhezeit: 12 bis 15 Stunden
Backzeit: 35 Minuten

120 g Butter
5 g Frischhefe
5 g Salz
10 g Puderzucker
1 Esslöffel Milch
175 g Mehl
2 Eier
1 Ei zum Bestreichen

Abbildung gegenüber

Der Ursprung der Brioche, jenes lockeren, butterigen Hefegebäcks, ist umstritten: Die einen behaupten, sie stamme aus der Brie, andere argumentieren, ihr Name komme vom altnormannischen «brier» (zerstossen, den Teig brechen) und die Brioche daher wie das «Pain brié» aus der Region Auge.

Wie dem auch sei, die Normandie ist seit langem berühmt für ihre ausgezeichneten Brioches. Überfluss und Qualität der Butter zogen schon immer eine zahlreiche Kundschaft auf die Buttermärkte von Gisors und Gournay …, und dabei tat man sich natürlich auch an den Brioches der Gegend gütlich, von denen man in Gisors an einem Tag bis zu dreihundert Kilo absetzte. In der Region Perche lockt der im März stattfindende Jahrmarkt in Moulin-la-Marche jedesmal Dutzende von Konditoren an, die für diese Gelegenheit Brioches in allen Formen herstellen. Für eine Brioche nach dem folgenden Rezept muss der Teig am Vortag zubereitet werden.

Eine Stunde im voraus die Butter aus dem Kühlschrank nehmen. Die Hefe zerreiben und in einem Esslöffel lauwarmem Wasser auflösen. In einem zweiten Gefäss das Salz und den Puderzucker in der Milch auflösen.

Im Mehl eine Mulde bilden, die aufgelöste Hefe hineingeben und gut daruntermischen. Die Eier eins nach dem andern beigeben und sorgfältig einarbeiten. Zum Schluss die Salz-Zucker-Lösung daruntermischen. Den Teig 10 Minuten von Hand kneten, bis er elastisch ist.

Die Butter zwischen 2 Schichten Kunststoffolie legen und mit dem Teigroller bearbeiten, bis sie geschmeidig ist.

Ein Drittel des Teigs in eine grosse Schüssel geben, die Butter beigeben und gut einarbeiten. Den restlichen Teig auf zwei Mal dazugeben und jedesmal gründlich einarbeiten.

Den Teig mit einem mehlbestäubten Tuch bedecken und bei etwa 25 Grad über einem Heizkörper oder im leicht vorgewärmten, dann abgeschalteten Ofen 1 Stunde gehen lassen. Anschliessend den

Teig mit den Händen in 2 oder 3 Stücke teilen und über Nacht kühl stellen.

Am folgenden Tag den Teig zu 15 Kugeln von 25 g und einer Kugel von 50 g formen. Dazu zunächst die Kugeln nur grob formen und kurze Zeit kalt stellen; erst dann zu schönen, regelmässigen Kugeln formen.

Eine Form von 26 cm Durchmesser und 6 cm hohem Rand ausbuttern, die kleinen Teigkugeln in zwei Kreisen mit 1 cm Abstand zum Rand der Form hineinsetzen. Man rechnet mit 10 Kugeln für die äussere Reihe, 5 für die zweite und der grossen Teigkugel für die Mitte.

Die Oberfläche mit dem verquirlten Ei bestreichen und 1½ bis 2 Stunden bei Zimmertemperatur gehen lassen.

Den Ofen auf 200 Grad vorheizen. Die Teigkugeln nochmals mit Ei bepinseln, in den Ofen geben, die Temperatur auf 180 Grad senken und 40 bis 45 Minuten backen. Die Brioche lauwarm mit Früchtekompott oder zum Frühstück mit Butter servieren.

Terrinee ou Teurgoule
Reisterrine

Für 6 bis 8 Personen

Vorbereitung: 5 Minuten
Backzeit: 4 bis 5 Stunden

2 l Rohmilch (oder 1½ l pasteurisierte Vollmilch und ½ l Rahm)
1 Vanilleschote
200 g Puderzucker
200 g rundkörniger Qualitätsreis (Carolina) oder Basmati
1 Prise Salz

*V*ormals ein unverzichtbarer Bestandteil an jedem Dorffest in der Region Orne und Calvados, ist diese Süssspeise auch heute noch ein traditionelles Familiendessert. Wegen der sehr langen Garzeit brachte man sie früher häufig zum Bäcker zum Backen.

Zu diesem überaus nahrhaften Dessert – man nannte es nicht von ungefähr auch «bourre-goule», «Maulstopfer» – wurde vielfach noch eine «Fallue», eine rustikale Brioche aus der Basse-Normandie, gereicht. Nachdem man schon einige Stunden am Tisch verbracht hatte, brauchte es einen respektablen Appetit, um ein solches Dessert überhaupt noch würdigen zu können …

Die Reisterrine wird traditionell mit Zimt aromatisiert, es darf aber auch Vanille sein, wie es die bretonischen Nachbarn mit ihrer Reisspezialität («Riz à la bréhatine») machen. Die Qualität der Milch ist bei diesem Dessert wichtig, es schmeckt eindeutig besser mit Rohmilch.

Eine Tasse Milch aufkochen. Die Vanilleschote der Länge nach halbieren, die Samen gründlich mit einem Messerrücken auskratzen und in der Milch auflösen, dann zur restlichen Milch geben.

Die Milch und anschliessend den Puderzucker und den Reis in eine weite ofenfeste Form (Gratinform, Terrine) geben, eine Prise Salz dazugeben und das Ganze, ohne zu rühren, in den auf 120 Grad vorgeheizten Ofen stellen.

Die Reisterrine muss 4 bis 5 Stunden bei sanfter Hitze backen. Während der gesamten Garzeit nie rühren. Auf der Oberfläche bildet sich eine schöne goldgelbe Kruste, die man etwas zur Seite schiebt, um die Terrine zu probieren.

Früher wurde die Reisterrine warm, heute wird sie meist kalt gegessen. Dazu ein Coulis aus roten Beeren oder, wenn die Terrine mit Zimt aromatisiert ist, eine Vanillesauce reichen.

SOUPE DOREE AUX POMMES
Brot-Apfel-Auflauf

Für 6 Personen

Vorbereitung: 30 Minuten
Backzeit: 40 Minuten

250 g Briochebrot
(Grundrezept Seite 252)
oder Toastbrot vom Bäcker
200 g Butter
50 g Melassezucker
1 kg Äpfel (Calvilles oder
Reinetten, Granny Smith,
wenn mehr Säure gewünscht
wird)
½ l Vollmilch
30 g Vanillezucker
3 Eier
2 Eigelb
100 g Zucker

Abbildung folgende Doppelseite

Als «soupe» wurden früher oft mit Bouillon, Wein oder Sauce benetzte Brotscheiben bezeichnet. Dies war das übliche Frühstück und oft auch das Abendessen. An diese Tradition erinnern am besten noch Süssspeisen wie Arme Ritter oder Fotzelschnitten, Brotauflauf, Scheiterhaufen oder die englischen Varianten «Bread and butter pudding» oder «Hasty pudding» – all diese Köstlichkeiten unserer Kinderzeit sind aus Brotresten zubereitet.

Während ursprünglich für dieses Gericht die Brotreste und die Krusten verwendet wurden, die auf dem Tisch liegenblieben, macht sich Briochebrot darin natürlich besonders gut … Zusammen mit Äpfeln zubereitet, ist dieser Auflauf ein traditionelles Gericht der Gegend von Perche.

Das Brioche- oder Toastbrot in 1½ bis 2 cm dicke Scheiben, und diese diagonal in Dreiecke schneiden.

Die Hälfte der Butter zwischen zwei Schichten Plastikfolie geschmeidig arbeiten. Mit dem Melassezucker vermischen und die Brotdreiecke mit dieser Masse bestreichen. 2 Minuten unter dem Grill des Ofens goldig bräunen.

Die Äpfel schälen, halbieren, das Kerngehäuse entfernen, und die Äpfel in 1 bis 1½ cm dicke Scheiben schneiden. In der restlichen Butter 5 Minuten andünsten.

Den Boden und die Seitenwände einer Gratinform mit den Apfelschnitzen auslegen, anschliessend die Brotdreiecke mit den Spitzen nach oben abwechslungsweise mit den verbleibenden Apfelschnitzen leicht überlappend in die Form schichten.

Die Milch mit dem Vanillezucker aufkochen. In einer Rührschüssel die ganzen Eier, die Eigelbe und den Zucker mischen und 2 Minuten aufschlagen. Die heisse, aber nicht kochende Milch unter ständigem Schlagen dazugiessen. Diese Masse sehr vorsichtig in die Gratinform giessen, dabei die Brot- und Apfelscheiben mit einem Palettenmesser festhalten, damit sie nicht an die Oberfläche schwimmen.

Den Ofen auf 200 Grad vorheizen.

Die Tropfschale des Backofens oder ein anderes genügend grosses Gefäss mit Wasser füllen, die Gratinform hineinstellen, und den Auflauf 35 bis 40 Minuten darin backen. Anfangs noch zwei- oder dreimal die Brotdreiecke hinunterdrücken, denn solange die Masse flüssig ist, steigen sie leicht an die Oberfläche. Wenn ein in die Mitte des Auflaufs gestochenes Messer sauber herauskommt, ist der Auflauf gar. Lauwarm mit Apfelkompott oder Vanillesauce servieren.

Pommes au Four
Im Ofen gebackene Äpfel

Für 4 bis 5 Personen

Vorbereitung: 10 Minuten
Backzeit: 40 bis 45 Minuten

5 grosse Äpfel (Gold-
parmänen oder Calvilles)
200 g Apfelmus
100 g Aprikosenkonfitüre
50 g Apfelblütenhonig
25 g Butter

Abbildung gegenüber

Die Normandie ist nicht nur das Land der Mostäpfel, sondern auch das der Tafeläpfel. Doch die moderne Baumzucht hat das Gesicht der Obstgärten verändert. Sorten wie «Grillots», «Curetin», «Rougelets» sind verschwunden, «Grand-Alexandre», «Calvilles», «Rambours» und «Api» sind selten geworden, obwohl diese traditionellen Sorten viel schmackhafter sind als die Äpfel aus Intensivkulturen.

Die grosse Familie der Reinetten ist glücklicherweise auf den Märkten gut vertreten: Edelboskop und Goldparmänen. Mit diesen Äpfeln lassen sich herrliche Desserts zubereiten. Ein Beispiel dafür sind im Ofen gebackene Äpfel – man nennt sie auch Äpfel nach Hausfrauenart –, die man früher ganz einfach im Herdfeuer buk. Man kann sie übrigens auch heute noch in der Glut backen, vorausgesetzt, man wickelt sie in Alufolie ein.

Eine ofenfeste Form buttern und den Ofen auf 200 Grad vorheizen.

Die Äpfel, damit sie gut stehen, unten geradeschneiden. Oben eine dickere Scheibe abschneiden, die später wie ein Hut wieder aufgelegt wird. Die Äpfel aushöhlen, dabei das Kerngehäuse entfernen. Die Äpfel in die Form setzen.

Apfelmus und Aprikosenkonfitüre mischen und in die Äpfel füllen. Die Deckel aufsetzen, mit Honig beträufeln und die Butter in Flocken darauf verteilen.

40 bis 45 Minuten backen. Am Ende der Backzeit mit ihrem Saft begiessen. Mit einem Aprikosencoulis servieren.

Mirlitons de Rouen
Mandelcremetörtchen

Dies ist ein sehr altes Rezept, das vermutlich auf die «Talmouses» des Mittelalters zurückgeht. In Paris parfümiert man die Füllung mit Orangenblütenwasser und fügt Aprikosen und Mandeln hinzu, in Nizza sind es grüne Walnusshälften, und in Rouen muss es selbstverständlich frischer Rahm sein.

In Paris wurde dieses Gebäck dadurch verfeinert und raffinierter gemacht, dass man ihm einen Deckel aufsetzte und diesen mit einer Glasur überzog. Sorgfältig zubereitet und die Formen ganz fein mit dem Teig ausgekleidet, sind diese Mandelcremetörtchen ein leichtes Gebäck, das von Kindern heiss geliebt wird. Und nicht zuletzt lassen sich so Reste von Blätterteig aufbrauchen.

Für 15 Törtchen

Vorbereitung: 30 Minuten
Ruhezeit: 1 bis 2 Stunden
Backzeit: 25 Minuten

250 g Blätterteig
(Rezept Seite 250)
2 Eier
80 g Puderzucker
20 g Vanillezucker
25 g Mandelcreme
(Rezept Seite 252)
100 ml Rahm
Puderzucker

Den Blätterteig 3 mm dick auswallen. Mit einem Ausstecher oder einer Tasse ungefähr 8 cm grosse Scheiben ausstechen; den Durchmesser der Grösse der verwendeten Formen entsprechend anpassen.

Die Teigscheiben in Tartletteformen mit einem ziemlich hohen Rand geben und den Teig mit dem Daumen den Rand hochpressen. Dies zwei- oder dreimal wiederholen und dazwischen jeweils 30 Minuten kühl stellen. Die Teigschicht sollte sehr dünn werden und etwa ½ cm über die Ränder hinausstehen. Die Böden mit einer Gabel einstechen und die Formen erneut 30 Minuten in den Kühlschrank stellen.

Den Ofen auf 180 bis 200 Grad vorheizen.

In einer kleinen Schüssel die Eier, den Puderzucker, den Vanillezucker, die Mandelcreme und den Rahm vermischen. Die Masse mit einem Löffel gleichmässig in die Formen verteilen. Grosszügig mit Puderzucker bestreuen, und die Formen auf ein Backblech stellen; aufpassen, da die Füllung sehr flüssig ist und bei einer heftigen Bewegung leicht über den Rand der Form fliessen kann. Die Törtchen ungefähr 25 Minuten backen. Lauwarm aus den Formen nehmen und lauwarm oder kalt servieren.

CHARTREUSE AUX POMMES
Apfelchartreuse

*U*rsprünglich ausschliesslich mit Gemüse zubereitet, weil die Kartäusermönche, die dieser Speise den Namen gaben, nach der benediktinischen Regel eine strikt vegetarische Ernährung befolgten, wurde die Chartreuse anfangs des letzten Jahrhunderts zu einem echten Luxusgericht. Die süsse, im Ofen gebackene Chartreuse ist ein Vorläufer der Charlotte, die im 19. Jahrhundert vom unermüdlichen Carême, dem grossen Liebhaber solch dekorativer Rezepte, kreiert wurde. Der politischen Wetterlage folgend, wurde aus der «Charlotte nach Pariser Art» dann die «Charlotte nach Russischer Art».
Die Apfelchartreuse erschien in der Normandie bereits vor langer Zeit und wurde vermutlich durch englische Süssspeisen vom Ende des 18. Jahrhunderts angeregt. Eine englische Creme ist eine besonders wohlschmeckende Begleitung zu diesem mit Calvados parfümierten Dessert.

Für 6 Personen

Vorbereitung: 45 Minuten
Garzeit: 1½ Stunden

1½ kg Äpfel (Reinetten)
125 g Butter
30 g Vanillezucker
100 g Zucker
100 g Aprikosenkonfitüre
100 ml Calvados
200 g Toastbrot

Einen Apfel beiseite legen, die übrigen schälen, entkernen und würfeln. Eine ofenfeste Form mit 50 g weichgerührter Butter ausstreichen. Die Apfelwürfel hineingeben, mit dem Vanillezucker und dem Zucker bestreuen und die Aprikosenkonfitüre darüberstreichen. Mit dem Calvados begiessen und im Ofen bei 180 Grad 35 Minuten backen. Abkühlen

lassen und zu einem geschmeidigen, glatten Püree verarbeiten.

Vom Toastbrot die Rinde entfernen, das Brot in 1 cm dicke Scheiben und jede Scheibe in 3 Streifen schneiden.

Die restliche Butter zergehen lassen, die Toastbrotstreifen in der flüssigen Butter wenden und damit den Boden und die Wand einer Charlottenform von 16 cm

Durchmesser auslegen. 300 g des Apfelpürees in die Form füllen, mit einer Schicht Toastbrotstreifen belegen, und anschliessend nochmals 300 g Apfelpüree und erneut eine Schicht Toastbrotstreifen darauf geben (2 bis 3 Esslöffel vom Apfelpüree zurückbehalten).

Den Ofen auf 180 Grad vorheizen. Die Chartreuse 50 bis 55 Minuten backen. Lauwarm abkühlen lassen, dann aus der Form nehmen.

Den beiseitegelegten Apfel schälen, entkernen, in Scheibchen schneiden und 5 Minuten in etwas Butter goldgelb braten. Wenn die Chartreuse abgekühlt ist, mit dem beiseitegegebenen Apfelpüree bestreichen, mit dem verbleibenden Zucker bestreuen und unter dem Grill schnell karamelisieren. Die goldgelb gebratenen Apfelscheiben dekorativ rund um die Chartreuse auslegen. Mit dickem Rahm, einer Vanillesauce oder einem Aprikosencoulis servieren. Für das Coulis 150 g Aprikosen mit 100 ml ihres Saftes und 50 ml Grand Marnier oder Calvados im Mixer pürieren.

OMELETTE SOUFFLEE A LA BENEDICTINE
Soufflé-Omelette mit Bénédictine

Für 6 Personen

Vorbereitung: 15 Minuten
Backzeit: 15 Minuten

6 Eigelb
200 g Zucker
200 ml Bénédictine
8 Eiweiss
1 Prise Salz
2 Esslöffel Zitronensaft
50 g Butter

*D*er anfangs des 16. Jahrhunderts erfundene Bénédictine ist einer der ältesten französischen Liköre, doch das Originalrezept der Mönche der Abtei von Fécamp ging mit dem Untergang der Abtei in den revolutionären Wirren dieser Epoche verloren. Erst 1863 entdeckte ein Kaufmann von Fécamp einen Teil des Archivs der Abtei wieder, darunter auch das Geheimnis des Elixirs der Benediktinermönche. So jedenfalls lautet die Legende … In der kurzen Zeitspanne von nur zwanzig Jahren wurde der Bénédictine weltweit bekannt.

Siebenundzwanzig Pflanzen enthält dieser berühmte gelbe Saft. Nach dem Mischen und Abziehen der verschiedenen Alkohole wird ein Sirup aus Zucker und Honig, 350 Gramm pro Liter, hinzugefügt, was diesen Likör ganz besonders für Süssspeisen geeignet macht. Die flambierte Omelette, das klassische Dessert des ausgehenden 19. Jahrhunderts, erlebte eine Blüte zur Zeit, als auch der Bénédictine im Schwange war.

In einer Rührschüssel die Eigelbe mit dem Zucker und der Hälfte des Bénédictine schaumig rühren, bis die Masse dick und geschmeidig ist.

Das Eiweiss mit einer Prise Salz und dem Zitronensaft steif schlagen. Zunächst einen grossen Esslöffel Eischnee zur Eigelbmasse geben und gründlich unterrühren. Dann die so gelockerte Eigelbmasse vorsichtig unter den Eischnee heben.

Den Ofen auf 200 Grad vorheizen. Eine ofenfeste Platte buttern und mit Zucker bestreuen.

Die Butter in einer grossen Pfanne erhitzen, bis sie haselnussbraun ist. Die Omelettenmasse hineingeben und bei mittlerer Hitze 4 bis 5 Minuten backen. Sobald die Omelette schön aufgeht und beginnt, Farbe zu nehmen (zur Kontrolle am Rand etwas hochheben), zur Hälfte falten und auf die Servierplatte gleiten lassen. Sofort für ungefähr 10 Minuten in den Ofen geben, dabei aufpassen, dass sie nicht zuviel Farbe nimmt. Unmittelbar vor dem Servieren mit dem zuvor erhitzten restlichen Bénédictine übergiessen und flambieren.

Tarte aux Cerises de Duclair
Kirschkuchen

Für 6 Personen

Vorbereitung: 45 Minuten
Backzeit: 1 Stunde
Abkühlen: 1 Stunde

150 g Mürbeteig
(Rezept Seite 251)
600 g Kirschen (Reverdy oder
Weichselkirschen, wenn Sie
säuerliche Früchte vorziehen)
30 g Butter
200 g Zucker
200 ml Calvados
2 Blatt Gelatine
150 g Rahmquark
100 ml Rahm
40 g Kirschgelee

Abbildung gegenüber

In Duclair, wie übrigens im ganzen Seinetal, werden hervorragende Früchte geerntet. Himbeeren, rote und schwarze Johannisbeeren und Kirschen gedeihen hier ebenso gut wie Äpfel. Früchte haben in dieser Gegend eine derartige Bedeutung, dass man von einem «Kernobstjahr» oder von einem «Steinobstjahr» spricht, je nachdem, welche Art besonders üppig gedeiht. Schwarze Johannisbeeren und Himbeeren werden häufig in Alkohol eingelegt, die Kirschen werden im allgemeinen frisch gegessen. Der hier präsentierte traditionelle Kirschkuchen verbindet aufs beste die Milde des Rahms mit dem «Biss» der Kirschen und dem Parfum des Calvados – Summe aller Köstlichkeiten aus den Obstgärten der Normandie.

Den Ofen auf 190 Grad vorheizen.

Ein rundes Kuchenblech von 20 cm Durchmesser buttern und mit dem Mürbeteig auslegen. Mit einem Backpapier auslegen und mit getrockneten Hülsenfrüchten beschweren, damit der Teigboden sich beim Blindbacken nicht verformt. 25 Minuten backen, aus dem Ofen nehmen und abkühlen lassen.

Die Kirschen entsteinen. In einer grossen Pfanne die Butter zerlassen, 40 g Zucker beigeben und verrühren. Die Kirschen dazugeben, und 5 Minuten bei kräftiger Hitze unter mehrmaligem Schwenken der Pfanne darin wenden. Mit dem Calvados begiessen und 20 Minuten bei sanfter Hitze köcheln lassen. Die Kirschen mit einem Schaumlöffel herausheben. 100 g Zucker in die Pfanne geben und den Saft einreduzieren. Wenn er zu einem dickflüssigen Sirup gekocht ist, die Kirschen wieder in die Pfanne geben, vom Feuer nehmen und abkühlen lassen. Die Kirschen abtropfen lassen.

Die Gelatineblätter 10 Minuten in kaltes Wasser legen, herausnehmen und gründlich auspressen. Einen Esslöffel Quark lauwarm wärmen und die ausgedrückte Gelatine darin auflösen. Mit dem restlichen Quark und den restlichen 60 g Zucker vermischen und die Masse mit dem Schneebesen aufschlagen.

Den Rahm luftig, aber nicht steif schlagen. Unter die Quarkmasse mischen und damit den Kuchenboden gleichmässig bestreichen. 1 bis 2 Stunden kalt stellen.

Anschliessend die Kirschen darauf verteilen. Das Kirschgelee im Wasserbad zergehen lassen und über die Kirschen giessen. 1 Stunde kühl stellen.

Bretagne, Poitou, Charente

Von allen alten Provinzen Frankreichs hat die Bretagne wohl ihr kulinarisches Erbe am besten bewahrt. Die Frauen bereiten hier noch uralte Gerichte zu, wie «Far», einen süssen Buchweizenfladen, und «Kuign Amann» (Rezepte Seite 78). Mit den Regionen Charente und Poitou verbindet die Bretagne eine Fülle von Fladen- und Sablé-Variationen, die ihre besondere Qualität der ausgezeichneten, mit Meersalz gesalzenen Butter verdanken.

Getreide spielt in der bretonischen Küche eine wichtige Rolle; Buchweizen war noch bis vor kurzem das Grundnahrungsmittel. So war das bretonische «Far», das wir heute als süsse Nachspeise kennen, ursprünglich ein Hauptgang, und was für einer! Dieses Gemisch aus Buchweizenmehl, Geflügelbouillon und -fett, Zwetschgen, getrockneten Weinbeeren oder Schlehen und manchmal Eiern wurde in einen Leinensack gepresst und anschliessend 2 Stunden in Bouillon gegart. Die Verwandtschaft mit dem englischen Plumpudding springt ins Auge, und in der Haute-Bretagne gibt es heute noch eine Variante, die man «Poulouding» nennt.

Heutzutage wird diese Spezialität gesüsst, mit Eiern und Milch angereichert und immer aus Weizenmehl hergestellt. In Plancoët, in der «Auberge de l'écrin» bei meinen Freunden Jean-Pierre und Colette Crouzil, habe ich das beste «Far» meines Leben gegessen. Wir kamen von der Jagd zurück und waren halb erfroren, als uns das noch lauwarme Gebäck erwartete. Dazu eine Flasche Apfelwein – welch ein Genuss!

Apfelwein ist der Champagner meiner Kindheit. Ob normannisch oder bretonisch, ist er ein wahrer Zaubertrank, sofern er nach traditioneller Weise hergestellt wird, nicht pasteurisiert und direkt vom Hof. Warme Krevetten, Muscheln mit Rahm, wie jene von meinen guten Freunden Gérard und Martine Bazire im «Vapeurs» in Trouville, oder kleine Blutwürste mit Äpfeln, dazu ein Apfelwein, und schon hat man einen Festschmaus!

Man muss sich bewusst sein, dass es wie bei den Reben auch bei den Äpfeln besondere Sorten und Lagen gibt. Joly, Saint-Martin, Bédan, Binet rouge, Bousquet, sie alle wachsen nach althergebrachter Art in den Obstgärten, ohne künstliche Behandlung. Bei den ersten Kälteeinbrüchen im November werden die noch etwas grünen Äpfel mit langen Stangen von den Bäumen geschüttelt. Im Speicher werden sie auf Holzhorden nach Sorten eingelagert und vollenden, immer unter dem aufmerksamen Auge eines erfahrenen Mostmeisters, ihre Reifung. Wenn sie soweit sind, setzt er Tag und Stunde des Pressens fest und stellt die Sorten so zusammen, dass der Apfelwein Geschmack und Farbe nach seinen Wünschen erhält. Die Äpfel werden über eine Rutsche vom Speicher in einen Granitbehälter geschleust und dort von einem Mühlstein zermalmt. Die Presse besteht aus einem Sockel, an dem sich eine riesige Holzschraube befindet. Lage um Lage werden nun in Pressrahmen die zermalmten Äpfel und darauf jeweils eine Lage aus Weizenstroh aufeinander geschichtet. Der Mostmeister dreht in regelmässigen Abständen die Schraube: Der goldfarbene Saft fliesst ab … Unter der Presse füllen sich die weidenumflochtenen Holzkrüge und werden fortlaufend von Helfern durch einen grossen Trichter in Tausendliterfässer gefüllt. Nun beginnt langsam der Gärprozess. Geklärt wird der Most durch mehrmaliges Abziehen ohne künstliche Hilfsmittel. Nach drei Monaten wird der Most in Flaschen abgefüllt. Dazu braucht es gutes Wetter, vor allem aber sollte es zwischen Voll- und Neumond geschehen.

Sind die Flaschen gefüllt und mit einem kräftigen Korkzapfen verschlossen, werden sie aufrecht gelagert. Das erste Glas dieses Apfelweins ist für den Bauern die beste Belohnung für seine Bemühungen, nach traditioneller Art ein natürliches, heute leider selten gewordenes Qualitätsprodukt zu schaffen.

CREPES ET GALETTES
Crêpes

Für 15 Personen

Vorbereitung: 5 Minuten
Ruhezeit: 2 bis 3 Stunden
Backzeit (mit 2 Pfannen):
ca. 20 Minuten

250 g Weizenmehl
30 g Zucker
1 Prise Zimt
6 Eier
½ Messerspitze Salz
¾ l Milch
2,5 cl Grand Marnier
2,5 cl Rum
100 g Butter

Abbildung gegenüber

Crêpes, eine ferne Erinnerung an den Getreidebrei unserer Vorfahren, haben sich heute zu einer leichten Nachspeise gewandelt, die in der häuslichen Küche in ganz Frankreich, insbesondere aber nördlich der Loire, zubereitet wird. Die ersten Crêpes, man nannte sie «Galettes», also Fladen, wurden vermutlich auf flachen, heissen Steinplatten gebacken, später diente dazu eine gusseiserne Platte auf einem grossen, dreibeinigen Gestell im Kamin.

Das Mehl mit dem Zucker und dem Zimt in ein Gefäss sieben und eine Mulde bilden. Eier und Salz mit etwas Milch verklopfen, in die Mulde schütten und sorgfältig einarbeiten, so dass eine geschmeidige, dickflüssige Masse entsteht. Die restliche Milch einrühren, dann den Grand Marnier und den Rum. Die Butter zerlassen und ebenfalls beifügen. Den Teig 2 bis 3 Stunden ruhen lassen.

Unmittelbar vor dem Ausbacken der Crêpes die Masse etwas verdünnen. Man kann dazu bis 150 ml Flüssigkeit beigeben, halb Wasser, halb Milch oder halb Wasser, halb flüssiger Rahm. Butter zum Ausbacken klären: Dazu zerlässt man sie langsam, lässt sie abkühlen und entfernt die Unreinheiten, die sich auf der Oberfläche absetzen.

Eine Gabel in sehr weichen Stoff, zum Beispiel Musselin, wickeln und verschnüren. Eine nichthaftende Crêpepfanne (die nur zu diesem Zweck verwendet wird) erhitzen. Die geklärte Butter erwärmen, die stoffumwickelte Gabel kurz hineintunken und damit den Pfannenboden einstreichen; die Pfanne nach allen Seiten neigen, um die Butter schön gleichmässig zu verteilen.

Einen Schöpflöffel voll Teig hineingiessen und ausbacken. Wenn die Unterseite goldgelb ist, die Crêpe mit einem dünnen Spachtel oder einem Palettenmesser wenden und auf der zweiten Seite ebenfalls goldgelb backen. Nach jeder Crêpe die Pfanne mit heissem Wasser auswischen und neu buttern.

Fladen aus Buchweizenteig werden nach demselben Rezept zubereitet. Das Weizenmehl durch Buchweizenmehl oder halb Weizenmehl, halb Buchweizenmehl ersetzen. Da die Fladen gewöhnlich mit pikanten Zutaten belegt werden, Alko-hol und Zucker weglassen.

Crêpes lassen sich auf vielfältigste Weise variieren. Hier einige einfache Vorschläge:

– Auf jeder Crêpe ein haselnussgrosses Stück Butter zerlassen. Einen Esslöffel Konfitüre darauf geben, zu Vierteln falten und warm servieren.

– Kleine Apfelwürfel in etwas Butter anbraten, mit Vanillezucker bestreuen und auf die Crêpes verteilen. Auf jede noch einen Kaffeelöffel Honig geben. Zu Vierteln falten und lauwarm servieren.

– Auf jeder Crêpe ein nussgrosses Stück Butter zerlassen, mit einem Esslöffel geraspelter schwarzer Schokolade bestreuen, die Crêpes falten und mit etwas gesüsstem Schlagrahm garnieren.

FAR
Süsser Fladen

Für 6 Personen

Vorbereitung: 10 Minuten
Backzeit: 45 Minuten

200 g Dörrzwetschgen
2 Beutel Schwarztee
100 g Mehl
½ l Milch
135 g Zucker
5 Eier
1 Esslöffel Rum
15 g Vanillezucker

Abbildung gegenüber

Süsse Fladen sind überall in der Bretagne eine populäre Dessertspeise. Für dieses ursprünglich salzige Gericht wurde ein Brei aus Weizen- oder Buchweizenmehl in einem Sack («farz sac'h»), einem Ärmel («farz manch») oder einer Tasche («farz poch») gebacken und mit Fleisch und Gemüse serviert.

Die heute üblichen süssen «Fars» geniesst man nature, ohne weitere Beigaben, wie in der Gegend rund um Saint-Pol-de-Léon, mit in Rum eingelegten Weinbeeren, wie in Brest üblich, oder – als die am weitesten verbreitete Zubereitungsart – mit Dörrzwetschgen, wie in der Region von Quiberon.

Die Zwetschgen entsteinen, in heissem Tee einweichen und 1 Stunde ziehen lassen. Dann in einem Sieb abtropfen lassen.

In einer Schüssel Mehl, Milch und Zucker vermischen, und anschliessend die ganzen Eier eins nach dem andern einarbeiten. Den Rum und den Vanillezucker beifügen.

Den Ofen auf 210 Grad vorheizen.

Ein rundes Kuchenblech grosszügig mit Butter bestreichen und mit Mehl bestäuben. Den Teig hineingiessen und die ganzen Zwetschgen darauf verteilen.

Das Blech in den Ofen geben. Nach 10 Minuten die Ofentemperatur auf 170 Grad senken und noch 35 Minuten weiterbacken. Auf dem Backblech servieren.

KUIGN AMANN
Butterfladenbrot

Der «Kuign Amann» (auch «Kwign Amann» oder «Kouing Aman» geschrieben) ist einer der ältesten bretonischen Fladen. Ursprünglich aus einfachem Brotteig, wurde er für das Sonntagsessen oder ein Familienfest mal mit etwas Rahm, mal mit Butter verfeinert und wurde mit der Zeit auch süsser.

Für dieses Fladengebäck verwendet man gesalzene Butter, heute meist leicht gesalzene, da die vollgesalzene, die dem Gebäck seinen charakteristischen Geschmack verlieh, kaum mehr erhältlich ist. In Locronan, einem kleinen Dorf in der Nähe von Concarneau, wo die Zeit stillgestanden zu sein scheint, habe ich einmal eine ausgezeichnete Landbutter gefunden. Einst ein Zentrum der Segeltuchweberei, blieb das Dörfchen wie durch ein Wunder von neuzeitlichen Entwicklungen verschont: Sogar seine Backwaren haben den Wohlgeschmack der guten alten Zeit behalten!

Für 6 Personen

Vorbereitung: 40 Minuten
Ruhezeit: 30 bis 45 Minuten
Backzeit: 25 bis 30 Minuten

15 g Frischhefe
90 ml Wasser
80 g Zucker
200 g gesalzene Butter
250 g Mehl
1 grosser Esslöffel Rum
120 g Zucker

Die Hefe in 2 Esslöffeln lauwarmem Wasser auflösen, im restlichen Wasser die 80 g Zucker auflösen. Die Butter Zimmertemperatur annehmen lassen, damit sie sich leichter verarbeiten lässt.

Das Mehl auf die Arbeitsfläche geben und in der Mitte eine Mulde machen. Die Hefe, das Zuckerwasser und den Rum hineingiessen und etwa 10 Minuten kneten, bis ein elastischer Teig entstanden ist. Mit einem Tuch bedeckt an der Wärme auf das Doppelte aufgehen lassen.

Aus dem Teig zwei Kugeln formen. Jede Teigkugel zu einer runden Scheibe auswallen. Auf jede Scheibe 100 g Butter geben und mit dem Handballen gleichmässig darauf verteilen, mit je 60 g Zucker bestreuen. Die Teigränder sorgfältig darüberschlagen, um Butter und Zucker fest

im Teig einzuschliessen, und leicht zu einem Rechteck ziehen. Dreifach falten, dabei das obere Drittel nach unten schlagen und das untere darüberklappen. Eine Vierteldrehung machen und den Teig erneut zu einem Rechteck auswallen. Den ganzen Vorgang wiederholen, dann in der Mitte einmal falten.

Zwei runde Kuchenformen von 22 cm Durchmesser leicht einölen.

Die beiden Teigstücke 1 cm dick viereckig, etwas grösser als die Kuchenform auswallen. Die Ecken zur Mitte hin zurückfalten, den Teig in die Formen legen und bei Zimmertemperatur 30 bis 45 Minuten gehen lassen.

Den Ofen auf 220 Grad vorheizen. Die Fladenbrote 25 bis 30 Minuten backen, noch heiss aus den Formen nehmen, mit Zucker bestreuen und lauwarm servieren.

TOURTEAU POITEVIN
Ziegenfrischkäse-Kuchen

Abbildung gegenüber

Seinen etwas befremdenden Namen soll dieses Gebäck seiner Ähnlichkeit mit dem Taschenkrebs, französisch «tourteau», verdanken. Wahrscheinlicher ist jedoch, dass der Name sich ganz einfach auf die «Tourtes» bezieht, jene runden, gedeckten Blätter- oder Mürbeteigkuchen.
Dieses Gebäck wurde traditionell nach dem Brot im Dorfbackofen gebacken. Es braucht eine konstante Hitze, damit es gleichmässig aufgeht und eine schöne Wölbung erhält; daher darf auch während des Backens unter keinen Umständen der Ofen geöffnet werden. Ein Bäcker in Poitou soll das Tor seines Ofens mit einem Vorhängeschloss gesichert haben, um zu verhindern, dass ein ungeduldiger Lehrling es zu früh öffnen könnte.
Damit diese in Frankreich einzigartige Spezialität gelingt, braucht es unbedingt sehr frischen und nur leicht gesalzenen Ziegenfrischkäse, übrigens ebenfalls ein typisches Produkt der Region. In der Gegend von Poitiers fügt man dem «Tourteau» noch Angelika und Cognac bei.

Die Wahl der Form ist sehr wichtig dafür, dass dieses Gebäck gelingt und seine bauchige Form erhält. Wenn Sie über keine spezielle Tourteauform verfügen, nehmen Sie eine 15 cm grosse Form mit

4 cm hohem, leicht bauchigem Rand. Die Form befeuchten.

Den Teig 2 mm dick auswallen und eine Scheibe von 20 cm Durchmesser ausschneiden. Die Form damit auslegen, so

Für 4 bis 6 Personen

Vorbereitung: 20 Minuten
Ruhezeit: 2 Stunden
Backzeit: 25 Minuten

100 g Mürbeteig
(Rezept Seite 251)
65 g Ziegenfrischkäse, abge-
tropft
65 g Zucker
2 Eigelb
20 g Mehl
2 Eiweiss
1 Prise Salz
½ Kaffeelöffel Zitronensaft

dass der Teig etwas über den Rand hinaussteht. Boden und Rand mit einer Gabel dicht einstechen und etwa 2 Stunden am besten im Tiefkühler ruhen lassen.

Den Ofen auf 240 bis 250 Grad vorheizen. Er muss unbedingt sehr heiss sein.

In einer Schüssel Frischkäse und Zucker vermischen. Unter ständigem Rühren die Eigelbe und das Mehl dazugeben.

Das Eiweiss mit dem Salz und dem Zitronensaft zu sehr steifem Schnee schlagen. Zuletzt etwas Zucker beifügen und den Eischnee unter die Käsemasse ziehen.

Die Masse vorsichtig in die Form giessen und in den Ofen geben. Ungefähr 25 Minuten backen, dabei keinesfalls den Ofen öffnen. Die Oberfläche des Kuchens soll eine dunkle, leicht angebrannte Kruste bilden. Lauwarm oder kalt servieren.

Das Gebäck kann mit abgeriebener Orangen- oder Zitronenschale parfümiert werden.

CREME AU COGNAC
Cognac-Creme

Für 6 Personen

Vorbereitung: 15 Minuten
Garzeit: 35 bis 40 Minuten

370 ml Milch
130 ml Rahm
2 Eier
4 Eigelb
125 g Zucker
1,5 cl Cognac

Abbildung gegenüber

*D*ie Einheimischen nennen den Cognac «Sa Majesté le Cougnat». Tatsächlich verdankt die Charente diesem Alkohol viel, er war ein wahres Göttergeschenk, das der ganzen Region Wohlstand brachte. Bis in das 17. Jahrhundert wurde in der Gegend nur Wein produziert, der sich aber immer schlechter verkaufte. In der Destillation fand man die Rettung, aus einem minderwertigen Wein einen hervorragenden Alkohol zu machen. Der Branntwein der Charente war schon hochgeschätzt, bevor er hundert Jahre später den Namen «Cognac» erhielt.

Mit Cognac werden nicht nur Äpfel flambiert, er parfümiert auch Cremen, süsse Omeletten und sogar einen Frischkäse. Für diese besonders zarte, fast ausschliesslich mit Eigelb zubereitete Creme müssen Sie keinen kostbaren, alten Tropfen opfern; ein junger, selbst noch etwas unausgewogener tut's auch.

In einem Topf Milch und Rahm mischen, aufkochen, dann vom Feuer nehmen.

Die ganzen Eier und die Eigelbe mit dem Zucker in einer Schüssel schlagen, bis die Mischung hell wird. Unter fortgesetztem Rühren die kochendheisse Milch dazugiessen. Abkühlen lassen und den Cognac beigeben.

Den Ofen auf 180 Grad vorheizen.

Eine Souffléform oder kleine Portionenformen ausbuttern. Die Creme hineingiessen und im Wasserbad im Ofen 35 bis 40 Minuten stocken lassen. Zur Kontrolle mit einer Messerspitze hineinstechen: Sie muss trocken bleiben.

Abkühlen lassen und nach Belieben mit einer leicht mit Cognac parfümierten englischen Creme servieren. Man kann die Creme vor dem Servieren auch mit etwas erhitztem Cognac übergiessen und flambieren.

FLAN AUX POIRES CHARENTAIS
Birnenkuchen

Für 8 Personen

Vorbereitung: 30 Minuten
Backzeit: 40 bis 45 Minuten

500 g Birnen

Für den Sirup:
½ l Wasser
200 g Zucker
200 g Honig
1 Vanilleschote

400 g Mürbeteig
(Rezept Seite 251)

Für den Belag:
½ l Milch
150 g Zucker
2 Eier
40 g Mehl
2 cl Birnenschnaps

200 g Aprikosenkonfitüre
3 cl Cognac

Abbildung gegenüber

«Flaugnard, pachade, clafoutis, millard …» – der Namen sind, je nach Ursprungsregion, viele, aber die Rezepte sind sich oft sehr ähnlich. Bevor der «Flan» zu dem wurde, was er heute ist, wurde dieses uralte ländliche Gericht mit einem dicken Pfannkuchenteig und Früchten zubereitet, und oft in der Pfanne gegart. Ob Äpfel, Birnen, Trauben oder schwarze Kirschen, man nahm die Früchte, die gerade zur Hand waren.
Eigentliche Kochbirnen werden heute nur noch selten angebaut, aber gewisse Tafelfrüchte ergeben ausgezeichnete Resultate. Für diesen rustikalen Kuchen eignen sich die Sorten Belle Angevine oder Williams besonders gut. Dank ihrer sehr feinen Schale muss letztere nicht einmal unbedingt geschält werden.

Die Birnen schälen oder dünnschalige nur waschen.

Für den Sirup das Wasser mit Zucker, Honig und Vanilleschote mischen und einkochen. Die Birnen ganz dazugeben und etwa 15 Minuten (eventuell etwas kürzer, die Birnen müssen fest bleiben) leicht köcheln lassen. Im Sirup abkühlen und anschliessend auf Küchenpapier abtropfen lassen.

Ein ziemlich hochrandiges Kuchenblech oder eine Tortenform ausbuttern und mit Mehl bestäuben. Den Mürbeteig auswallen und die Form damit auslegen. In den Kühlschrank stellen.

Den Ofen auf 200 Grad vorheizen.

Für den Belag die Milch mit 50 g Zucker mischen und aufkochen. Die Eier mit dem restlichen Zucker in einer Schüssel aufschlagen, bis die Masse hell wird, dann das Mehl dazugeben. Einen Teil der kochenden Milch dazugiessen und mischen, dann das Ganze abseits des Feuers (die Milch muss immer noch kochendheiss sein) unter die Milch mischen und kräftig schlagen. Zum Schluss den Birnenschnaps beigeben.

Drei Viertel der heissen Creme auf den Teigboden giessen. Die Birnen halbieren, entkernen, in ziemlich dicke Scheiben schneiden, darauf verteilen und mit dem Rest der Creme bedecken.

Den Kuchen im vorgeheizten Ofen 40 bis 45 Minuten backen.

Die Aprikosenkonfitüre mit etwas vom Kochsaft der Birnen und dem Cognac verdünnen und gleichmässig auf dem Kuchen verteilen.

Sologne,
Val de Loire, Anjou,
Touraine

immel und Erde verbünden sich, um aus dem Loiretal ein Schlaraffenland zu machen. Der aussergewöhnlich fruchtbare Boden und das milde Klima lassen die Erzeugnisse dieser Region zwei Wochen früher reif werden als jene des Pariser Beckens. Die Loire ist hier nicht mehr der reissende Fluss wie im Vivarais, sondern ein sanft fliessendes Gewässer, das «den Garten Frankreichs» bewässert. Seinem Ufer entlang wechseln einander Rosengärten und Rebberge, Obstgärten und weite Kornfelder ab.

Zahlreiche Feste sind im Tal der Loire dem Essen und Trinken gewidmet – dem Wein, den Melonen, dem Käse, den Andouilettes (Gekrösewürstchen), den Krebsen oder dem Feingebäck. Und die legendären Festmähler von Romorantin, der Hauptstadt der Sologne, sind in ganz Frankreich ein Begriff.

Selbst die ländliche Küche ist hier weniger rustikal als andernorts. Durch die häufigen Aufenthalte der Könige von Frankreich in der Touraine und der Anjou stachelten sich die Köche und Konditoren des Hofes und jene des örtlichen Gewerbes gegenseitig an. Daher sind die Speisen dieser Gegend raffinierter als gewöhnlich.

Die Obstgärten des Loiretals, die ältesten Frankreichs, bringen unvergleichliche Früchte hervor. In Angers und in Blois wurden die von den Kreuzrittern im 12. Jahrhundert nach Hause mitgebrachten Pflaumen heimisch und ergeben heute herrliches Backwerk. Auch die in unseren Landen ziemlich seltenen Quitten sind hier sehr verbreitet. Sie sind nicht nur nützlich als Unterlage zur Veredelung anderer Obstbäume, sondern auch ein Glücksfall für die Zuckerbäcker von Orléans, welche die Früchte in einer dreitägigen, geheimnisumwitterten Prozedur in eine glänzende Quittenpaste verwandeln, den berühmten «Cotignac». Äpfel, Birnen, Melonen, Pfirsiche, Aprikosen gedeihen im Überfluss, ebenso die Tafeltrauben, aus denen man in der Touraine hervorragende Kuchen bereitet. Dazu rote Beeren, wie Erdbeeren, Himbeeren und Kirschen. Aus den schwarzen Kirschen macht man meist Kuchen, Herz- und Weichselkirschen dienen mehr der Destillation von Schnäpsen und Likören, besonders des Kirschlikörs aus der Anjou. Die kurzstieligen «Cerises royales» werden ein Jahr in Kirsch eingelegt, um dann zu «Cerises marquise» oder mit Schokolade überzogen zu werden.

In den Backwaren der Region verbinden sich Einfachheit und Raffinesse, wie im traditionellen «Pithiviers» mit schwarzen Kirschen, dem saftigen Mandelgebäck («Financier») oder den «Croquets» genannten Mandelstäbchen von Sully-sur-Loire. Auch in der Touraine und im Anjou bringt man allerhand kleine Wunder hervor, mit Namen wie «Fredaines», «Russeroles» oder «Bottereaux».

In der Sologne ist der Blätterteig beliebt und wird zu salzigem und süssem Gebäck verarbeitet. So manche lokale Spezialität lohnt einen Umweg: Kartoffelfladen vom Marktflecken Aubigny-sur-Nère, wo man dem Teig ein trockenes Püree untermischt, oder der einfache Blätterteigfladen, den man zum Frühstück in einigen

Dörfern der Sologne, in Blancafort zum Beispiel, vorgesetzt bekommt. Ebenso beliebt sind Birnenkuchen, die man hier «Pâtés» nennt.

Leckermäuler können hier aber auch sonst schwelgen, denn die Natur ist äusserst verschwenderisch mit ihrem Wild, ihren Fischen aus Flüssen und Seen, ihren Gemüsen. Gewisse Gemüse mit feinen, süsslichen Aromen werden auch auf originelle Art zu Nachspeisen verwendet. So schuf man in Millancay zum Beispiel

einen mit Mandeln parfümierten Kürbiskuchen.

Von allen Köchen des Loiretals ist es vielleicht Michel Augereau, der die Traditionen der Region am besten wahrt: ein Mittagessen vor seinem wunderschönen, blühenden Garten in Rosierssur-Loire kann Augenblicke wahren Glücks verschaffen. Die Mahlzeit wird mit einer herrlichen «Tarte belle angévine» und einem Glas flüssigen Golds mit Namen Bonnezeaux gekrönt … Dies sind die wahren Schätze von Angers.

PITHIVIERS AUX CERISES NOIRES
Blätterteig-Mandelkuchen mit schwarzen Kirschen

Für 8 Personen

Vorbereitung: 20 Minuten
Ruhezeit: 30 Minuten
Backzeit: 45 Minuten

600 g Blätterteig
(Rezept Seite 250)
350 g Mandelcreme
(Rezept Seite 252)
150 bis 200 g schwarze
Kirschen, entsteint, in
leichtem Sirup
(Abtropfgewicht)
1 Ei zum Bestreichen
Puderzucker

Abbildung gegenüber

Dieses traditionelle Gebäck aus der Region Gâtinais südwestlich von Paris wurde als «Pithiviers» zum Kuchen der Könige des ganzen Nordens von Frankreich. Den umgekehrten Weg ging ein flacher Hefekuchen, «Fouace» genannt, legendäres Gebäck der Touraine, das Rabelais in seinem «Gargantua» verewigte: Es wanderte nach Süden und wurde dort, mit Zitronat oder Orangenblütenwasser verfeinert oder in seiner provenzalischen Spielart als «Fougasse», zum Kuchen der Könige von Aquitanien.

In der Sologne bereichert man den «Pithiviers» häufig mit schwarzen Kirschen. In Bézards, in der wunderschönen «Auberge des Templiers» von Philippe Depée, hatte ich einmal Gelegenheit, neben einer Unmenge anderer Nachspeisen, die eine köstlicher als die andere, auch dieses herrliche Gebäck zu probieren. Dies ist nicht weiter verwunderlich, denn die Dame des Hauses, Françoise Depée, ist nicht nur eine charmante Hausherrin, sondern eine ebenso versierte Konditorin.

Ein Backblech mit Backpapier auslegen und leicht befeuchten.

Den Blätterteig in 2 Portionen von etwa 250 g und 350 g teilen. Den kleineren Teil 2 mm dick auswallen und als Boden eine 26 cm grosse Scheibe ausschneiden. Die Teigscheibe auf den Teigroller wickeln und auf das Blech abrollen (dadurch vermeidet man, dass der Teig gedehnt wird und sich später beim Backen zusammenzieht); mit einer Gabel einstechen. Die zweite Teigportion 3 mm dick zu einer Scheibe, die nur wenig grösser, aber dicker als die erste ist, auswallen.

Den Teigboden gleichmässig mit der Mandelcreme bestreichen, dabei einen 2 cm breiten Rand frei lassen, und anschliessend kreisförmig, in der Mitte beginnend, die Kirschen darauf verteilen. Den Rand mit dem Ei bestreichen, die zweite Teigscheibe darauf legen und am Rand mit den Fingern zusammen-

drücken. 30 Minuten im Kühlschrank ruhen lassen.

Den Ofen auf 220 Grad vorheizen.

Um das Gebäck auszuschmücken, mit einem spitzen Messer kleine Kerben in den Teigrand schneiden. Die Oberfläche mit Ei bepinseln und als Verzierung mit einer Messerspitze von der Mitte aus bis zum Rand geschwungene Linien ziehen.

Im vorgeheizten Ofen 10 Minuten backen, dann die Hitze auf 170 Grad senken und noch 30 bis 35 Minuten weiterbacken. Mit Puderzucker bestäuben und unter dem Grill 2 Minuten glasieren. Am besten lauwarm servieren.

Mit der Hälfte der Zutaten und ohne Kirschen wird daraus der Königskuchen, die «Galette des rois», dabei aber nicht vergessen, zwischen die Teigscheiben einen kleinen König aus Porzellan zu legen.

NONNETTES
Honigkuchen

Für ungefähr 12 Stück

Vorbereitung: 20 Minuten
Ruhezeit: 1 Stunde
Backzeit: 45 bis 50 Minuten

200 ml Wasser
125 g Zucker
200 g Apfel- oder Kirsch-
blütenhonig
75 g Butter
275 g Mehl
3 Messerspitzen Muskatnuss
22 g Backpulver (2 Päckchen)
1 kleiner Kaffeelöffel Zimt
125 g Orangeat

*L*ebkuchen oder Honigkuchen ist ein uraltes Gebäck, das sich bis in die Zeit der griechischen Antike zurückverfolgen lässt. In der Region Gâtinais schwört man darauf, dass der Honigkuchen kurz vor dem Jahr 1000 durch einen armenischen Bischof, der in Pithiviers Zuflucht gesucht hatte, in der Gegend eingeführt wurde. Die «Nonnettes», eine Spezialität von La Ferté-Saint-Aubin, erhielten ihren Namen daher, dass sie einstmals von Nonnen hergestellt wurden.

Der Honig aus der Sologne zählt zum feinsten. Und es gibt ihn in einer Vielzahl von Sorten: goldgelber, klarer Akazienhonig, roter Erikahonig, Apfel- und Kirschblütenhonig. Ich selbst süsse meinen Tee immer mit Akazienhonig, und im Winter gehe ich nie auf die Jagd ohne ein Glas Honig in der Tasche, denn dies ist ein herrliches Stärkungsmittel.

Das Wasser in einen Topf geben, mit dem Zucker, dem Honig und der Butter mischen und erhitzen. Sobald es zu kochen anfängt, vom Feuer nehmen und gründlich verrühren.

Das Mehl mit der Muskatnuss, dem Backpulver und dem Zimt in eine Schüssel sieben. Nach und nach die heisse Flüssigkeit dazugiessen und zu einer homogenen Masse schlagen; nicht zu lange bearbeiten. Den Teig eine Stunde kühl stellen, damit er fest wird.

Das Orangeat fein hacken, in ein wenig Mehl wenden, über den Teig streuen und schnell einarbeiten.

Den Ofen auf 220 Grad vorheizen.

Runde oder längliche Formen von ungefähr 6 bis 7 cm Durchmesser und mit ziemlich hohem Rand (5 cm) buttern und mit Mehl bestäuben. In jede Form etwa 80 g Teig geben und 40 bis 45 Minuten backen. Auf einem Tuch aus den Formen nehmen.

Die Honigkuchen sind mehrere Tage haltbar. Sie schmecken herrlich, wenn man sie waagrecht halbiert und mit Bitterorangenmarmelade bestreicht.

Tarte Briochee aux Pommes
Hefekuchen mit Äpfeln

Für 8 Personen

Vorbereitung: 40 Minuten
Ruhezeit: 30 Minuten
Backzeit: 50 Minuten

350 g Butterhefeteig
(Rezept Seite 252)
20 g gemahlene Mandeln
70 g Zucker
5 schöne Äpfel
(späte Golden, Calvilles oder
Goldparmänen)
50 g Butter
80 ml süsser Weisswein
(Vouvray oder Coteaux-du-
Layon)
60 g Vanillezucker
260 g Konditorcreme
(Rezept Seite 253)
1 Ei zum Bestreichen
2 Esslöffel Rahm
1 Esslöffel Grand Marnier
(oder alter Calvados)

Im Loiretal haben die Tafelfrüchte den Mostäpfeln den Rang abgelaufen. Im Sommer geniesst man die Cardinals und die frühen Golden. Mit dem Herbst kommen die traditionellen Sorten auf den Speisezettel: Goldparmänen, Grosser Alexander und Boskop. Der Winter jedoch ist die Zeit der besten Äpfel, der Calvilles oder «Bonnets carrés», der in der Anjou beliebten Reinetten von Mans und der süss-säuerlichen «Api roses».

Desserts mit Äpfeln sind daher im ganzen Loiretal in grosser Zahl anzutreffen: «Pommé», ein lang gekochtes Apfelgelee, Teigtaschen und die berühmten im Ofen gedörrten «Pommes tapées». Auch Kuchen fehlen nicht, darunter die berühmte «Tarte tatin» von Sologne und die «Tarte saumuroise» mit Mandeln und Grand Marnier.

Eine Kuchenform oder einen Tortenring von 22 cm ausbuttern.

Den Butterhefeteig 5 mm dick auswallen und die Form damit auslegen, so dass er etwas über den Rand hinausragt. Die gemahlenen Mandeln mit 20 g Zucker vermischen und damit den Kuchenboden bestreuen. Den Teig bei Zimmertemperatur leicht aufgehen lassen.

In der Zwischenzeit 4 Äpfel schälen, halbieren, entkernen und mit einer Messerspitze kreuzweise fein einschneiden. Die Butter in einer Pfanne zerlassen, Wein und Vanillezucker und anschliessend die Äpfel dazugeben und 10 Minuten bei sanfter Hitze köcheln lassen. Die Äpfel mit einem Schaumlöffel herausheben und auf einem Sieb abtropfen lassen. Den Sirup beiseite stellen.

Den Ofen auf 210 Grad vorheizen.

Den Teigboden mit der Konditorcreme bestreichen. Die Äpfel darauf auslegen und die Teigränder mit Ei bepinseln. Den Kuchen in den vorgeheizten Ofen geben, 10 Minuten backen, dann die Temperatur auf 180 Grad senken und weitere 40 Minuten backen.

Den verbleibenden Apfel im Mixer pürieren und durch ein mit einem feinen Leinen ausgelegtes Sieb streichen (noch besser, den Apfel ungeschält in einer Saftpresse auspressen). Zusammen mit 50 g Zucker zu dem beiseitegestellten Sirup vom Kochen der Äpfel geben und auf kleinem Feuer zu einem hellen Karamel köcheln. Den Rahm beigeben. Vom Feuer nehmen und zu einer glatten Masse rühren.

Den Kuchen mit dem Alkohol beträufeln und mit dem heissen Karamel begiessen. Dieser Kuchen kann lauwarm oder kalt genossen werden.

TARTE TATIN
Gestürzter Apfelkuchen

Für 8 Personen

Vorbereitung: 10 Minuten
Backzeit: 35 Minuten

100 g Butter
120 g Zucker
30 g Vanillezucker
1 kg Äpfel
200 g Blätterteig
(Rezept Seite 250)

Abbildung gegenüber

*O*b dieses berühmte Dessert seinen Namen tatsächlich dem Missgeschick der Fanny Tatin verdankt, die eines Tages einen Apfelkuchen verkehrt herum auf das Backblech fallen liess und, da sie ihn nicht mehr wenden konnte, einfach so buk, wie er war? Sicher ist, dass dieser Kuchen sehr schnell Erfolg hatte, zuerst anfangs des Jahrhunderts in Lamotte-Beuvron im Gasthaus der Schwestern Tatin, und bald auch im noblen Paris, als Maxim's ihn auf die Karte setzte. Die gestürzten Apfel- und Birnenkuchen, denen man überall in der Gegend von Orléans begegnet, lassen eher die Vermutung aufkommen, dass die Tatin-Schwestern eine traditionelle Spezialität der Region geschickt «in aller Leute Mund» zu bringen verstanden …
Im Sommer kann dieser Kuchen mit frühen Golden zubereitet werden; im Herbst nimmt man Boskop und im Winter Calvilles oder Reinetten.

Eine ofenfeste Porzellan- oder eine emaillierte Gussform von 22 cm Durchmesser nehmen, am besten aus einem dicken Material, das die Hitze gut leitet. Darin die Butter über sanfter Hitze zerlassen und mit dem Zucker und dem Vanillezucker bestreuen.

Die Äpfel schälen, halbieren, entkernen und in Scheiben schneiden. Die Form möglichst dicht mit Apfelscheiben auslegen, die restlichen Scheiben in einer zweiten Schicht darauf legen. Auf kleinem Feuer 20 bis 30 Minuten köcheln lassen, dabei von Zeit zu Zeit vorsichtig etwas rühren. Der Karamel sollte blond werden. Abkühlen lassen.

Inzwischen den Teig 2 mm dick auswallen. Eine Scheibe von 26 cm Durchmesser ausschneiden, mit einer Gabel einstechen und kühl stellen.
Den Ofen auf 220 Grad vorheizen.
Die Äpfel mit der Teigscheibe abdecken, dabei den Teigrand zwischen die Äpfel und den Innenrand der Form legen.
15 Minuten backen, dann die Temperatur auf 170 Grad senken und 20 Minuten weiterbacken.
Den Kuchen auf eine Platte stürzen, so dass der Teig den Boden bildet, und warm zusammen mit dickflüssigem Rahm und einer Kugel Vanilleeis servieren.

TARTE AUX POIRES BELLE ANGEVINE
Kuchen mit Rotweinbirnen

An Birnen fehlt es nicht in der Anjou und der Touraine: von der «Bon Chrétien», einst vom heiligen Franz von Paula in den Obstgärten von König Ludwig XI. angepflanzt, bis zu der zu Ehren der französischen Nationalheldin «Jeanne d'Arc» getauften Sorte. Die «Belle Angevine» ist eine regionale Sorte, die ihren exquisiten Geschmack erst beim Kochen entfaltet. Daher hat sie auch den in Rotwein mit Zucker und Zimt gekochten Birnen den Namen gegeben. Man fügt diesem in der Region sehr beliebten Dessert, eine Spezialität von Michel Augereau vom Restaurant «Jeanne de Laval» in Rosiers-sur-Loire, oft etwas Birnenschnaps bei.

Rotweinbirnen bilden bei diesem Kuchen den Belag, und der Sirup wird, zu Gelee einreduziert, dazu gereicht. Zum Kochen der Birnen eignet sich ein guter Rotwein aus der Anjou, wie Saumur-Champigny oder roter Anjou Village, der passende Begleiter als Getränk ist ein weisser Süsswein, ein Bonnezeaux oder Coteau-de-Layon.

Für 8 Personen

Vorbereitung: 40 Minuten
Gelierzeit: 2 bis 3 Stunden
Backzeit: 40 bis 45 Minuten

5 schöne Birnen
650 ml Rotwein
280 g Zucker
½ Zimtstange
½ Vanilleschote
5 Blatt Gelatine
200 g Mürbeteig
(Rezept Seite 251)
150 g Mandelcreme
(Rezept Seite 252)
75 g Konditorcreme
(Rezept Seite 253)

Abbildung gegenüber

Die Birnen wenn möglich am Vortag zubereiten, damit sie gut in ihrem Saft abkühlen können. Die Birnen schälen, halbieren und die Kerngehäuse entfernen. Den Wein mit Zucker, Zimtstange und Vanilleschote mischen und zum Kochen bringen. Die Birnen hineingeben und bei sehr sanfter Hitze zuerst 15 Minuten zugedeckt, dann 10 Minuten offen köcheln lassen. Vom Feuer nehmen und zugedeckt abkühlen lassen. Die Birnen sollen nicht zu weich gekocht sein, sondern noch etwas Biss haben. Die Früchte aus dem Sirup heben und in einem Sieb abtropfen lassen.

Für die Zubereitung des Weingelees ½ l des Sirups abmessen. Die Gelatineblätter 10 Minuten in die kalte Flüssigkeit legen, dann leicht erwärmen und rühren, bis sie vollständig aufgelöst sind. Den Sirup in kleine, flache Formen giessen und im Kühlschrank fest werden lassen.

Den Ofen auf 220 Grad vorheizen.
Eine Kuchenform mit herausnehmbarem Boden von 22 cm Durchmesser buttern. Den Teig auswallen und die Form damit auslegen, so dass der Teig etwas über die Form hinaussteht. 2 Stunden kühl stellen, dann den Boden mit einer Gabel einstechen.

Die Mandel- und die Konditorcreme miteinander mischen und gleichmässig auf dem Teigboden ausstreichen. Je nach Grösse etwa 8 Birnenhälften in feine Lamellen geschnitten sternförmig, mit der Spitze zur Mitte, darauf legen, die zwei restlichen in die Mitte des Kuchens geben.

Den Kuchen 40 bis 45 Minuten im vorgeheizten Ofen backen. Die Birnen sinken dabei in die Creme, diese nimmt eine goldene Farbe an. Den Kuchen abkühlen lassen, aus der Form nehmen und mit dem Weingelee servieren.

ASPIC DE POMMES
Apfelgelee

Für 6 Personen

Vorbereitung: 20 Minuten
Gelierzeit: 3 bis 4 Stunden
Backzeit der Äpfel: ungefähr
45 Minuten

750 g Äpfel (wenn möglich
Mans-Reinetten)
120 g Zucker
150 g Honig
1 Blatt Gelatine
30 g Orangeat
10 g Zitronat
20 kandierte Herzkirschen
1 Kaffeelöffel abgeriebene
Orangenschale
1 Kaffeelöffel Rum

Für die Garnitur:
25 g durch ein Sieb passierte
Aprikosenmarmelade oder
ein Apfel-, Birnen- oder
Aprikosengelee
230 g Konditorcreme
(Rezept Seite 253) ·
frische Früchte je nach
Jahreszeit (4 Erdbeeren,
1 Orange, 1 Kiwi, einige Himbeeren und Walderdbeeren)
einige Minzenblätter

*I*n den Regionen Touraine und Anjou gibt es eine Menge Rezepte, die entstanden, um den Überfluss an Äpfeln zu verarbeiten. Hier dörrt man die Äpfel immer noch zu «Pommes tapées», einer Spezialität, die in früheren Zeiten in alle Gegenden des Landes und selbst ins Ausland verschickt wurde. Die Äpfel werden geschält, waagrecht in gut 1 cm dicke Scheiben geschnitten und dann mit einem Holzschlegel flach geklopft. Anschliessend werden sie auf dem Rost im lauwarmen Ofen gedörrt.
Eine andere Konservierungsmethode ist das «Pommé», eine Art Apfelpaste. Die Äpfel werden dazu mit Apfelwein begossen und sehr lange eingekocht. Spuren dieses Rezepts weisen übrigens in die Basse-Normandie und die Bretagne. Das rustikale «Pommé» ist der Vorgänger des heutigen Apfelgelees,

Die Äpfel schälen, halbieren, entkernen und in feine Scheiben schneiden. Zusammen mit dem Zucker und dem Honig zugedeckt leicht köcheln lassen, wenn nötig zu Beginn 1 oder 2 Esslöffel Wasser zugeben, und von Zeit zu Zeit umrühren. Nach 15 Minuten den Deckel wegnehmen und offen nochmals 30 Minuten unter häufigem Rühren weiterköcheln lassen. Wenn die Äpfel leicht kandiert und marmeladenartig eingekocht sind, vom Feuer ziehen. Gegen Ende der Kochzeit gut überwachen, da der Zucker leicht anbrennt.

Das Gelatineblatt 10 Minuten in kaltes Wasser einlegen. Eine Ringform (Savarinform) von 16 cm Durchmesser mit einem gefetteten Küchenpapier einölen.

Die kandierten Früchte fein hacken und zusammen mit der abgeriebenen Oran-

genschale, dem Rum und der abgetropften Gelatine unter die noch ziemlich warme Apfelmasse mischen. In die Form geben und im Kühlschrank fest werden lassen.

Um die Geleetorte aus der Form zu lösen, diese bis zum Rand einen Moment in heisses Wasser stellen, mit der umgedrehten Servierplatte bedecken und stürzen. Das Gelee nochmals ohne die Form 20 Minuten kühl stellen.

Die Aprikosenmarmelade oder das Gelee für die Garnitur zerlassen und die Geleetorte damit bestreichen. Mit Konditorcreme garnieren, mit frischen Früchten nach Wahl belegen und mit Minzenblättchen garnieren. Mit einem Früchtecoulis nach Wahl oder einer Vanillecreme (Rezept Seite 253) servieren.

Pate aux Prunes
Gedeckter Pflaumenkuchen

Für 6 bis 8 Personen

Vorbereitung: 30 Minuten
Ruhezeit: 1 Stunde
Backzeit: 50 bis 60 Minuten

500 g Mürbeteig
(Rezept Seite 251)
800 g Reineclauden
50 g feiner Griess oder zerkrümelte Löffelbiskuits
100 g Zucker
1 Ei zum Bestreichen
50 g Blätterteig
(Rezept Seite 250)

Unter den gedeckten Früchtekuchen der Regionen Anjou, Touraine und Maine ist der Pflaumenkuchen nach Art von Angers wohl der berühmteste. Man bereitet ihn immer mit Reineclauden zu, jener Pflaumensorte, die in der Renaissance zu Ehren der Königin Claude getauft wurden, nachdem sie ihr anlässlich ihrer Vermählung mit dem künftigen König Franz I. erstmals serviert worden waren.

Der runde, goldbraune Kuchen wird überragt von einem «Courtouère» genannten Kamin als Abzug, dem während des Backens ein wohlriechender Dampf entweicht. Jede Köchin in Angers hat natürlich ihr persönliches Rezept; in Saumur wird er vor allem mit Blätterteig, in Angers häufiger mit Mürbeteig zubereitet, und so macht ihn auch Bernard Robin in seinem bemerkenswerten Restaurant in Bracieux, einem der gastronomischen Tempel im Loiretal. Ich gebe eine Variante mit Mürbeteig und eine mit Butterhefeteig.

Auf der mit Mehl bestäubten Arbeitsfläche den Mürbeteig zu zwei Scheiben auswallen, die eine von 28 cm Durchmesser und 3½ mm dick, die andere von 22 cm Durchmesser und 2½ mm dick.

Einen Tortenring oder die Wand einer Form von 20 cm Durchmesser mit herausnehmbarem Boden buttern und den Boden mit einem leicht gebutterten Backpapier belegen. Die Form mit der grösseren Teigscheibe auslegen, dabei den Rand leicht zurückschlagen, und 1 Stunde kühl stellen.

Die Reineclauden entsteinen. Den Boden der Form mit dem Griess oder den zerkrümelten Löffelbiskuits bestreuen und die Reineclauden kreisförmig darauf auslegen. Mit dem Zucker bestreuen.

Den Teigrand mit verquirltem Ei bestreichen, die zweite, kleinere Teigscheibe darüber legen und den Teigrand mit dem Daumen zusammenpressen. Überstehenden Teig mit einem Messer wegschneiden. Die Teigoberfläche mit Ei bestreichen und in der Mitte ein 3 cm grosses Loch ausstechen, in das ein aus Alufolie gedrehter, 4 cm hoher Kamin gesteckt wird, damit der Dampf während des Backens entweichen kann.

Den Ofen auf 200 Grad vorheizen.

Den Blätterteig 1 mm dick auswallen, daraus kleine Blätter ausschneiden, mit Ei bepinseln und den Kuchen damit dekorieren. Den Kuchen 50 bis 60 Minuten backen.

Variante mit Butterhefeteig

Für 6 bis 8 Personen

Vorbereitung: 30 Minuten
Ruhezeit: 30 Minuten
Backzeit: 40 bis 45 Minuten

500 g Butterhefeteig
(Rezept Seite 252)
1 kleine Crêpe von 15 cm
Durchmesser
5 g Zucker
5 g gemahlene Mandeln
300 g Pflaumen
20 g Zucker
1 Ei, getrennt, zum Bestreichen

Den Butterhefeteig 4 mm dick auswallen und im Kühlschrank gut durchkühlen lassen. 2 Scheiben von 22 cm (ca. 170 g) und 25 cm Durchmesser (ca. 230 g) ausschneiden.

Ein Backblech mit Backpapier bedecken und die kleinere Teigscheibe darauf geben. Die Crêpe darauf legen, so dass rundherum ein gleichmässiger Rand frei bleibt. Den Zucker mit den gemahlenen

Mandeln vermischen und darüberstreuen.

Die Pflaumen halbieren und entsteinen. Aufrecht, eng aneinander auf die Crêpe setzen und mit Zucker bestreuen. Den freien Teigrand mit Eiweiss bepinseln, die zweite Teigscheibe auf die Pflaumen legen und die Ränder mit den Fingern gut zusammendrücken. Mit Daumen und Zeigfinger den Rand etwas zurückschla-

gen, so dass eine kleine Wulst entsteht.

Die Oberfläche mit Ei bepinseln und den Kuchen 30 Minuten bei etwa 20 Grad aufgehen lassen.

Den Ofen auf 180 Grad vorheizen.

Den Teigdeckel mit einer Messerspitze mehrmals stechen, damit der Dampf entweichen kann. Den Kuchen 40 bis 45 Minuten backen.

MELONS D'ANJOU AUX FRUITS ROUGES
Melonen mit roten Beeren

Für 6 Personen

Vorbereitung: 15 Minuten
Kaltstellen: 1 Stunde

6 kleine reife Melonen
200 g Himbeeren
200 g Walderdbeeren
200 grosse Erdbeeren
150 ml grosser weisser Süsswein von der Loire (Quarts-de-Chaume oder Bonnezeaux, bevorzugterweise Jahrgangsweine)
Zucker je nach Reife der Melonen
nach Belieben einige Kastanienbaumblätter

Abbildung gegenüber

Rote Beeren werden dem Loireufer entlang intensiv kultiviert. Man findet hier die besten Erdbeeren Frankreichs, die Sorten «Rubis» und «Gariguettes», die viel intensiver schmecken als ihre spanischen Schwestern. In Cléry-Saint-André gibt es bei Félix Mosseri und seiner Gemahlin Waldhimbeeren und -erdbeeren von unvergleichlicher Qualität.
Die kleinen, gestreiften Anjoumelonen nennt man in der Gegend in Anspielung auf ihre Süsse auch «Sucrins». Zusammen mit einem grossen, weichen Süsswein wie einem Bonnezeaux oder Quarts-de-Chaume schmecken sie göttlich.

Von den Melonen einen ziemlich grossen Deckel abschneiden, besonders gut macht sich ein Zackenschnitt. Die Kerne entfernen, und das Fruchtfleisch mit einem kleinen Löffel oder einem Pariserlöffel in Kugelform ausstechen.

Die Melonenkugeln mit den Himbeeren und Erdbeeren (die grossen geviertelt) vermischen. Den Wein darübergiessen und 1 Stunde ziehen lassen.

Aus den ausgehöhlten Melonen den Saft abgiessen und die Melonenhälften

nach Belieben innen mit Zucker ausstreuen (vollreife Früchte müssen nicht gezuckert werden). Mit den eingelegten Früchten sehr grosszügig füllen. Die Deckel aufsetzen, und die gefüllten Melonen bis zum Servieren, mindestens aber 1 Stunde, kühl stellen.

Besonders dekorativ wirken die Melonen, wenn man sie in mit Kastanienbaumblättern ausgelegten Coupegläsern aufträgt.

Bourbonnais, Auvergne, Limousin

Im Herzen Frankreichs entspricht die Küche dem Naturell ihrer bodenständigen Bewohner. In der Auvergne zum Beispiel liebt man Suppen, Eintopfgerichte, Wurstwaren und gefüllte Kuchen, die ihren ursprünglichen Geschmack bis zum heutigen Tag bewahren konnten. So kann man in der Gegend von Aurillac heute noch eine herrliche halb salzige, halb süsse, mit Zwetschgen verfeinerte Spezialität namens «Pountie» kosten, und in den Höfen der Châtaigneraie, an der Grenze zwischen Cantal und Lot, macht man wie seit eh und je aus Geflügelresten, Eiern, Mehl, Mangoldblättern und Zwetschgen leicht gesalzene köstliche Krapfen, die «Farçons».

Auch die Desserts und Backwaren haben ihren rustikalen Charakter bewahrt. Sie zeugen von der Findigkeit der Einheimischen, die Schätze, die ihnen die Natur schenkte, zu nützen. Im Sommer und Herbst wurde geerntet und Vorräte für den Winter eingemacht. Rote Beeren gibt es in der Auvergne im Überfluss. Im Juni feiert man die Erdbeeren in Thiers und die Kirschen in Vieillevie. Aus den kleinen schwarzen Kirschen machte man rustikale Aufläufe. In Sirup eingemacht, wurden sie am Sonntag zu einem vielleicht etwas zu fest geratenen Hefegebäck aufgetischt. Vor allem aber sammelte man Wildbeeren: Blaubeeren, Preiselbeeren, Hagebutten, Berberitzen, und machte Sirupe und Konfitüren. Brombeeren genoss man frisch mit gezuckertem Rahm oder verarbeitete sie zu herrlichen Kuchen. In besonders fruchtbaren Jahren schnitt man die Birnen und Äpfel auch in Scheiben und dörrte sie zuerst im Ofen des Dorfbäckers und dann auf Rosten an der Sonne. In grossen Strohkörben aufbewahrt, bildeten diese Dörrfrüchte einen kostbaren Wintervorrat.

Im Bourbonnais, wo es früher mehr Reben gab als heute, hängte man die schönsten Trauben unter den Dachstock. Die Beeren trockneten langsam aus, nahmen eine goldene Farbe an und verwandelten sich bis Weihnachten in eine köstliche, süsse Leckerei. Heutzutage werden statt solcher Trockenfrüchte meist Früchtepasten hergestellt, eine Spezialität von Riom und Clermont-Ferrand. Eine weitere Spezialität der Auvergne ist das Eisenkraut, das besonders um Puy-en-Velay kultiviert wird. Aus ihm wird ein Likör hergestellt, der Glace auf originelle Art parfümiert und ihr eine raffinierte Frische gibt.

Im Herzen der Region war der Herbst immer auch die Zeit der Kastanien, die fast zum Symbol der lokalen Küche wurden. Man unterscheidet Sorten wie «Portalonne», «Corive», «Exaladre», «Royale Hélène», «Angalade» … Um die Kastanien zu schälen, erfanden die Einheimischen eine eigenartige gezahnte Holzzange, «rouffadou» genannt, mit der man die Kastanien im Sud bearbeitet, um sie von ihrer zweiten Haut zu befreien. Kastanien fanden Verwendung in Suppen, Pürees und Gratins und gesüsst vor allem als Konfitüre, denn die «Marrons glacés» (kandierte Kastanien) waren früher nur den grossen Tafeln vorbehalten. Diese Spezialität wurde erst im vergangenen Jahrhundert in Privas entwickelt, wo

die Kunst des Kandierens ihren Höhepunkt erreichte. Mit diesen Luxusleckerbissen können
Nachspeisen besonders effektvoll garniert werden.

Bis zur heutigen Zeit haben sich die Desserts
der Auvergne deutlich weiterentwickelt: Aus den
«Piquenchâgnes» aus Brotteig sind Butterkuchen
geworden, die bescheidenen «Pachades», mit
Nussöl zubereitete Pfannkuchen, wurden zu einem mit Eiern angereicherten Auflauf. Die
«Oublies» wurden zu gefüllten Waffeltüten («Cornets de Murat») verfeinert und die rustikalen Ka-
staniengratins in ein leichtes, bekömmliches
Dessert verwandelt, den «Casthanet».

CASTHANET
Kastanienkuchen

Für 6 bis 8 Personen

Vorbereitung: 30 Minuten
Kaltststellen: 2 Stunden
Backzeit: 30 Minuten

300 g Zuckerteig
(Rezept Seite 251)
1 Ei zum Bestreichen
350 ml Milch
½ l Rahm
150 g Zucker
1 Prise Salz
¼ Vanilleschote
50 g Butter
500 g geschälte Kastanien
7 Marrons glacés (kandierte
Kastanien)
80 g schwarze Schokolade

Abbildung gegenüber

Kastanien waren, wie wir gesehen haben, lange eines der Grundnahrungsmittel in der Auvergne. Es kam daher nicht in Frage, sie für Dessertzubereitungen zu verwenden. Nach der Ernte etwa Mitte Oktober röstete man die frischen Kastanien und liess sie dann als Wintervorrat im Speicher, auf einem geschützten Balkon oder in einem kleinen Trockenhäuschen aus Granit trocknen; man verzehrte sie gesotten.

Heutzutage werden Kastanien hauptsächlich süss für Desserts und Backwaren verwendet. Um sie zu schälen, ritzt man mit einem kleinen Küchenmesser die zähe äussere Schale und die darunterliegende dünne Haut ein, dann gibt man sie für 8 bis 10 Minuten in den 250 Grad heissen Ofen und schält sie anschliessend, solange sie noch heiss sind. Man kann sie auch einschneiden und 5 Minuten in kochendes Wasser oder 2 Minuten in heisses Fritieröl geben. Tiefgekühlte Kastanien eignen sich ausgezeichnet für Backwaren und sind von deutlich besserer Qualität als Konserven.

Eine Form oder einen Tortenring von 22 cm Durchmesser leicht buttern und mit Mehl bestäuben. Den Teig etwas grösser als die Form auswallen, die Form damit auslegen und den Teig mit einer Gabel einstechen. 15 Minuten im Kühlschrank ruhen lassen.

Den Ofen auf 220 Grad vorheizen.

Den Teigboden mit Backpapier bedecken, mit getrockneten Hülsenfrüchten beschweren und 20 Minuten im vorgeheizten Ofen backen. Mit Ei bestreichen und nochmals 10 Minuten in den Ofen geben, dabei aufpassen, dass der Teig nicht zuviel Farbe nimmt.

Für den Belag die Milch mit 80 ml Rahm, dem Zucker und dem Salz aufkochen, die Vanilleschote der Länge nach halbieren und dazugeben. Das Ganze vom Feuer nehmen und ziehen lassen.

Die Butter in einer Pfanne, in der die Kastanien nebeneinander Platz haben, zergehen lassen, die Kastanien beigeben und anbraten. Wenn sie leicht goldgelb sind, zur aromatisierten Milch geben und 2 bis 3 Minuten köcheln lassen. Die Herdplatte abschalten und die Kastanien zugedeckt abkühlen lassen.

Den restlichen Rahm steif schlagen und kühl stellen.

Die Kastanien aus der Milch heben, abtropfen lassen und im Mixer pürieren, indem nach und nach die abgekühlte Milch dazugegossen wird, bis eine glatte, geschmeidige Masse entstanden ist. Den Schlagrahm darunterziehen.

Die Hälfte der Kastanienmasse auf dem Teigboden ausstreichen. Vier der Marrons glacés in kleine Würfel schneiden und darauf verteilen. Den Rest der Kastanienmasse darauf geben und mit dem Palettenmesser in der Mitte eine leichte Wölbung bilden. Von der Schokolade mit einem Rüstmesser Späne hobeln und über den Kuchen verteilen. Die drei verbleibenden Marrons glacés halbieren und damit den Kuchen dekorieren. Vor dem Servieren mindestens 2 Stunden kühl stellen.

Zu diesem Kuchen passt gut eine lauwarme Schokoladensauce oder ein Birnencoulis.

PIQUENCHAGNE
Birnenkuchen

Für 6 bis 8 Personen

Vorbereitung: 45 Minuten
Ruhezeit: 1 Stunde
Backzeit: 45 bis 50 Minuten

Für die Dekoration:
8 bis 10 kleine, feste Birnen
(Gute Luise oder nicht zu
reife Williams)
400 g Zucker
Johannisbeergelee

400 g Blätterteig
(Rezept Seite 250)

Für den Belag:
375 g Birnen (Conférence,
Kaiser Alexander, Douillard)
20 g Butter
250 g Konditorcreme
(Rezept Seite 253)
1 Eigelb
½ l Rahm
200 ml Birnenschnaps

1 Ei zum Bestreichen

Ursprünglich war dies ein einfacher Fladen aus Brotteig, bestenfalls mit etwas Butter und einem oder zwei Eiern angereichert, in welchen man vor dem Backen geviertelte Äpfel, Birnen oder Quitten steckte. Inzwischen hat er sich zu einem bemerkenswert schönen Birnenkuchen entwickelt.

Wie kam das Gebäck zu seinem originellen Namen? Eine Bäuerin aus dem Bourbonnais soll eines schönen Tages die ganzen Birnen, wahrscheinlich weil sie etwas klein waren, aufrecht in ihren Fladen gepflanzt haben. Dies erinnerte an die jungen Burschen, die sich nach getaner Arbeit auf den Feldern damit vergnügten, herumzuturnen und den Handstand zu machen … «Piquenchâgne» hiess dies im dortigen Dialekt, und schon hatte das Gebäck seinen hübschen Namen.

Mit der Zeit wurde aus dem Fladen ein Kranz, und der Teig wurde angereichert, bis er dem Butterhefeteig ähnlich war. In den fünfziger Jahren nahmen die Konditoren dieses alte Rezept wieder auf und machten daraus einen üppigen Kuchen, gefüllt mit Konditorcreme, auf der natürlich immer noch aufrecht die kleinen Birnen stehen.

Am Vorabend die Birnen für die Dekoration schälen, ganz lassen und den Stiel daran lassen. 1 l Wasser mit dem Zucker zu einem Sirup kochen und die Birnen darin pochieren. Die Festigkeit der Birnen durch Anstechen mit einer Messerspitze überprüfen: Sie müssen den Sirup bis ins Innerste aufnehmen, ohne dabei weich zu werden. Die Birnen 24 Stunden im Sirup stehen lassen. Aufrecht abtropfen lassen und mit lauwarmem Johannisbeergelee übergiessen.

Eine Tortenform von 26 cm Durchmesser ausbuttern.

Den Blätterteig in zwei Teile von 150 g und 250 g teilen. Den grösseren Teil 3 mm dick auswallen und die Tortenform damit auslegen. Den Boden mit einer Gabel einstechen. Die kleinere Teigportion etwas dünner, 2 mm dick, auswallen und einen Deckel von 26 cm Durchmesser ausschneiden. Beides kühl stellen.

Die Birnen für den Belag schälen, entkernen und in Scheiben schneiden. Kurz in der Butter anbraten, abkühlen lassen und anschliessend in einer grossen Schüssel mit den übrigen Zutaten vermischen. Auf den Teigboden geben und mit dem Teigdeckel bedecken. Dabei den Rand anfeuchten und mit den Fingerspitzen zusammendrücken. Mit einem Messer verzieren. Die Oberfläche mit Ei bestreichen, in der Mitte ein 1 cm grosses Loch ausstechen und mit einem kleinen Kamin aus Alufolie versehen. Den Kuchen vor dem Backen 1 Stunde im Kühlschrank ruhen lassen, um zu vermeiden, dass der Teig sich zusammenzieht.

Den Ofen auf 180 Grad vorheizen und den Kuchen darin 45 bis 50 Minuten backen. Wenn der Kuchen abgekühlt ist, rundherum am Rand 8 bis 10 kleine runde Vertiefungen anbringen und die für die Dekoration vorgesehenen Birnen vor dem Servieren aufrecht hineinstellen.

CLAFOUTIS AUX CERISES
Kirschenauflauf

Für 6 Personen

Vorbereitung: 10 Minuten
Backzeit: 35 bis 40 Minuten

100 g Mehl
4 Eier
180 g Zucker
20 g Vanillezucker
1 Prise Salz
400 ml Milch
450 bis 500 g schwarze
Kirschen

Abbildung folgende Doppelseite

*I*m Limousin gilt, kein Auflauf ohne Kirschen. Wenn Pflaumen oder Äpfel verwendet werden – der Teig bleibt auch dann ein ziemlich dicker Crêpeteig – nennt man den Auflauf «Flognarde», in welcher Form man ihn selbst noch im Périgord findet. Statt mit frischen Früchten kann er im Winter auch mit Konfitüre gefüllt werden. Im Nivernais kennt man unter dem Namen «Flamusse» eine ganz ähnliche Zubereitung mit Äpfeln.

Der Clafoutis wird immer mit schwarzen Kirschen zubereitet, die nicht entsteint werden, da sie dem Gericht seinen speziellen Geschmack verleihen. Früher galt auf dem Land das Ausspucken der Steine als snobistisch, und so schluckte man sie gewissenhaft hinunter.

Ausserhalb der Kirschensaison kann man hervorragende Aufläufe mit tiefgefrorenen Kirschen herstellen. Ausschlaggebend für das Gelingen ist dabei, dass man die Früchte noch im gefrorenen Zustand auf den Teig gibt und sofort in den Ofen schiebt; der Teig ist dann schon leicht gebacken, wenn die Kirschen anfangen, ihren Saft abzugeben.

Eine ofenfeste Form ausbuttern. Den Ofen auf 200 Grad vorheizen.

In einer Schüssel mit dem Schneebesen das Mehl mit den Eiern, dem Zucker, Vanillezucker und Salz aufschlagen, nach und nach die Milch dazugiessen, bis ein geschmeidiger, glatter Teig entstanden ist. In die Form giessen und darauf die Kirschen verteilen. Im vorgeheizten Ofen 30 bis 35 Minuten backen.

Wenn Sie tiefgekühlte Kirschen verwenden, diese noch gefroren auf den Teig geben und den Auflauf sofort in den Ofen schieben.

POIRAT
Kuchen mit Branntwein-Birnen

*D*ieses traditionelle Herbstdessert des Berry und Bourbonnais ist eine raffinierte Version des alten gepfefferten Birnenkuchens. Je nach der Qualität der Birnen verwendete man sie roh oder gekocht, zuckerte und pfefferte sie – Pfeffer intensiviert den Geschmack der Birnen – und buk sie dann in Mürbeteig.

Dieser Kuchen wird immer mit rohen, sehr reifen Früchten hergestellt, die in Alkohol und Zucker eingelegt wurden. Dies war wohl auch der Grund, weshalb man ihn in der Gegend «Pâté distingué aux poires» nannte. Je nach Jahreszeit werden Williams-, Comice- oder «Passe-crassane»-Birnen verwendet. Und, den Pfeffer nicht vergessen, er ist unentbehrlich!

Für 8 bis 10 Personen

Vorbereitung: 30 Minuten
Backzeit: 55 Minuten

700 g Birnen
75 g Zucker
1 Messerspitze Pfeffer
50 ml Cognac
450 g Mürbeteig
(Rezept Seite 251)
25 g gemahlene Mandeln
60 g Melassezucker
1 Ei zum Bestreichen
3 Esslöffel Rahm

Die Birnen schälen, entkernen und in dicke Scheiben schneiden. 50 g Zucker mit dem Pfeffer und dem Cognac vermischen und die Birnenscheiben darin 30 Minuten einlegen.

Eine rechteckige nicht haftende Form von ungefähr 22 x 31 cm ausbuttern und mit Mehl bestäuben. Den Teig halbieren und beide Teile 3 bis 3½ mm dick auswallen. Eine Teigplatte kühl stellen. Mit der zweiten die Form auslegen, so dass der Teig leicht über den Rand hinaussteht. Den restlichen Zucker mit den gemahlenen Mandeln mischen und den Teigboden damit ausstreuen.

Die Birnen aus der Flüssigkeit heben und abtropfen lassen; den Saft aufbewahren. Die Birnen auf den Teigboden geben und mit dem Melassezucker bestreuen.

Mit der kühlgestellten Teigplatte abdecken, die Ränder etwas befeuchten und mit den Fingern zusammendrücken. Die Oberfläche mit Ei bestreichen. In der Mitte ein Loch ausstechen und einen Kamin aus Alufolie hineinstellen, durch den während des Backens der Dampf entweichen kann. Den Kuchen 30 Minuten kühl stellen.

Den Ofen auf 220 Grad vorheizen und den Kuchen darin 35 Minuten backen, dann die Temperatur auf 180 Grad senken und noch 20 Minuten weiterbacken. Aus dem Ofen nehmen, den Rahm mit der Flüssigkeit vom Einweichen der Birnen vermischen und durch den Kamin auf den Kuchen giessen. Vor dem Servieren abkühlen lassen.

TARTE AUX RAISINS BLANCS DE SAINT-POURÇAIN
Traubenkuchen

Abbildung gegenüber

Dass man in der Auvergne seit Urzeiten Wein produzierte, belegen die grossen Mengen an Scherben von Amphoren, die in der Gegend von Gergovie gefunden wurden. Die Einheimischen schwören auch darauf, dass ihr «Coq au vin»-Rezept das älteste von ganz Frankreich und jedenfalls älter als jenes aus dem Burgund ist.

Die Weine der Auvergne sind etwas in Vergessenheit geraten, trotz solch guter Tropfen wie dem Chanturgue von Clermont-Ferrand oder dem Saint-Pourçain aus Allier, einem kleinen Gebiet, in dem ein trefflicher Wein gekeltert wird. Kuchen mit vollreifen Trauben wie der hier beschriebene haben in jedem Weinberg zur Zeit der Lese Tradition. Mosttrauben sind natürlich schwieriger zu finden als Tafeltrauben, doch haben sie ein ganz besonderes Aroma, sind knackig und säurehaltig und geben dem Kuchen seinen eigenen, rustikalen Geschmack.

Man kann notfalls auch tiefgekühlte Trauben verwenden. Wie beim Kirschenauflauf legt man sie noch gefroren auf den Teig und schiebt den Kuchen sofort in den Ofen, damit der Teig bereits etwas gebacken ist, bevor die Früchte ihren Saft abgeben.

Für 4 bis 5 Personen

Vorbereitung: 25 Minuten
Ruhezeit: 2 bis 3 Stunden
Backzeit: 45 Minuten

200 g Mürbeteig
(Rezept Seite 251)
180 g Trauben
1 Ei zum Bestreichen
½ l dicker Rahm
25 g Vanillezucker
1 ganzes Ei

Den Teig 3 bis 4 mm dick auswallen. Eine Form von 18 cm Durchmesser buttern und mit Mehl bestäuben. Die Form mit dem Teig auslegen und diesen mit einer Gabel einstechen. 2 bis 3 Stunden im Kühlschrank ruhen lassen.

Die Trauben waschen und auf einem Tuch trocknen lassen.

Den Ofen auf 200 Grad vorheizen.

Den Teigboden mit Backpapier bedecken und mit Hülsenfrüchten oder Kirschkernen beschweren. 20 Minuten im vorgeheizten Ofen blind backen. Das Backpapier und die Hülsenfrüchte entfernen, den Teigboden mit dem verquirlten Ei bestreichen und nochmals 5 Minuten in den Ofen geben.

Die Trauben auf dem Teigboden verteilen.

Den Rahm mit dem Vanillezucker und dem Ei gründlich verklopfen und über die Trauben giessen. 25 Minuten, weiterhin bei 200 Grad, im Ofen backen. Gekühlt servieren.

Tartouillas
Früchteauflauf in Kohlblättern

Dieses originelle Rezept stammt aus der Gegend von Morvan und Nivernais. Es handelt sich dabei um kleine Aufläufe, die in einem Kohlblatt gebacken werden. Die natürliche Süsse des Kohls verbindet sich dabei vortrefflich mit dem Aroma der Früchte. Der Teig, ein dicker Crêpeteig, ist derselbe wie beim Kirschenauflauf (Clafoutis, Seite 109) und anderen verwandten regionalen Dessertspezialitäten, die sich einzig durch die Wahl der Früchte unterscheiden. Je nach Jahreszeit und Ernte werden für die «Tartouillas» Äpfel, Birnen oder Kirschen verwendet.
Dieser Auflauf wurde traditionell beim Bäcker nach dem letzten Brot in der Resthitze des Ofens gebacken. Es sollten schön gebogene Kohlblätter verwendet werden; mit einem scharfen Messer schneidet man die Rippe aussen etwas flach, damit das Kohlblatt gut steht. Beim Backen rollt sich der Rand des Kohlblatts über der Füllung zusammen.

Für 4 bis 6 Personen

Vorbereitung: 20 Minuten
Backzeit: 25 Minuten

Für den Guss:
½ l Milch
20 g Vanillezucker
100 ml Rahm
4 Eier
100 g Zucker
1 Prise Salz
50 ml Calvados

100 g Brioche, in Scheiben
100 g Butter
2 Kochäpfel (Reinetten oder Calvilles)

10 schöne rund gebogene Kohlblätter

50 g Zucker

Abbildung gegenüber

Für den Guss die Milch mit dem Vanillezucker aufkochen, vom Feuer nehmen und den Rahm beigeben.

In einer Schüssel die Eier mit dem Zucker und der Prise Salz aufschlagen. Die Milch dazugeben, weiterrühren und abkühlen lassen. Den Calvados zugiessen.

Den Brioche in Scheiben schneiden, mit wenig Butter bestreichen und unter dem Grill kurz goldbraun rösten, dann in kleine Würfel schneiden. Die Äpfel schälen, entkernen und in Scheiben schneiden.

Den Ofen auf 220 Grad vorheizen.

Die Kohlblätter auf einer ofenfesten Platte oder in individuellen Portionenformen auslegen. Innen mit der restlichen, zerlassenen Butter bestreichen und mit dem Zucker ausstreuen. Die Apfelscheiben in die Kohlblätter verteilen und mit dem Guss begiessen. Die Briochewürfel darüber verteilen und den Auflauf im vorgeheizten Ofen 25 Minuten backen.

Dieses Rezept kann auch mit anderen Früchten zubereitet werden.

ABRICOTS A LA BANVILLE
Pochierte Aprikosen mit Schlagrahm

Für 6 Personen

Vorbereitung und Backzeit:
20 Minuten
Einlegen: 2 Stunden

18 frische Aprikosen

Für den Sirup:
1 l Wasser
600 g Zucker
½ Vanilleschote

300 ml Rahm
25 g Vanillezucker
18 Makronen
(Rezept Seite 38)

Abbildung gegenüber

Aprikosen gedeihen im Bourbonnais in solchen Mengen, dass, wenn die Ernte nicht durch Frühlingsfröste etwas zurückgebunden wird, sich gar nicht genug Kuchen und Konfitüren machen lassen, um sie zu bewältigen. Ein grosser Teil der Ernte wird zu Konserven verarbeitet. Die heute noch geschätzten Früchtepasten der Auvergne waren schon vor Jahrhunderten als regionale Spezialität berühmt. So bezeichnet etwa der «Dictionnaire du commerce» des Jahres 1760 die Aprikosenpasten von Clermont oder Riom in der Auvergne als die besten überhaupt.

Der aus dem Bourbonnais stammende Dichter Théodore de Banville, der im ausgehenden 19. Jahrhundert der Gruppe der «Parnassiens» angehörte, erinnert sich in seinen Memoiren der Aprikosen seiner Jugend. Zu seinen Ehren ist dieser delikate Nachtisch so getauft worden. Er wird mit frisch gekochten Früchten zubereitet und nicht mit Konserven.

Wählen Sie gerade reife, makellose Früchte. Die Aprikosen einschneiden, entsteinen und in eine Schüssel geben.

Für den Sirup das Wasser mit dem Zucker und der längs halbierten Vanilleschote aufkochen und kochendheiss über die Aprikosen giessen. 2 Stunden ziehen lassen. Die Früchte müssen völlig mit Flüssigkeit bedeckt sein; wenn nötig mit einem Deckel oder einem Teller beschweren. Die Aprikosen aus dem Sirup heben und auf Küchenpapier abtropfen lassen.

Den Rahm steif schlagen und ganz am Schluss den Vanillezucker beigeben.

Die Makronen auf einer Platte auslegen, auf jede eine Aprikose setzen und das Ganze mit dem Schlagrahm dekorieren.

Als edlere Variante kann auf jede Makrone eine Kugel Vanilleeis und darauf jeweils eine halbe Aprikose gesetzt werden. Mit einem (Wald-)Erdbeerencoulis servieren.

CORNETS DE MURAT
Hippentüten

Für 6 Personen

Vorbereitung: 40 Minuten
Backzeit: 8 Minuten

80 g Butter
2 cl Erdnussöl
60 g Mehl
50 g Puderzucker
2 Eiweiss
1 Kaffeelöffel Zitronensaft
1 Prise Salz
25 g Zucker

350 ml Rahm
30 g Vanillezucker

Abbildung gegenüber

Die «Cornets» genannten Tüten aus feinstem Teig stammen direkt vom Waffelgebäck ab, das sich bis in die Antike zurückverfolgen lässt. Die Feinbäcker von Lyon waren die ersten, die auf die Idee kamen, die Waffeln in Tütenform zu rollen. Man verkaufte sie, jeweils fünf ineinandergeschoben, was als eine «Hand» Cornets bezeichnet wurde. Mit der Tütenform erhielten die Waffeln auch ihre Füllung von Rahm.

Im 19. Jahrhundert verarbeiteten die Konditoren von Paris auf diese Weise Blätterteigreste. Die Teigstreifen wurden um konische Holz- oder Blechformen gewickelt, um ihnen ihre Form zu geben, gebacken und anschliessend mit Konditor- oder Chiboustcreme gefüllt. In der Auvergne verwendet man für dieses Rezept einen Biskuitteig und füllt sie mit Schlagrahm. Sie werden traditionell gut gekühlt zum Kaffee gereicht.

Ein Backblech mit Butter bestreichen oder mit Backpapier bedecken.

Die Butter im Öl zerlassen, dann abkühlen lassen. Mehl und Puderzucker in eine Schüssel sieben. Die zerlassene Butter beigeben und mit einem Holzspatel zu einem glatten Teig rühren. Das Eiweiss mit Zitronensaft und Salz mischen und zu steifem Schnee schlagen, ganz zum Schluss die 25 g Zucker hinzufügen und einrühren. Den Eischnee vorsichtig unter den Teig ziehen.

Den Ofen auf 180 Grad vorheizen.

Den Teig portionenweise auf das Blech setzen und mit einem Spachtel zu Scheiben von 7 bis 8 cm Durchmesser und 3 bis 4 mm Dicke ausstreichen. Im vorgeheizten Ofen 8 Minuten backen.

Aus dem Ofen nehmen und jede Scheibe sofort um eine konische Hippenform (Cornetform) wickeln oder, um Hippen in Körbchenform herzustellen, die Scheiben auf ein umgedrehtes Schnapsglas legen und sachte mit einer umgedrehten Tasse darauf drücken. Abkühlen lassen. (Das Formen muss sehr schnell geschehen, da der Teig nur formbar ist, solange er warm ist, dann aber schnell hart und knusprig wird.)

Den Rahm steif schlagen, am Schluss den Vanillezucker beigeben. Kurz vor dem Servieren den Schlagrahm mit einem Dressiersack mit Sterntülle in die Hippen füllen. Nie im voraus füllen, denn der Teig weicht schnell auf.

Die Hippentüten lassen sich ungefüllt an einem trockenen Ort einige Zeit aufbewahren.

CREUSOIS
Haselnusskuchen

Für 4 bis 6 Personen

Vorbereitung: 20 Minuten
Backzeit: 30 bis 35 Minuten

4 Eiweiss
1 Kaffeelöffel Zitronensaft
1 Prise Salz
100 g Zucker
110 g Butter
250 g gemahlene Haselnüsse
50 g Mehl
5 g Backpulver
Puderzucker

Haselnüsse sind im Herzen Frankreichs ein wichtiger Bestandteil der Küche. Als Geschenk der Natur spielten sie in dieser lange Zeit armen Gegend eine wichtige Rolle. So werden die in den verschiedensten Regionen Frankreichs bekannten «Croquets», ein trockenes Kleingebäck, sonst überall mit Mandeln, hier, und insbesondere im Limousin, aber mit Haselnüssen hergestellt. Aus dem letzten Jahrhundert stammt das Rezept der «Bourbonnais aux avelines», ein den «Croquets» sehr ähnliches Gebäck, das aber mit einer grossen Haselnuss (Aveline, die als die grösste und beste Haselnusssorte gilt) gefüllt ist. Zum Dessert, zum Beispiel zu dem hier beschriebenen Kuchen, eine Spezialität der Gegend von Aubusson, reicht man Haselnusslikör, der überall in der Auvergne hergestellt wird.

Eine hochrandige Form von 24 cm Durchmesser ausbuttern.

Das Eiweiss mit dem Zitronensaft und dem Salz sehr steif schlagen, in der Hälfte der Zeit 20 g Zucker und am Ende nochmals 20 g Zucker beigeben. Die Butter im Wasserbad zergehen lassen.

Die gemahlenen Haselnüsse mit dem gesiebten Mehl, dem Backpulver und dem restlichen Zucker (60 g) vermischen. Den Eischnee darunterziehen, dabei darauf achten, dass die Masse nicht zusammenfällt. Danach vorsichtig die zerlassene Butter unterrühren, um einen glatten Teig zu erhalten.

Den Ofen auf 180 Grad vorheizen. Den Teig in die Form giessen und 30 bis 35 Minuten backen.

Wenn der Kuchen abgekühlt ist, mit Puderzucker bestäuben und mit einem Johannisbeergelee servieren.

CRAQUELINS
Knuspergebäck

Für ungefähr 40 Stück

Vorbereitung: am Vorabend
15 Minuten, 30 Minuten
Ruhezeit: 1 Stunde
Backzeit: 2 Stunden

Für den Linzerteig:
120 g Mehl
1 gestrichener Kaffeelöffel
Zimt
90 g gemahlene Haselnüsse
120 g Butter
90 g Zucker

120 g Himbeerkonfitüre
120 g Apfelmus

Für die Meringuemasse:
3 Eiweiss
½ Kaffeelöffel Zitronensaft
1 Prise Salz
75 g Zucker
75 g Puderzucker
30 g Vanillezucker

40 zerstossene rosa gefärbte
karamelisierte Haselnüsse

*D*ieses Gebäck zählt zu den traditionellen Spezialitäten wie den Waffeln und den Krapfen, die schon vor Jahrhunderten in verschiedenen Regionen Frankreichs, besonders im Westen und im Innern Frankreichs, von Strassenhändlern verkauft wurden. Ursprünglich kochte man es zuerst in heissem Wasser, liess es dann abtropfen und buk es erst dann im Ofen.
Die Haselnüsse, die Himbeerkonfitüre und die rosa gefärbten karamelisierten Nüsse, wie sie der unvergleichliche Charlou Reynal in Brive für seine «Craquelins» verwendet, entfernen uns etwas vom Originalrezept. Doch zeigt dieses Gebäck von einem in seine Region verliebten Patissier, wie die alte Regionalküche weiterentwickelt und am Leben erhalten werden kann.

Am Vortag den Linzerteig zubereiten. Mehl, Zimt und die gemahlenen Haselnüsse vermischen, darin eine Mulde bilden und Butter und Zucker hineingeben. Mit den Fingerspitzen so kurz wie möglich kneten, bis ein glatter Teig entstanden ist. Den Teig mit dem Handballen vier- bis fünfmal ausziehen und wieder zusammenschieben. Zu einer Kugel geformt in Plastikfolie gehüllt 24 Stunden im Kühlschrank ruhen lassen.

Am nächsten Tag den Teig noch einmal kurz durchkneten. Auf der leicht mit Mehl bestäubten Arbeitsfläche 5 bis 6 mm dick auswallen und mit einer gezahnten Ausstechform 5 cm grosse Scheiben ausstechen. Auf ein mit Backpapier bedecktes Blech legen und 1 Stunde kühl stellen.

Den Ofen auf 180 Grad vorheizen. Die Teigscheiben 12 bis 15 Minuten backen, aus dem Ofen nehmen und die Temperatur auf 110 Grad senken.

Die Himbeerkonfitüre mit dem Apfelmus vermischen und mit dem Dressiersack mit 1-cm-Lochtülle in die Mitte auf die abgekühlten Biskuits jeweils ein kleines Häufchen spritzen.

Für die Meringuemasse das Eiweiss mit dem Zitronensaft und der Prise Salz steif schlagen, in der Hälfte der Zeit 20 g Zucker und zum Schluss den restlichen Zucker, den Puder- und den Vanillezucker beigeben. Mit dem Dressiersack mit 15-mm-Tülle sofort auf jedes Biskuit eine Meringuekugel setzen, so dass die Konfitüremasse vollständig bedeckt ist. Mit den zerstossenen karamelisierten Nüssen bestreuen und bei 110 Grad 1¾ Stunden im Ofen trocknen lassen.

In einer fest verschlossenen Dose hält sich das Gebäck mehrere Tage.

MASSEPAINS D'ISSOUDUN
Marzipangebäck

Für 300 g Gebäck

125 g Mandeln
3 oder 4 Bittermandeln
1 Esslöffel abgeriebene
Orangenschale
1 Kaffeelöffel abgeriebene
Zitronenschale
¼ Vanilleschote
einige Tropfen Orangen-
blütenwasser
125 g Zucker
30 g Puderzucker

Für die Glasur:
½ Eiweiss
125 g Puderzucker
3 Tropfen Zitronensaft

Abbildung gegenüber

*D*ieses Gebäck, das weniger dem leichten Marzipan als viel mehr dem Savoyer Biskuit gleicht, wie man es im Périgord und in der Region von Toulouse zubereitet, soll vor langer Zeit von den Ursulinerinnen von Issoudun erfunden worden sein. Das Rezept findet sich bereits im 17. Jahrhundert im «Le Confiturier royal». Nach der Französischen Revolution sahen sich die Nonnen gezwungen, in der Stadt eine Konditorei zu eröffnen, um ihr Marzipangebäck zu verkaufen, und sie hatten damit grossen Erfolg. Selbst Balzac hat in seinem Werk «La Rabouilleuse» das Marzipangebäck von Issoudun verewigt.

Die Mandeln und die Bittermandeln mit der abgeriebenen Orangen- und Zitronenschale und dem ausgekratzten Mark der Vanilleschote ungefähr 15 Sekunden im Mixer fein hacken, dann unter Beigabe von etwas kaltem Wasser (1 bis 2 Esslöffel) mixen, bis ein feiner, aber ziemlich fester Teig entstanden ist. Zuletzt das Orangenblütenwasser einarbeiten.

Den Zucker beigeben und den Teig über sehr sanfter Hitze wärmen, dabei mit einem Holzkochlöffel ununterbrochen rühren, denn er hängt leicht an. Den Teig auf der Arbeitsfläche von Hand kneten und dabei nach und nach den Puderzucker einarbeiten.

Ein Backblech mit Backpapier auslegen. Den Teig 2 cm dick auswallen, in runde oder viereckige Stücke von etwa 15 g schneiden oder ausstechen und auf das Backblech geben.

Den Ofen auf 110 Grad vorheizen.

Für die Glasur das Eiweiss mit dem Puderzucker vermischen. Ungefähr 2 Minuten rühren und am Schluss den Zitronensaft beigeben. Das Marzipangebäck damit bestreichen und im Ofen bei sehr sanfter Hitze eine Stunde trocknen lassen.

BOURGOGNE, DAUPHINÉ, SAVOIE

In Lyon und seinem Umland legte man seit jeher grossen Wert auf gutes Essen. Im Norden, im Burgund und in der Bresse, werden Weine und Geflügel produziert, deren Ruf weit über die Grenzen Frankreichs hinaus reicht. Im Osten liegt Savoyen mit seinem Rahm und seinem einzigartigen Käse und einer raffinierten Küche, die einen leichten italienischen Einschlag aufweist. Im Süden, in der Region Dauphiné, finden sich provenzalische und savoyardische Rezepte in glücklicher Eintracht zusammen.

Lyon betrachtet sich gern als die gastronomische Hochburg Frankreichs. «Paris ist eine Vorstadt von Lyon», lautet ein bekannter Spruch aus dem Mund von Paul Bocuse. Ist dies nur kecke Übertreibung? Nein, denn das Rhonetal, im Schnittpunkt der grossen römischen Verbindungswege gelegen, wurde sehr früh zur wichtigen Begegnungsstätte der Kulturen und Zivilisationen und in der Folge ein Schmelztiegel der vielfältigsten kulinarischen Einflüsse. Seine Blütezeit erlebte es in der Renaissance, doch leuchtet sein Stern auch heute noch.

Während die Küchenchefs von Lyon Kuchen und Desserts kreierten, die den Vergleich mit den besten Kreationen ihrer Pariser Kollegen durchaus aufnehmen können, behielt die Küche der ländlichen Umgebung ihren rustikalen Charakter zum Teil bis heute. In der Franche-Comté macht man bodenständige Fladen aus Rahm und Eiern, Maiskrapfen, Maisbrei mit Honig und Marmelade oder pikant mit Speck, Kirschsuppe und Biskuits aus Brotteig. Im Burgundischen sind es Früchtepuddings, Kürbisaufläufe und alle möglichen Kuchen aus den gerade verfügbaren Früchten und einer Handvoll Mürbeteig, von dem jederzeit ein Klumpen an einem kühlen Ort bereitliegt. In der Gegend von Forez gibt es Kastanienkuchen und riesige Birnenteigtaschen, «Pâtés de vogues», in Savoyen und in der Dauphiné mit Orangenblütenwasser parfümiertes Hefebrot, Birnenteigtaschen und «Matefaims», dicke Pfannkuchen mit Äpfeln, deren Name, wörtlich «Hungerstiller», alles sagt.

Die Stadt Lyon ist vielleicht bekannter für ihre einfachen Backwaren als für ihr Feingebäck. Vor Ostern jedoch gibt es die traditionellen «Bugnes», Krapfen aus einem besonders feinen und leichten Teig. Dank der Kunstfertigkeit von Maurice Bernachon ist Lyon auch eine der Säulen der Schokoladentradition Frankreichs geworden: Ingredienzen bester Qualität werden zu Pralinen und Schokoladenkonfekt verarbeitet, die für sich allein schon als Dessert dienen können.

Zum Burgund gehört selbstverständlich der Wein, und in Wein eingelegte Birnen und Erdbeeren sind besondere Delikatessen der Region. Aus schwarzen Johannisbeeren macht man einen herrlichen schwarzen, zartaromatischen Likör, der, mit trockenem Weisswein wie einem Aligoté zum Kir gemischt, zum nationalen Aperitif wurde. Cassislikör parfümiert auch auf sehr angenehme Weise Sorbets, Vacherins, Charlotten und Früchtepasten.

Die berühmte Spezialität von Dijon ist ein weicher Honigkuchen, dessen bernsteinfarbene, mit

Puderzucker zart glasierte Kruste mit kandierten Früchten hübsch dekoriert ist. Meistens sind diese Honigkuchen mit Konfitüre gefüllt oder mit Nüssen verfeinert. Von allen Spezialitäten der burgundischen Hauptstadt hinterlässt diese bei den Kindern wohl die unvergesslichste Erinnerung.

Ein Gebäck ganz anderer Art wird an der Côte d'Or hergestellt: kleine, sehr harte Mandel- oder Haselnussküchlein in lustigen Formen, «Gimblettes» genannt.

GATEAU AUX NOIX DE GRENOBLE
Walnusscake

Für 8 bis 10 Personen

Vorbereitung: 20 Minuten
Backzeit: 1 Stunde 10 bis
1 Stunde 15 Minuten

125 g Butter
200 g Puderzucker
3 Eier
150 g Mehl
5 g Backpulver
40 ml Milch
20 g Kakaopulver
100 g gehackte Walnüsse
(Baumnüsse)
1 Kaffeelöffel abgeriebene
Zitronenschale

Abbildung gegenüber

Die ersten Walnussbäume Frankreichs wurden von den Römern im 4. Jahrhundert im Grésivaudan eingeführt. Zu den Römern waren sie über die Griechen von Persien her gelangt. Berühmt wurden die Walnüsse von Savoyen und der Dauphiné zuerst wegen ihres Öls, welches als das beste im Land galt. Heute werden vor allem im Périgord und in der Dauphiné rund um Grenoble Nussbäume kultiviert. Neben den Trauben von Moissac sind die Nüsse von Grenoble die einzigen Früchte mit einer geschützten Herkunftsbezeichnung.

Neben Nusskuchen und -torten, manchmal mit Schokolade parfümiert, sind die mit Mandelpaste gefüllten Walnüsse eine berühmte Spezialität der Dauphiné. Die besten Nusskuchen, die ich jemals kostete, waren jene von Paul Koeberlé in Villars-les-Dombes.

Aus den grünen Nüssen braut man in der Dauphiné einen Nusswein, dem stärkende und heilende Eigenschaften nachgesagt werden.

Die Butter cremig rühren, dann den Puderzucker, ein ganzes Ei und ein Eigelb beigeben und gründlich vermischen. Ein Viertel des gesiebten Mehls mit dem Backpulver dazugeben, dann nach und nach die restlichen Eier und das restliche Mehl gut daruntermischen.

200 g des Teigs in eine zweite Schüssel geben und mit dem in der Milch aufgelösten Kakaopulver vermischen. Rühren und 40 g gehackte Nüsse beigeben.

Die restlichen Nüsse und die abgeriebene Zitronenschale in die zweite Teigportion einarbeiten.

Den Ofen auf 240 Grad vorheizen.

Eine 18 cm lange Cakeform leicht ausbuttern, mit Backpapier auslegen, so dass es etwas über den Rand der Form hinausragt. Schichtweise abwechselnd den mit Schokolade und den mit Zitronenschale aromatisierten Teig hineingiessen. Die Form in den Ofen geben und die Temperatur auf 180 Grad senken. 1 Stunde 10 bis 1 Stunde 15 Minuten backen. Wenn eine in die Mitte hineingestochene Messerklinge trocken herauskommt, ist der Cake fertig. Noch lauwarm aus der Form nehmen und nach Belieben mit etwas Rum beträufelt servieren.

Als Begleitung zu diesem Cake empfiehlt sich ein sehr guter, gekühlter Nusswein.

GALETTE PEROUGIENNE
Süsser Hefefladen

Für 6 bis 8 Personen

Vorbereitung: 15 Minuten
Ruhezeit: 2 Stunden
Backzeit: 6 bis 8 Minuten

10 g Frischhefe
250 g Butter
1 Ei
1 Zitrone, abgeriebene Schale
100 g Zucker
1 Prise Salz
200 g Mehl
1 Ei zum Bestreichen

Das Dorf Pérouges in der Region Bugey hat seinen mittelalterlichen Charakter bewahrt – und ebenso sein berühmtes Fladenrezept, eines der klassischen Desserts der Region. Verglichen mit den üblichen Butterkuchen nach Hausfrauenart ist dieser viel leichter und bekömmlicher, da er mit Hefeteig hergestellt wird.

Damit das Gebäck gelingt, muss der Teig sehr dünn ausgewallt sein. Die haselnussgrossen Butterflocken, die auf dem Teig verteilt werden, lassen diesen beim Backen unregelmässig aufgehen und geben ihm so sein interessantes Aussehen und seine appetitliche Farbe. Traditionell wird der Kuchen lauwarm mit Rahm serviert.

Die Hefe in 1½ Esslöffeln lauwarmem Wasser auflösen.

150 g Butter mit dem Ei, der abgeriebenen Zitronenschale, 50 g Zucker und dem Salz vermischen. Die Hefe dazugiessen und nach und nach das Mehl beigeben, kneten, bis der Teig nicht mehr an den Fingern klebt. Mit einem Tuch bedeckt, 2 Stunden bei Zimmertemperatur aufgehen lassen.

Den Ofen auf 250 Grad vorheizen. Ein Backblech buttern.

Den Teig rund so gross, dass er noch auf dem Backblech Platz hat, auswallen. Rundherum eine Wulst bilden, indem der Rand mit den Fingern etwa 1 cm nach innen gefaltet wird. Den Teig mit dem restlichen Zucker (50 g) bestreuen und die restliche Butter (100 g) in haselnussgrossen Flocken darauf verteilen. Den Rand mit Ei bestreichen und den Kuchen 6 bis 8 Minuten im vorgeheizten Ofen backen. Der Kuchen ist fertig, wenn er schön goldgelb ist. Lauwarm servieren.

GATEAU DE COURGE
Kürbisauflauf

Angebaut werden die verschiedenen Kürbisarten hauptsächlich in Südfrankreich, doch gegessen werden sie fast überall im Land, sogar im Norden, wo Zwiebel-Kürbis-Kuchen sehr populär ist. Dieser Kürbisauflauf ist ein Hausfrauenrezept der Lyonerinnen, die ihren ganzen Ehrgeiz darauf verwendeten, aus diesem bescheidensten Erzeugnis des Gemüsegartens ein treffliches Gericht zu zaubern.

Der Riesenkürbis mit seinem gelblichen Fleisch und dem süsslichen Geschmack eignet sich am besten für süsse Nachspeisen. Er ist ein sehr dekoratives Gemüse, doch im Ganzen zu gross, um ihn in der häuslichen Küche

Für 6 Personen

Vorbereitung: 45 Minuten
Backzeit: 30 Minuten

500 g Kürbisfleisch
½ l Milch
100 g Zucker
20 g Vanillezucker
2 Eier
2 Eigelb

bewältigen zu können, kann er doch bis hundert Kilo auf die Waage bringen. So ist es ratsam, ihn nur in Portionen in der benötigen Menge einzukaufen. Ein Vetter des Riesenkürbis, der «Giraumon» oder «Bonnet turc», ist kleiner, wird aber auf die gleiche Art zubereitet.

Den Kürbis schälen und klein würfeln. 4 bis 5 Minuten in kochendes Salzwasser geben, dann 15 Minuten in einem Sieb abtropfen lassen und anschliessend in einem Tuch ausdrücken.

Die Milch mit 30 g Zucker und dem Vanillezucker zum Kochen bringen, das Kürbisfleisch beigeben und unter gelegentlichem Rühren darin 25 bis 30 Minuten köcheln lassen.

Inzwischen die Eier und die Eigelbe mit dem restlichen Zucker schlagen, bis die Masse hell wird.

Den Kürbis vom Feuer nehmen, im Mixer zu einer dickflüssigen Masse pürieren. Noch heiss zu den Eiern giessen und verrühren.

Den Ofen auf 180 Grad vorheizen.

Eine Torten- oder Gratinform von 22 cm Durchmesser ausbuttern, die Kürbismasse hineingeben und 30 Minuten in einem Wasserbad im Ofen backen. Wenn eine in die Mitte gestochene Messerklinge trocken herauskommt, ist der Kürbisauflauf fertig. Lauwarm oder kalt servieren.

BUGNES LYONNAISES
Lyoner Krapfen

Für 8 Personen

Vorbereitung: 45 Minuten
Ruhezeit: 12 Stunden
Backzeit: 5 Minuten

125 g Butter
5 g Frischhefe
500 g Mehl
75 g Zucker
5 Eier
5 g Salz
1 Zitrone, abgeriebene Schale
1 kleines Gläschen Rum

Puderzucker

Abbildung folgende Doppelseite

Von den Krapfen, die es überall in Frankreich unter den verschiedensten Namen wie «Merveilles», «Bignons», «Bottereaux», «Roussettes», «Oreilles» gibt, sind die «Bugnes» vermutlich die ältesten. Sie waren in Lyon bereits im 16. Jahrhundert bekannt. Das Gebäck jener Zeit war süss, mit Rosenwasser parfümiert und enthielt weder Butter noch Eier und durfte daher auch während der Fastenzeit gegessen werden. Félix Benoit erzählt in seinem Buch «Cuisine lyonnaise», dass man – in Anspielung auf die Luftigkeit dieser Krapfen – von frommen Lyonern auf ihrem Sterbebett sagte: «Sicherlich geht er geradewegs in den Himmel wie ein Krapfen.»
Die Krapfen wurden in den Strassen in enormen Mengen verkauft, und die Schmalzbäcker ergänzten ihr Angebot häufig mit zusätzlichen Spezialitäten wie Schnecken, Fröschen und kleinen Fischen. Mit der Zeit wurden die Krapfen mehr und mehr mit Butter und Eiern angereichert und verloren so ihre Rolle als Fastenspeise. 1873 wurde in der Diözese von Lyon die gängige Praxis sanktioniert und der Genuss von fetten Speisen bis zum Aschermittwoch erlaubt.

Die Butter bei Zimmertemperatur weich werden lassen. Die Hefe in etwas lauwarmem Wasser auflösen. Das Mehl auf die Arbeitsfläche sieben und in der Mitte eine Mulde bilden. Nacheinander alle Zutaten beigeben, untermischen und den Teig kneten, bis er elastisch ist und nicht mehr an den Händen klebt.

1½ Stunden bei Zimmertemperatur aufgehen lassen, dabei noch zweimal von
Hand durchkneten. Mit einem Tuch bedeckt über Nacht im Kühlschrank ruhen
lassen.

Am folgenden Tag den Teig so dünn
wie möglich auswallen und in 8 bis 10 cm
grosse Rechtecke oder beliebige andere
Formen schneiden. Diese nacheinander
portionenweise in heissem Fritieröl fritieren, dabei mit einem Schaumlöffel wenden, damit sie beidseitig gleichmässig
goldgelb werden. Wenn sie die gewünschte Farbe angenommen haben, herausheben und auf Küchenpapier abtropfen
lassen. Mit Puderzucker bestäuben und
sofort servieren.

BISCUIT DE SAVOIE
Savoyer Biskuit

Für 8 Personen

Vorbereitung: 15 Minuten
Backzeit: 30 bis 35 Minuten

nach Belieben 50 g Mandelblättchen
4 Eier
125 g Zucker
50 g Mehl
50 g Stärkemehl
½ Kaffeelöffel abgeriebene
Zitronenschale
40 g Butter
1 Prise Salz
1 Kaffeelöffel Zitronensaft
20 g Zucker

*B*iskuit kennt man in Frankreich seit der Renaissance, wahrscheinlich
zeichnen die italienischen Köche der Katharina von Medici dafür ver-
antwortlich. Der Savoyer Biskuit ist der «Génoise», der klassischen Biskuitgrundmasse (auch Wiener Masse genannt), sehr ähnlich; beide kamen ungefähr zur selben Zeit auf. Die beiden Zubereitungen unterscheiden sich nur
dadurch, das für die «Génoise» die Eier ganz, für den Savoyer Biskuit Eigelb
und Eiweiss getrennt geschlagen werden.

Dieser leichte Biskuit hat innerhalb von kürzester Zeit grosse Beliebtheit er-
rungen. Bereits im 19. Jahrhundert unterscheidet man verschiedene Varianten: «gewöhnlicher» und «feiner» Savoyer Biskuit und jener «nach Pariser
Art». Savoyer Biskuit dient als Grundlage zahlreicher Backwaren.

Fest verschlossen aufbewahrt, hält sich dieser Biskuit mehrere Tage. Altbacken kann er für Charlotten oder Desserts wie den Birnenauflauf (Rezept
Seite 145) verwendet werden.

Den Ofen auf 180 Grad vorheizen.
Eine runde hohe Springform oder eine
Briocheform von 24 cm Durchmesser ausbuttern und nach Wunsch den Boden mit
Mandelblättchen bestreuen. Um ein Biskuit mit einer glatt-glänzenden Oberfläche
zu erhalten, kann die Form auch einge-
wachst werden (siehe Rezept «Cannelets
Girondins» Seite 208).

Eigelbe und Eiweiss trennen. Mit dem
Handrührgerät die Eigelbe mit dem
Zucker 5 Minuten bei mittlerer Geschwindigkeit schlagen. Das Mehl, das Stärkemehl und die feinabgeriebene Zitronenschale beigeben und untermischen.

Die Butter zerlassen und lauwarm abkühlen lassen. Das Eiweiss mit dem Salz
und dem Zitronensaft sehr steif schlagen
– das perfekte Gelingen des Biskuits
hängt davon ab – und ganz am Schluss
20 g Zucker untermischen. Den Eischnee
und die zerlassene Butter vorsichtig
unter den Teig ziehen.

Den Teig sofort – man darf ihn auf
keinen Fall stehen lassen – in die Form
füllen und 30 bis 35 Minuten im vorgeheizten Ofen backen. Noch lauwarm
aus der Form nehmen und zusammen
mit einer Vanille- oder Schokoladensauce,
mit Heidelbeerkonfitüre oder Johannisbeercoulis servieren.

PECHES AU FROMAGE BLANC
Pfirsiche mit Rahmquark

Für 8 Personen

Vorbereitung: 30 Minuten
Kochzeit: ca. 15 Minuten

350 g Zucker
½ l Wasser
6 schöne Pfirsiche
200 g Johannisbeergelee
400 g Quark
150 ml Rahm
10 g Vanillezucker

Für die Dekoration:
einige Johannisbeeren
einige frische Minzenblätter

*I*n Lyon wird Quark meistens mit Salz, Pfeffer und Kräutern gegessen; dies ist die berühmte «Cervelle de canut». Doch auch gesüsst und mit Rahm oder Crème fraîche ist er beliebt.

In der Gegend von Mâcon werden zum Himmelfahrtstag mit gesüsstem Quark belegte Kuchen zubereitet, die ihren Name «Corniottes», vom französischen «corne», «Horn», dem zu drei Hörnern geformten Teigrand verdanken. In der Bresse sind Pfirsiche mit Quark ein typisches Sommerdessert.

Man kann alle Sorten Pfirsiche für diese Nachspeise verwenden: gelbe mit festem Fleisch oder kleine weisse. Am schmackhaftesten sind jene Pfirsiche, die traditionell in den Weinbergen an den Enden der Rebstockreihen angepflanzt wurden und unter der besonderen Pflege und der Düngung des Bodens besonders gut gediehen.

200 g Zucker mit dem Wasser mischen, aufkochen und 5 Minuten kochen lassen.

Die Pfirsiche häuten, halbieren, entsteinen und 15 Minuten im leicht köchelnden Sirup pochieren. Abkühlen und abtropfen lassen. Vom Sirup 100 ml abmessen und das Johannisbeergelee darin auflösen, lauwarm abkühlen lassen.

Den Quark mit dem restlichen Zucker verrühren. Den Rahm mit dem Vanillezucker steif schlagen und sorgfältig unter den Quark ziehen. Vier der Pfirsichhälften klein würfeln und unter die Quarkmasse mischen.

Die restlichen Pfirsichhälften jeweils in Scheiben schneiden. Auf jeden Teller ein Häufchen Quarkcreme geben und mit je einem halben in Scheiben geschnittenen Pfirsich umlegen. Mit dem Johannisbeercoulis begiessen und mit einigen Johannisbeeren und einem Minzenblatt ausschmücken.

Man kann die Quarkcreme auch in Portionenschalen füllen und mit je einem halben Pfirsich belegen.

POIRES AU VIN
Rotweinbirnen

Für 6 Personen

Vorbereitung: 25 Minuten
Einlegezeit: 12 Stunden
Kochzeit: ca. 15 Minuten

6 nicht zu reife Birnen
½ l Beaujolais oder junger
Burgunder
100 g Zucker
2,5 cl Cassislikör
1 Messerspitze Zimt
2 Gewürznelken
2 ungeschälte Zitronenviertel
2 ungeschälte Orangenviertel

Für das Coulis:
120 g schwarze Johannis-
beeren (tiefgefroren) oder
Püree von schwarzen
Johannisbeeren
20 g Zucker
10 g Maisstärke

Für die Dekoration:
200 ml dicker Rahm

Abbildung gegenüber

Ist dies ursprünglich wohl ein Lyoner oder ein Burgunder Rezept? Es scheint in beiden Provinzen gleichermassen beliebt zu sein; in Lyon bereitet man es mit Beaujolais zu, während man im Norden Burgunder verwendet, dem man manchmal noch Cassislikör zufügt.

Früher verwendete man für solche Zubereitungen Kochbirnen wie die kleinen, festfleischigen Pastorenbirnen, welche die ziemlich lange Kochzeit – eine gute halbe Stunde –, ohne Schaden zu nehmen, ertrugen. Die Birnen wurden nicht geschält und ganz serviert, häufig zusammen mit Lyoner Krapfen. Kochbirnen sind in den Obstgärten heute fast vollständig von Tafelfrüchten verdrängt worden. Man nehme daher für dieses Rezept Sorten, die das Kochen gut ertragen: Williams, zum Beispiel, die man nicht zu schälen braucht, «Conférence» oder «Passe-crassane», die man schälen und halbieren oder sogar vierteln muss.

Dieses Dessert muss am Vortag zubereitet werden.

Die Birnen schälen, ganz lassen und die Stiele nicht entfernen. Von unten leicht aushöhlen, um das Kochen zu beschleunigen.

Den Wein mit dem Zucker, dem Cassislikör, dem Zimt, den Gewürznelken und dem Zitronen- und Orangenviertel in einen Topf geben, aufkochen, die Hitze senken und die Birnen darin 15 Minuten zugedeckt leicht köcheln lassen. Mit einem spitzen Messer die Festigkeit des Fleisches kontrollieren. Vom Feuer nehmen, ½ l des Safts für das Coulis beiseite stellen, im verbleibenden Saft die Birnen bis zum folgenden Tag ziehen lassen.

Die schwarzen Johannisbeeren im ixer pürieren. Den vom Kochen der Bir-nen beiseitegegebenen Saft, den Zucker und die Maisstärke einrühren und zum Kochen bringen. Etwa 15 Sekunden köcheln lassen, dann durch ein Sieb passieren und bis zum Gebrauch kühl stellen.

Die Birnen abtropfen lassen, jeweils den Stiel mit etwa 2 cm der Frucht abschneiden, den Rest der Frucht halbieren und in Scheiben schneiden. Teller mit dem Johannisbeercoulis ausgiessen und die Birnenscheiben fächerförmig darauf anrichten, die «Deckel» in die Mitte darauf setzen. Nach Belieben mit Rahm garnieren.

Einfacher können auch die ganzen Birnen in einer grossen, tiefen Schüssel, mit dem Johannisbeercoulis begossen, serviert werden.

Ruifard du Valbonnais
Gedeckter Hefekuchen mit Früchtefüllung

Für 8 bis 10 Personen

Vorbereitung: 30 Minuten
Ruhezeit: 45 Minuten
Backzeit: 35 Minuten

100 g Butter
15 g Frischhefe
250 g Mehl
1 Ei
1 Esslöffel Öl
100 ml dicker Rahm
50 g Zucker
1 Prise Salz

Für die Füllung:
5 Äpfel (Reinetten oder nicht
zu reife Golden)
4 Birnen (Williams, Hardy)
60 g Butter
150 g Zucker
2,5 cl Chartreuse
10 g halb gemahlene Man-
deln, halb Zucker, vermischt
100 g Aprikosenkonfitüre
1 Ei zum Bestreichen

Dies ist eine raffinierte Version des «Pogne» oder «Pognon» genannten Hefebrots, ursprünglich ein einfaches, rustikales Gebäck aus einer Handvoll (französisch «poignée», woraus «pogne» wurde) Brotteig, dem frische oder kandierte Früchte oder im Winter auch Kürbis beigegeben wurden. Erst später wurde daraus das bekannte Hefegebäck von Romans, mit frischen, mit Likör parfümierten Früchten. Sein besonderes Aroma erhält dieses Gebäck von dem Chartreuse, jenem unvergleichlichen Likör, der seit Urzeiten nach geheimgehaltenem Rezept aus 130 Alpenkräutern gebraut wird.

In Lyon wird ein dem Ruifard ähnliches Gebäck mit Früchten und Marrons glacés (karamelisierten Kastanien) zubereitet.

Die Butter bei Zimmertemperatur weich werden lassen. Die Hefe in 2 Esslöffeln lauwarmem Wasser auflösen.

Das Mehl auf die Arbeitsfläche sieben und eine Mulde bilden. Die Hefe hineingiessen und mit sehr wenig Mehl zu einer breiigen Konsistenz vermischen. Mit ein wenig Mehl bedecken und 10 Minuten gehen lassen, bis sich an der Oberfläche Risse bilden. Nun das Ei, die weiche Butter, das Öl, den Rahm, Zucker und Salz beigeben und von Hand zu einem Teig kneten, bis er nicht mehr an den Fingern klebt. Zu einer Kugel formen und 30 Minuten aufgehen lassen.

Inzwischen die Äpfel und Birnen schälen, entkernen und in Scheiben schneiden. Die Butter in einer grossen Pfanne zergehen lassen, 100 g Zucker beigeben und die Früchte darin andünsten. Mit dem restlichen Zucker bestreuen, den Chartreuse dazugiessen und 10 Minuten auf kleinem Feuer köcheln lassen, dabei von Zeit zu Zeit vorsichtig umrühren. Abkühlen lassen.

Eine Form von 24 cm Durchmesser und 4 cm hohem Rand mit herausnehmbarem Boden ausbuttern. Den Ofen auf 180 Grad vorheizen.

Zwei Drittel des Teigs (ungefähr 300 g) 4 mm dick auswallen. Die Form damit auslegen, so dass der Teig über den Rand der Form hängt. Den Rest des Teigs für den Deckel 2 mm dick auswallen.

Den Teigboden mit dem Zucker-Mandel-Gemisch bestreuen, die Früchte darauf auslegen und mit Aprikosenkonfitüre bestreichen. Den Teigdeckel darauf legen, die Ränder anfeuchten und zwischen Zeigefinger und Daumen zusammenpressen, den überflüssigen Teig mit einer Schere abschneiden. Die Teigoberfläche mit verquirltem Ei bestreichen. Den Kuchen 10 bis 15 Minuten aufgehen lassen, dann nochmals mit Ei bestreichen und 35 Minuten im vorgeheizten Ofen backen. Noch lauwarm aus der Form nehmen.

BRIOCHE DE SAINT-GENIX
Briochekranz

Für 5 bis 6 Personen

Vorbereitung: 30 Minuten
Ruhezeit: 2 Stunden
Backzeit: 40 Minuten

300 g Butterhefeteig
(Rezept Seite 252)
130 g rosa Zuckermandeln
1 Ei zum Bestreichen
20 g Hagelzucker

Abbildung folgende Doppelseite

*D*ie Zuckermandeln stammen ursprünglich aus Montargis, sind aber heute in ganz Frankreich verbreitet. Berühmt sind etwa jene von Aigueperse in der Auvergne und von Vabre-l'Abbaye in der Provinz Tarn. Während die Zuckerbäcker von Montargis nach alter Tradition immer an den braunen Mandeln festhielten, färbte man sie andernorts bald auch rosa. Rosa Zuckermandeln finden Verwendung als Garnitur für verschiedene Süssspeisen, wie Soufflés oder «Iles flottantes», und vor allem für den Hefekuchen von Saint-Génix-sur-Guiers, einem kleinen Bezirkshauptort in Savoyen. Mit diesem Gebäck haben die Savoyer aus einem gewöhnlichen Hefekuchen eine einzigartige und köstliche Spezialität gemacht.

Den Teig in zwei gleich grosse Portionen teilen. Jeweils zu einem Streifen von 8 cm Breite und etwa 35 cm Länge auswallen und jeden davon mit 40 g zerdrückten Zuckermandeln bestreuen und diese leicht in den Teig drücken. Jedes Teigstück dreifach falten: Zuerst ein Teigdrittel zur Mitte hin schlagen, leicht befeuchten und das gegenüberliegende Teigdrittel darüberschlagen, mit der Hand zusammendrücken. Zu dicken Würsten rollen und diese 10 Minuten kühl stellen. Anschliessend zu gleichmässigen Strängen von jeweils etwa 65 cm Länge rollen. Die Teigstränge zu einem lockeren Zopf winden, damit der Teig noch aufgehen kann.

Eine Kuchenform von 19 cm Durchmesser ausbuttern. Den Zopf in der Mitte beginnend spiralförmig in die Form legen. Mit Ei bestreichen und 1½ bis 2 Stunden bei Zimmertemperatur aufgehen lassen.

Den Ofen auf 180 Grad vorheizen.

Den Teig nochmals mit Ei bestreichen und mit einer Scherenspitze regelmässig verteilte Einschnitte anbringen, in welche die restlichen Zuckermandeln gesteckt werden. Im vorgeheizten Ofen 30 Minuten backen, dann mit dem Hagelzucker bestreuen und nochmals 10 Minuten in den Ofen zurückgeben. Heiss aus der Form nehmen und abkühlen lassen.

PETS-DE-NONNE
Nonnenfürzchen

Für 4 bis 6 Personen

Vorbereitung: 15 Minuten
Fritierzeit: 10 Minuten

¼ l Milch
2 Kaffeelöffel Zucker (10 g)
1 Kaffeelöffel Salz (5 g)
50 g Butter
125 g Mehl
4 Eier
1½ Esslöffel Orangenblütenwasser
½ Kaffeelöffel abgeriebene
Orangenschale
40 g Vanillezucker

Abbildung gegenüber

Verschiedene Provinzen beanspruchen das Urheberrecht für dieses Gebäck. Ihrem Namen nach kommen diese kleinen ausgebackenen Krapfen aus einem Kloster, doch lag dieses nun in der Franche-Comté, in der Auvergne, in der Dauphiné oder in der Touraine? In seinem Buch «La France gourmande» weist sie Fulbert Dumonteil dem Kloster Marmoutiers in der Touraine zu. Auf der anderen Seite beteuern die Savoyer, nur die Nonnenfürze von Chamonix seien authentisch, und in der Franche-Comté schwört man auf diejenigen von Baume-les-Dames …

Wie dem auch sei, ziemlich sicher ist, dass der Entstehung dieser Leckerei, wie zahlreicher anderer Rezepte übrigens auch, ein Missgeschick zugrunde lag. Eine Brandteigkugel fiel irrtümlicherweise in heisses Öl, ging auf und wurde goldgelb, und damit war unser Nonnenfurz geboren. Passierte wirklich einer jungen Novizin das Malheur? Verschämt nannte man die Krapfen auch Nonnenseufzer, doch setzte sich der erste Name durch.

Dieser Teig gleicht einem einfachen Brandteig, ist aber fester und aromatisiert.

Milch, Zucker, Salz und Butter mischen und aufkochen. Vom Feuer nehmen und das Mehl mit dem Schneebesen einrühren. Den Topf auf den Herd zurückstellen und 2 bis 3 Minuten unter Rühren zu einem trockenen, festen Kloss arbeiten, der sich vom Topfboden löst (dieser Vorgang heisst auch abbrennen oder abbrühen). Abseits vom Feuer die Eier eins nach dem andern kräftig einarbeiten, um einen glatten, elastischen, nicht zu festen Teig zu erhalten. Zum Schluss das Orangenblütenwasser und die fein abgeriebene Orangenschale untermischen.

Mit einem Kaffeelöffel baumnussgrosse Kugeln in sehr heisses Fritieröl gleiten lassen. Die Brandteigkugeln gehen auf und sollten sich nach ungefähr der Hälfte der Backzeit von selbst drehen (andernfalls mit einem Schaumlöffel nachhelfen). Wenn sie gleichmässig goldbraun sind, herausheben und auf einem Küchenpapier abtropfen lassen. Mit Vanillezucker bestäubt heiss servieren.

VACHERIN
Meringuetorte

Für 8 bis 10 Personen

Vorbereitung am Vortag:
1 Stunde
Backzeit: 90 Minuten
Ruhezeit: 5 Stunden

Für die Meringuemasse:
5 Eiweiss
1 Kaffeelöffel Zitronensaft
1 Prise Salz
125 g Puderzucker, mit 125 g
Zucker vermischt

½ l Kastanieneis
½ l Birnensorbet
½ l Rahm
30 g Zucker
80 g Kastanienpüree
2 Birnen in Sirup, in Scheiben
geschnitten

Am Ende des 19. Jahrhunderts taucht diese Torte erstmals auf; sie besteht aus einem mit Schlagrahm gefüllten und mit Meringues belegten Mandelteigboden. 1899 publiziert der Patissier François Barthélémy «das hiermit erstmals bekanntgegebene Rezept einer vorzüglichen Desserttorte», von ihm «Dauphinoise» genannt, welches genau der Meringuetorte entspricht, zusätzlich jedoch noch Nüsse enthält. Ihren Namen erhielt diese Torte aufgrund ihrer Ähnlichkeit in Form und oft auch Farbe mit dem vorzüglichen Käse gleichen Namens aus Savoyen und der Franche-Comté. Auch heute wird diese Torte manchmal noch mit Mandelteig zubereitet, meist aber nur noch mit Meringuemasse, mit verschiedenen Sorten von Glace oder Sorbet, bisweilen auch mit kandierten Früchten und schliesslich mit Schlagrahm gefüllt. In Lyon gehören traditionell noch Marrons glacés, karamelisierte Kastanien, dazu.

Ein Blech mit Backpapier auslegen. Den Ofen auf 150 Grad vorheizen.

Für die Meringuemasse das Eiweiss mit dem Zitronensaft und dem Salz sehr steif schlagen. Nach etwa 5 Minuten die Zuckermischung beigeben und untermischen. Die Meringuemasse in einen Dressiersack mit 10- bis 12-mm-Lochtülle füllen. Einen 20 cm grossen Tortenring auf das Backblech stellen und in diesen spiralförmig einen Boden aus Meringuemasse spritzen. Zusätzlich 8 ungefähr 5 cm grosse Halbkugeln für die Dekoration aufs Blech spritzen. 75 Minuten im einen Spalt weit offenen Ofen (einen Holzkochlöffel dazwischenklemmen) backen. Dabei die Farbe gut überwachen; wenn die Meringue zu schnell dunkel wird, die Ofentemperatur senken.

Die Meringue aus dem Ofen nehmen und abkühlen lassen. Den Meringueboden in eine hochrandige Springform auf einen Kartonboden gleicher Grösse geben und 20 Minuten in den Kühlschrank stellen.

Das Kastanieneis gleichmässig auf dem Meringueboden ausstreichen und 1 Stunde kühl stellen. Anschliessend das Kastanienpüree darauf streichen und mit dem Birnensorbet bedecken. Die Oberfläche schön glattstreichen und die Torte 2½ Stunden in den Tiefkühler stellen. Eine Tortenplatte 30 Minuten in den Tiefkühler stellen, die Torte aus der Form nehmen und auf die kalte Platte stellen.

Den Rahm steif schlagen und ein Drittel davon gleichmässig etwa 5 mm dick auf die Torte streichen. Die Meringueschalen darauf setzen, den restlichen Schlagrahm in einen Dressiersack mit Sterntülle füllen und die Torte mit Rosetten verzieren. Bis zum Servieren im Tiefkühler aufbewahren. Unmittelbar vor dem Servieren die in Scheiben geschnittenen Birnen in die Mitte der Torte legen.

POIRES A LA SAVOYARDE
Birnenauflauf

Für 6 Personen

Vorbereitung: 25 Minuten
Backzeit: 30 Minuten

800 g Birnen (Pastorenbirnen
oder «Passe-crassanes»)
50 ml Birnenschnaps
150 g altbackener Savoyer
Biskuit (Rezept Seite 134)
50 g Zucker
40 g Butter
100 ml dicker Rahm
50 g Melassezucker

*R*ezepte mit gekochten Birnen sind in Savoyen ausgesprochen häufig, wahrscheinlich weil sich das Klima eher für Kochfrüchte wie Pastorenbirnen oder die sehr verbreiteten «Passe-crassanes», die hier auch «Poires blossons» heissen, eignet. Da diese Sorten erst durchs Kochen wirklich schmackhaft werden, verarbeitete man sie als Füllung von Teigtaschen («rissoles» oder im savoyischen Dialekt «rézules» genannt) oder gratinierte sie mit Rahm («Poires tourondes» oder «Poires Savoie») – typische Winterdesserts, die von Weihnachten bis in die Fastenzeit aufgetischt wurden. Auf Savoyer Biskuit und mit einem ländlichen Birnenschnaps parfümiert, wie man ihn in Brenthonne destilliert, werden sie zum Birnenauflauf «Poires à la savoyarde».

Die Birnen schälen, entkernen und in feine Scheiben schneiden. Mit dem Birnenschnaps begiessen und mindestens 1 Stunde ziehen lassen.

Den Ofen auf 180 Grad vorheizen.

Eine Gratinform grosszügig ausbuttern und mit dem zerkrümelten Biskuit ausstreuen. Die Birnenscheiben darauf auslegen, mit dem Zucker bestreuen und mit der zerlassenen Butter beträufeln. 25 bis 30 Minuten im vorgeheizten Ofen backen. Mit dem Rahm begiessen und noch 5 Minuten weiterbacken.

Den Auflauf mit Melassezucker bestreuen und unter dem Grill 2 bis 3 Minuten Farbe nehmen lassen. Lauwarm servieren.

PROVENCE, CORSE

eit jener Epoche, als die Griechen Marseille kolonialisierten, etwa sechshundert Jahre vor unserer Zeitrechnung, siedelten sich die verschiedensten Völker an der provenzalischen Küste und auf Korsika an und brachten eine kulinarische Tradition von einem Reichtum und einer Vielfalt sondergleichen hervor.

In der ganzen Region sind Süssspeisen von besonderer Bedeutung. Sehr oft wurden sie getreu den alten Traditionen zu bestimmten Festtagen zubereitet. Aus Brotteig, dem Eier und Öl – selbstverständlich Olivenöl – beigefügt wurden, machte man die verschiedensten Kuchen. Von der Provence sagt man, dass hier statt der Butter Öl verwendet wird. Bereits sehr früh war es den Provenzalen gelungen, ein unvergleichlich viel feineres Olivenöl herzustellen als die Griechen und Römer. Die Ölmühlen in der Gegend von Nizza sind zu Recht berühmt, doch das beste Olivenöl – von Goldgelb ins Grünliche spielend und äusserst fruchtig – wird in der Ebene von Baux, am Fusse der Alpilles, gewonnen.

Der Überfluss an Früchten bereichert die ländlichen Kuchen und macht sie zu echten Leckerbissen. Vom Fluss Drôme bis zum Mittelmeer erstreckt sich das Paradies der Früchte: kleine, weisse Weinbergpfirsiche mit einem leichten Mandelgeschmack, gelbe, saftig-süsse Pfirsiche, auf der Zunge zergehende Feigen, goldgelbe Chasselas- und Muskatellertrauben, Aprikosen, Melonen …

Mandeln werden sehr häufig für Zuckergebäck, insbesondere für Nougat und für die berühmten «Calissons», verwendet, sind aber auch eine der Grundzutaten feiner Gebäcke wie der knusprigen «Croquants de Villaret» und des «Colombier». Am Fuss von Baux-de-Provence auf der wunderschönen Terasse bei meinem Freund Raymond Thuillier oder im herrlichen Garten von Roger Vergé im «Moulin de Mougins» von diesem Gebäck zu kosten, ist ein unvergessliches Erlebnis.

Zitrusfrüchte sind seit langer Zeit in diesem begünstigten Klima heimisch und machten die Region zu einem Zentrum für kandierte Früchte. Apt ist die Hauptstadt dieser Kunst, die darin besteht, die Früchte in einem langwierigen, komplizierten Prozess in wunderbare süsse Schleckereien zu verwandeln. Eine Schachtel echter kandierter Früchte aus Apt ist ein derart schönes, farbenfrohes Bild, dass man kaum wagt, davon zu essen. Kandierte Früchte sind übrigens auch Teil einer der schönsten provenzalischen Traditionen: Man behängt am Palmsonntag damit Lorbeerzweige und schenkt sie den Kindern.

Neben kandierten Früchten, Nougat und «Calissons» zählen auch die «Biscotins» und die Früchtepasten zu den in ganz Frankreich bekannten Spezialitäten der Region. Aus dem Var stammen sehr zuckerhaltige Kastanien, die in Collobières kandiert und oft schmackhaften Glacespezialitäten beigegeben werden.

Das beste Bild der süssen Traditionen der Provence gibt zweifelsohne der Abend vor Weihnachten. Im «Mas du Juge» im Herzen der Camargue machen Renée und Roger Granier aus der alten Tradition (siehe auch Seite 153) ein

Fest: dreizehn erlesene Weihnachtsdesserts werden aufgetischt, und Roger reicht dazu als verdauungsförderndes «trou camarguais» einen fabelhaften Birnenschnaps aus seinem Obstgarten. Der provenzalische Brauch will, dass man nach der Hälfte der Mahlzeit die Mitternachtsmesse besucht und erst anschliessend die kunstvoll auf der festlichen Tafel angeordneten Desserts geniesst.

Die Backwaren aus Korsika verdanken ihre Originalität einer Grundzutat, die auf dem Kontinent nur schwer zu finden ist: der «Brocciu», ein Frischkäse (Quark) aus Schafmilch. Dieser wird für die Herstellung des «Fiadone», des traditionellen mit Zitronenschale aromatisierten Osterkuchens und der «Panzerotti», kleiner Hochzeitskrapfen, verwendet. Die «Canistrelli», kleine, trockene, mit Weisswein parfümierte Küchlein, tunkt man in den Kaffee. In den Bergdörfern haben pikante, mit Wildkräutern gewürzte Kuchen und kleine Krapfen aus Kastanienmehl Tradition.

COLOMBIER
Mandeltorte

Für 6 Personen

Vorbereitung: 30 Minuten
Backzeit: 20 Minuten

Für den Mandelteig:
125 g gemahlene Mandeln
125 g Puderzucker
1 kleines Eiweiss
60 g Butter
3 Eier
30 g gesiebtes Mehl
100 g kandierte Früchte
100 g Orangeat

Für die Glasur:
100 g Puderzucker
3 Tropfen Rum
100 g Mandelblättchen

Abbildung gegenüber

Diese Torte erhielt ihren Namen von der kleinen Porzellantaube, die man in ihrem Inneren mitbuk. Wer die Taube fand, würde – so hiess es – innerhalb Jahresfrist heiraten.

Der Mandelteig wurde ursprünglich mit kandierten Melonen, wird heute aber auch mit anderen kandierten Früchten angereichert. In Marseille bereitet man das Gebäck neuerdings zum Pfingstfest zu.

Die gemahlenen Mandeln mit dem Puderzucker gut vermischen, das Eiweiss zugeben und zu einem glatten Teig arbeiten.

Die Butter zerlassen und abkühlen lassen.

Den Ofen auf 200 Grad vorheizen.

200 g des Mandelteigs in der Küchenmaschine zuerst bei kleiner Geschwindigkeit schlagen, dann bei mittlerer Geschwindigkeit die Eier eines nach dem anderen beigeben und einarbeiten. Insgesamt beansprucht dies ungefähr 15 Minuten. Das Mehl auf einmal beigeben und unterrühren, anschliessend die abgekühlte Butter einarbeiten.

Eine Tortenform von 23 cm Durchmesser grosszügig buttern, den Boden mit Backpapier auslegen und dieses an einigen Punkten mit etwas Butter befestigen.

Den Teig in die Form giessen, so dass diese ungefähr zu drei Vierteln gefüllt ist. Die kandierten Früchte fein hacken und gleichmässig auf dem Teig verteilen. Die Torte 10 Minuten bei 220 Grad backen, dann die Temperatur auf 180 Grad senken und nochmals 10 Minuten backen, dabei die Farbe überwachen.

Die Torte aus dem Ofen nehmen, abkühlen lassen und vorsichtig aus der Form nehmen, indem man diese mit einem umgedrehten Teller bedeckt und sachte stürzt (die Torte ist sehr zerbrechlich).

Für die Glasur den Puderzucker mit dem Rum und 2 Esslöffeln Wasser mischen. Den Rand und die Oberfläche der Torte damit bestreichen und mit den Mandelblättchen bestreuen.

BRAS DE VENUS
Biskuitroulade

In verschiedenen Provinzen Frankreichs nennt man die traditionelle Biskuitroulade «Venusarm». In Katalonien heisst sie «Zigeunerarm», und man füllt sie mit Kastanienpüree, Schokolade oder Konfitüre.

Grundlage der Biskuitroulade ist ein sehr leichter Biskuitteig, für den das Eiweiss getrennt zu Schnee geschlagen wird, oder eine «Génoise» (wörtlich «Genueser Masse», im Deutschen aber allgemein Wiener Masse genannt),

Für 10 Personen

Vorbereitung: 30 Minuten
Backzeit: ungefähr 7 Minuten

Für den Biskuit:
25 g Butter
4 Eigelb
75 g Zucker
75 g Mehl
3 Eiweiss
1 Prise Salz
1 Kaffeelöffel Zitronensaft

Für die Creme:
¼ l Milch
80 g Zucker
5 g Vanillezucker
1 Zitrone, fein geraspelte
Schale
3 Eigelb
15 g Mehl
15 g Maisstärke
½ Zitrone, Saft

Für den Sirup:
150 ml Wasser
100 g Zucker
einige Tropfen Zitronensaft

Für die Dekoration:
Aprikosenkonfitüre
Mandelblättchen

für die die Eier ganz verwendet werden. Diese Biskuitgrundmasse, die wie ihr französischer Name andeutet, von Italien in die benachbarte Provence gelangte, wird hier gerne und häufig verwendet. Der Geschmack bleibt sich gleich, ob die Eier nun ganz oder getrennt verwendet werden. Entscheidend ist, dass man den Teig füllt, bevor man ihn rollt … In der Provence ist es nur natürlich, dass die zum Füllen verwendete Konditorcreme mit Zitrone parfümiert wird.

Den Ofen auf 240 Grad vorheizen. Das Backblech mit Backpapier auslegen und buttern.

Die Butter zerlassen. In einer Schüssel die Eigelbe mit dem Zucker mischen und mit dem Schneebesen schlagen, bis die Masse hell wird. Das Mehl beigeben und mit einem Spatel untermischen.

Das Eiweiss mit dem Salz und dem Zitronensaft steif schlagen, in der Hälfte der Zeit einen Kaffeelöffel Zucker dazugeben. Den Eischnee zusammen mit der Butter vorsichtig unter die Eigelbmasse ziehen. Den Teig möglichst gleichmässig etwa 1½ cm dick auf dem Blech ausstreichen. Etwa 7 Minuten im vorgeheizten Ofen backen, dann aus dem Ofen nehmen, auf die Arbeitsfläche stürzen und das Backpapier abziehen. Abkühlen lassen.

Für die Creme die Milch mit 20 g Zucker, dem Vanillezucker und der Zitronenschale aufkochen. Die Eigelbe mit dem restlichen Zucker in einer Schüssel kräftig schlagen, bis sie hell werden. Das Mehl und die Maisstärke unterheben, ohne die Masse weiter zu bearbeiten. Die kochende Milch dazugiessen und unter ständigem Rühren 1 bis 2 Minuten kochen lassen, dabei aufpassen, dass die Creme nicht am Topfboden festsitzt. Vom Feuer nehmen, den Zitronensaft einrühren und abkühlen lassen.

Wasser und Zucker zu Sirup kochen. Abkühlen lassen, den Zitronensaft einrühren und den Biskuit mit einem Pinsel mit dem Sirup tränken. Die Zitronencreme mit einem Palettenmesser gleichmässig auf dem Teig ausstreichen und diesen fest zu einer Roulade rollen. 2 Stunden kühl stellen.

Die Roulade mit einer dünnen Schicht Aprikosenkonfitüre rundherum bestreichen und mit Mandelblättchen bestreuen. In Scheiben geschnitten, eventuell zusammen mit einem Aprikosen- oder Himbeercoulis oder mit einer mit Vanille parfümierten englischen Creme servieren.

BEIGNETS AU BROCCIU
Krapfen mit Schafmilchquark

Die Korsen übernahmen verschiedene kulinarische Traditionen vom Kontinent, die sie jedoch mit ihren eigenen typischen Rezepten und ihren besonderen Grundprodukten aufs beste zu verbinden verstanden. Krapfen heissen bei ihnen «Fritelles» und gehören zu jedem Familienfest, zu Hochzeit, Taufe oder Konfirmation. Vor allem in der Gegend von Corte macht man sie mit «Brocciu», dem berühmtesten korsischen Käse. Er wird aus Ziegen- oder Schafmilch hergestellt und frisch innerhalb von 48 Stunden verzehrt; daneben wird er auch gesalzen und getrocknet.

Für 4 Personen

Vorbereitung: 30 Minuten
Ruhezeit: 12 Stunden
Backzeit: 5 Minuten

250 g Krapfenteig
(Rezept Seite 131)
2,5 cl klarer Schnaps

200 g frischer Brocciu oder
anderer Schafmilch-Frisch-
käse
150 g Zucker

Um den Geschmack des frischen «Broccius» nicht missen zu müssen, liess die Mutter Napoleons Ziegen von der Insel auf ihr Schloss Malmaison bei Paris bringen; doch hatten offensichtlich auch die Kräuter des Kontinents nicht dasselbe Aroma wie jene des korsischen Buschwaldes, so dass der «Exil-Brocciu» nie den Geschmack des echten Brocciu erreichte.
Für Backwaren wird auf der Insel meist der frische Käse verwendet.

Den Krapfenteig zusammen mit dem Schnaps am Vortag zubereiten. Über Nacht im Kühlschrank ruhen lassen.

Den Teig 2 bis 3 mm dick auswallen und in 2 Streifen von ungefähr 8 cm Breite und 40 cm Länge schneiden. Den Schafkäse in ungefähr 20 kleine Stücke (je ca. 10 g) schneiden. Auf jeden Streifen in regelmässigen Abständen von etwa 10 cm zehn Stücke Schafkäse legen. Die Zwischenräume und die Ränder mit einem befeuchteten Pinsel bestreichen und den Streifen längs zur Hälfte zusammenschlagen. Die befeuchteten Stellen an den Rändern und zwischen den Käsewürfeln mit den Fingerspitzen vorsichtig zusammenpressen und mit einem Messer oder einem Teigrädchen wie für Ravioli in kleine Krapfen schneiden.

Die Krapfen portionenweise in heissem Öl fritieren. Von Zeit zu Zeit mit einem Schaumlöffel wenden, damit sie beidseitig schön Farbe nehmen. Herausheben und auf Küchenpapier abtropfen lassen. Auf einem mit Zucker ausgestreuten Teller wenden und noch warm servieren.

La Pompe et les Treize Desserts de Noel
Weihnachtskuchen

*U*rsprünglich waren die dreizehn Desserts dreizehn runde Brote – ein grosses stand für Christus, die anderen für die zwölf Apostel –, die am Weihnachtsabend zum, wie die Provenzalen sagen, «Gros souper» auf dem Tisch lagen. Mit der Zeit blieb nur noch das Olivenölbrot übrig, die anderen zwölf Brote wurden durch erlesenere Leckereien ersetzt.
Nach alter Tradition serviert man die vier «Bettler»: getrocknete Feigen, getrocknete Weintrauben, Mandeln und Walnüsse oder Haselnüsse. Zu ihnen gesellen sich Datteln, Orangen oder Mandarinen, des weiteren schwarzer Nougat, Quittenpaste, «Calissons», ein süsses Mandelgebäck mit Zuckerguss, und kandierte Früchte; dazu süsse Kuchen mit Spinat, Krautstielen und Pinienkernen … Die Schwierigkeit bestand einzig darin, bei dreizehn aufzuhören!
Die «Pompe» ist der Weihnachtskuchen par excellence. Und wenn dieser nach dem «Gros souper» manchmal nur noch mit einiger Mühe hinuntergeht, respektiert man doch die Tradition und hilft mit einem Süsswein, einem Rasteau oder Muscat de Beaumes-de-Venise nach.

Für 6 bis 8 Personen
(2 Kuchen)

Vorbereitung am Vorabend:
15 Minuten
Ruhezeit: 3 Stunden
Backzeit: 35 Minuten

50 g Frischhefe
600 g Mehl
75 g Puderzucker
10 g Salz
1/8 l Olivenöl
2 Esslöffel Orangenblütenwasser
1/2 Zitrone, abgeriebene
Schale
140 ml Wasser
1 Ei, verquirlt
1 Ei zum Bestreichen

Für 15 kleine Kuchen

Vorbereitung: 15 Minuten
Backzeit: 15 Minuten

200 g Butter
300 g Puderzucker
65 g Mehl
100 g gemahlene Mandeln
50 g gemahlene Haselnüsse
185 g Eiweiss (von 5 bis
6 Eiern)

Abbildung gegenüber

Die Hefe in einer halben Tasse lauwarmem Wasser auflösen. Zusammen mit Mehl, Puderzucker, Salz, Olivenöl, Orangenblütenwasser, der feingeriebenen Zitronenschale und dem Wasser in eine Schüssel geben. Mit der Küchenmaschine bei kleiner Geschwindigkeit 3 Minuten kneten, dabei den Teig immer wieder von der Wand der Schüssel und den Knethaken abstreifen. Nach etwa 3 Minuten Kneten das verquirlte Ei beigeben und weitere 7 bis 8 Minuten kneten. Der Teig sollte nun glatt sein und nicht mehr an der Wand der Schüssel kleben bleiben. Eine knappe Stunde auf das Doppelte aufgehen lassen, dann 1 Stunde in den Kühlschrank stellen.

Den Ofen auf 180 Grad vorheizen.

Den Teig halbieren. Zu Kugeln formen und zu zwei 1 bis 1½ cm dicken runden Scheiben auswallen. Mit einer Messerspitze auf der Oberfläche in regelmässigen Abständen einige Einschnitte anbringen. Die Teigscheiben mit dem Ei bestreichen und nochmals bei Zimmertemperatur 1 Stunde auf das Doppelte aufgehen lassen. Nochmals mit Ei bestreichen und 30 bis 35 Minuten im vorgeheizten Ofen backen.

FINANCIER
Mandelbiskuitküchlein

Zum Segen der Provence müssen die Mandelbäume gezählt werden, die ab Februar die ganze Ebene von Crau in ein wunderschönes rosa Kleid hüllen. Mandeln gehören in der Provence in eine Vielzahl von Gebäcken und Süsswaren, vom rustikalen schwarzen Nougat bis zu den zartschmelzenden «Calissons» von Aix. Wie in Italien kultiviert man hier vor allem die grosse, fleischige «Béraude»-Mandel und die «Tournefort» mit ihrer unregelmässigen Form, aber ausgezeichnetem Geschmack. Auch aus Kalifornien werden Mandeln importiert, deren ausserordentliche Grösse und deren appetitliches weisses Fleisch die mangelnde Geschmacksintensität jedoch nicht wettzumachen vermögen. Die Bittermandel schliesslich wird nur in sehr kleinen Mengen verwendet, etwa um gewisse Zuckergebäcke zu parfümieren – aus gutem Grund, denn in grossen Mengen ist sie giftig.
Diese Mandelbiskuitküchlein sind eine leckere Begleitung zu Pfirsich- und Aprikosenkompott.

Die Butter erhitzen und leicht Farbe annehmen lassen. Sie entwickelt dadurch einen feinen Haselnussgeschmack. Vom Feuer nehmen und durch ein Sieb giessen, um Unreinheiten zu entfernen.

Puderzucker, Mehl sowie die gemahlenen Mandeln und Haselnüsse in einer Schüssel mischen. Das Eiweiss beigeben und einarbeiten, die Butter beifügen und zu einem glatten Teig rühren.

Den Ofen auf 240 Grad vorheizen.

Kleine rechteckige Biskuitförmchen von etwa 8 x 4 cm und 2½ cm Höhe ausbuttern. Den Teig in die Formen verteilen, etwas Platz lassen, denn der Teig geht beim Backen noch auf. 5 Minuten bei 240 Grad backen, dann die Hitze auf 200 Grad senken und weitere 10 Minuten backen. Aus dem Ofen nehmen und aus den Formen lösen.

NAVETTES DE SAINT-VICTOR
Teigschiffchen

Für ungefähr 50 Stück

Vorbereitung: 30 Minuten
Backzeit: 10 Minuten

100 g Butter
300 g Mehl
½ Päckchen Backpulver (5 g)
100 g Zucker
20 g Vanillezucker
1 Zitrone, fein abgeriebene
Schale
1 Ei

*D*iese kleinen Teigschiffchen, die ausschliesslich zu Mariä Lichtmess gemacht werden, erhielten ihren Namen von der alten Abtei Saint-Victor in Marseille, vor der sie in früheren Zeiten verkauft wurden. Die Kirchgänger erstanden sie nach der Messe, immer im Dutzend, denn der Zwölf wurden als alter symbolischer Zahl – zwölf Monate, zwölf Sternzeichen, zwölf Apostel – magische Eigenschaften zugeschrieben. Und die Notare der Stadt, die am selben Tag ihr Zunftfest begingen, kauften sie zu Hunderten, liessen sie segnen und unter den Versammelten verteilen.

Die längliche, an beiden Enden zugespitzte Form erinnert an ein kleines Schiffchen – vielleicht jenes, in dem der heilige Lazarus mit seinen Schwestern Martha und Maria von Bethanien her kommend in Marseille an Land gegangen sein soll.

Die Butter bei Zimmertemperatur weich werden lassen.

Mehl und Backpulver auf die Arbeitsfläche sieben und in der Mitte eine Mulde bilden. Zucker, Vanillezucker, Butter, die abgeriebene Zitronenschale und das Ei hineingeben, der Zucker sollte dabei nicht mit dem Ei in Berührung kommen.

Mischen und von Hand möglichst kurz kneten, nur gerade lange genug, um einen glatten Teig zu erhalten. Den Teig einige Male mit dem Handballen bearbeiten, zu einer Kugel formen und 2 bis 3 Stunden kühl stellen.

Anschliessend den Teig zu kleinen Würsten rollen und diese in Stücke von etwa 10 cm Länge schneiden. Etwas ausziehen, in der Mitte einen Einschnitt anbringen und an beiden Enden etwas zusammendrücken.

2 Stunden ruhen lassen. Den Ofen auf 210 Grad vorheizen und die Teigschiffchen 10 bis 12 Minuten darin backen, dabei aufpassen, dass sie nicht zu dunkel werden.

PECHES MASQUEES AUX AMANDES
Pfirsichauflauf mit Mandeln

Für 8 Personen

Vorbereitung: 30 Minuten
Garzeit: 35 Minuten

5 grosse gelbe Pfirsiche
20 g Butter
175 g Zucker
100 ml Pfirsichlikör
375 ml Milch
1/8 l Rahm
1/2 Vanilleschote
2 Eier
4 Eigelb
2 Esslöffel gehackte, leicht
geröstete Mandeln
2 Esslöffel sehr trockene, fein
zerstampfte Makronen

*P*firsiche gab es in der Provence bereits im Überfluss, als sie nördlich der Loire noch als Luxus galten. König Ludwig XIV. liess sie zusammen mit anderen seltenen Früchten und Gemüsen im königlichen Gemüsegarten auf Schloss Versailles anbauen, und bald schon schufen zahlreiche Patissiers Klassiker wie «Poires Bourdaloue» oder «Pêches Melba», um die Qualitäten dieser königlichen Frucht noch besser zur Geltung zu bringen. In der Provence werden mehr gelbe als weisse Pfirsiche angebaut. Die frühreifen Sorten zählen nicht zu den schmackhaftesten, sie sind zwar sehr saftig, aber weniger aromatisch. Es lohnt sich, die Hochsaison, also etwa Mitte Juli, abzuwarten, um die weissen «Charles-roux» und «Redwing» oder die gelben «Loring» und «Pavic» zu geniessen. Nektarinen, die zur Zeit einen grossen Aufschwung erleben, sind häufig geschmacksärmer als die echten Pfirsiche.

Die Pfirsiche schälen, entsteinen und in dicke Scheiben schneiden. Die Butter in einer grossen Pfanne zerlassen und die Pfirsichscheiben darin 5 Minuten dünsten. Mit 50 g Zucker bestreuen und 5 Minuten bei reduzierter Hitze weiterköcheln lassen, um sie leicht zu karamelisieren. Mit dem Pfirsichlikör übergiessen und flambieren.

Die Milch mit dem Rahm und der längs aufgeschlitzten Vanilleschote aufkochen. Die ganzen Eier und die Eigelbe mit dem restlichen Zucker schaumig schlagen. Die kochendheisse Milch dazugiessen, die Vanilleschote auskratzen und die Schote entfernen. Die Creme vollständig abkühlen lassen.

Den Ofen auf 180 Grad vorheizen. Eine ofenfeste Form von 32 x 22 cm ausbuttern und mit den Pfirsichscheiben auslegen. Mit den gehackten Mandeln und den fein zerriebenen Makronen bestreuen. Die abgekühlte Creme darübergiessen.

Den Auflauf im Wasserbad im vorgeheizten Ofen ungefähr 35 Minuten backen. Er ist fertig, wenn eine in die Mitte gestochene Messerklinge trocken herauskommt.

Den Auflauf leicht mit Zucker bestreuen und 1 bis 2 Minuten unter dem Grill im Ofen karamelisieren. Dabei sorgfältig die Farbe überwachen.

Tarte a l'Orange
Orangenkuchen

Für 8 Personen

Vorbereitung: 45 Minuten
Backzeit: 25 Minuten

Für die Orangencreme:
½ l Milch
135 g Zucker
15 g Vanillezucker
1 Orange, fein abgeriebene
Schale
6 Eigelb
20 g Mehl
20 g Maisstärke

300 g Zuckerteig
(Rezept Seite 251)
1 Eigelb zum Bestreichen
2 Orangen
100 g Bitterorangenkonfitüre

Für die italienische Meringue:
2 Eiweiss
1 Prise Salz
½ Kaffeelöffel Zitronensaft
125 g Zucker
Puderzucker

Abbildung gegenüber

Zusammen mit zahlreichen anderen Produkten durch die Kreuzzüge im 14. Jahrhundert in Frankreich eingeführt, galten Orangen lange Zeit als Luxus. Etwa zur selben Zeit, als Avignon Sitz der dem leiblichen Wohl durchaus zugetanen Päpste wurde, entwickelte man dort die Technik des Kandierens. So wurden die Orangen in kandierter Form gegessen.

Auch nachdem man die Frucht im nördlichen Mittelmeergebiet mit grossem Erfolg angepflanzt hatte und sie reichlich zur Verfügung stand, behielt man noch lange Zeit das Kandieren bei, um sie zu konservieren und unabhängig von der Jahreszeit das ganze Jahr über geniessen zu können. In den Departementen Alpes-de-Haute-Provence und Vaucluse, die sich darauf spezialisiert hatten, kandierte man neben Orangen Kantalupmelonen, Feigen und Aprikosen. Auch in der häuslichen Küche war das Kandieren ebenso selbstverständlich wie das Konfitürckochen – und man hatte damit immer das Nötige zur Hand, um zum Beispiel den folgenden Kuchen, der aus Nizza stammt, herzustellen.

Für die Orangencreme die Milch mit 30 g Zucker, dem Vanillezucker und der feingeriebenen Orangenschale mischen, aufkochen, vom Feuer nehmen und 30 Minuten ziehen lassen.

In einer Schüssel die Eigelbe mit dem restlichen Zucker aufschlagen, bis sie hell werden. Die Milch nochmals aufkochen und unter ständigem Rühren zu den Eigelben giessen. Mehl und Maisstärke zugeben, die Masse zurück in den Topf geben und 1 bis 2 Minuten aufkochen lassen, dabei gründlich rühren, damit die Creme nicht am Boden festsitzt. In eine Schüssel giessen, mit Plastikfolie abdecken und abkühlen lassen.

Den Ofen auf 200 Grad vorheizen.

Eine Tortenform oder einen Tortenring von 26 cm Durchmesser ausbuttern. Den Teig etwas grösser als die Form auswallen und diese damit auslegen. Mit Backpapier auslegen und mit Kirschensteinen oder Hülsenfrüchten beschweren und 25 Minuten blind backen.

Die Temperatur auf 180 Grad senken.

Das Backpapier und die Hülsenfrüchte entfernen und den Teigboden abkühlen lassen. Den Boden mit Eigelb bestreichen und 5 Minuten im Ofen leicht Farbe nehmen lassen.

Die Orangen schälen, die Segmente aus den Häutchen lösen und in kleine Stücke schneiden.

Den Kuchenboden mit der Bitterorangenkonfitüre bestreichen. Die Orangencreme gleichmässig darauf verteilen, die Orangenstücke daraufgeben und leicht in die Creme drücken.

Für die italienische Meringue das Eiweiss mit der Prise Salz und dem Zitronensaft steif schlagen, in der Hälfte der Zeit einen Esslöffel Zucker dazugeben.

Den restlichen Zucker mit 3 Esslöffeln Wasser ungefähr 5 Minuten zum Ballen kochen, das heisst, lässt man einen Kaffeelöffel Zuckersirup in kaltes Wasser fallen, muss er sich leicht zu einer Kugel formen lassen. Diesen Zuckersirup schön dem Gefässrand entlang zum Eischnee giessen, und dabei ständig bei geringer

Geschwindigkeit weiterschlagen, bis die Meringuemasse vollständig abgekühlt ist.

Die Meringuemasse in einen Dressiersack füllen und den Kuchen damit spiral-förmig garnieren. Mit Puderzucker bestäuben und 2 Minuten unter dem Grill im Backofen leicht Farbe nehmen lassen.

Souffle au Citron
Zitronensoufflé

Für 3 bis 4 Personen

Vorbereitung: 30 Minuten
Backzeit: 20 Minuten

80 g Zucker
45 g Mehl
¼ l Milch
20 g Butter
4 Eier
170 ml Zitronensaft
1 Prise Salz
1 Kaffeelöffel Zitronensaft
Puderzucker

Abbildung gegenüber

*S*üsse Soufflés können mit allen Arten von Früchten und Alkoholen zubereitet werden. In der Provence parfümiert man sie mit Zitrone und gibt ihnen dadurch eine säuerlich-erfrischende mediterrane Note. Die echten, gebackenen Soufflés sind nicht zu verwechseln mit den Eisspezialitäten gleichen Namens, wie das mit Grand Marnier parfümierte Soufflé Rothschild. Diese haben nur die gleiche Form, die durch eine die Souffléform überragende Manschette erzielt wird, welche erst entfernt wird, wenn die Masse fest geworden ist.

Durch die Überbauungen an der Côte d'Azur wurden die Zitronenbäume praktisch vom Festland verbannt, doch werden sie auf Korsika noch reichlich kultiviert. Nebbio, das Hinterland von Bastia, ist der Obstgarten der Insel. Orangen-, Zitronen- und Zedratzitronenkulturen wechseln sich ab mit Feigen-, Pfirsich- und Mandelplantagen, die erst an den Stadträndern haltmachen. Sonnengesättigte, am Baum ausgereifte korsische Zitrusfrüchte schmecken himmlisch; leider findet man sie kaum ausserhalb ihres Ursprungsgebietes.

In einer Rührschüssel 60 g Zucker mit dem Mehl und 4 Esslöffeln Milch verrühren und aufschlagen. Die restliche Milch aufkochen, dazugeben und weiter mit dem Schneebesen schlagen. Das Ganze in den Topf zurückgiessen und 2 Minuten kochen lassen. Vom Feuer nehmen, die Butter beigeben und zugedeckt 15 Minuten abkühlen lassen. Die Eier trennen und die Eigelbe zusammen mit dem Zitronensaft zur Soufflémasse geben.

Den Ofen auf 180 Grad vorheizen. Eine Souffléform von 17 cm Durchmesser ausbuttern und den Boden mit Zucker bestreuen.

Das Eiweiss mit einer Prise Salz und einem Kaffeelöffel Zitronensaft steif schlagen, in der Hälfte der Zeit die restlichen 20 g Zucker dazugeben. Die Eigelbmasse zum Eischnee giessen und vorsichtig darunterziehen. Die Souffléform damit zu drei Vierteln füllen; wenn ein Rest bleibt, in kleine Portionsförmchen füllen.

Mit Puderzucker bestäuben und 30 Minuten backen.

Tarte aux Pignons
Pinienkuchen

Für 6 Personen

Vorbereitung: 15 Minuten
Backzeit: 40 Minuten

200 g Zuckerteig
(Rezept Seite 251)
70 g Cassis- oder Himbeerkonfitüre
280 g Mandelcreme
(Rezept Seite 252)
80 g Pinienkerne
Puderzucker

Abbildung gegenüber

*I*n der Provence macht man aus allen Früchten einen Leckerbissen, sogar aus jenen der Schirmkiefer. Zwischen den Schuppen ihrer Zapfen verstecken sich in einer wachsigen Schale kleine Kerne, die einen ausgeprägten an Mandeln erinnernden Geschmack besitzen. Dies sind die Pinienkerne, die seit jeher zu den Backwaren und dem Konfekt des Mittelmeerraumes gehören.

Schon die Römer machten daraus eine Art Nougat, dessen Rezept man bei Apicius findet: «Röste Pinienkerne und Nüsse, zerstampfe sie mit Honig, Eiern, Pfeffer, Salz und wenig Öl.» Später war es vermutlich Carême, dem die Pariser die Entdeckung jener «kleinen, weissen Kerne, der Früchte der Kiefer, welche die Italiener ‹Pignoles› nennen», verdanken; durch ihn gelangten einige Rezepte aus dem italienischen Stiefel nach Frankreich.

Auch heute noch werden Pinienkerne in der Provence häufig verwendet: Croissants mit Pinienkernen gehören zu den traditionellen dreizehn Weihnachtsdesserts, und dieser Kuchen wird oft als Abschluss einer Mahlzeit serviert.

Eine Kuchenform oder einen kleinen Tortenring von 18 cm Durchmesser und etwa 2½ cm Höhe ausbuttern und mit Mehl bestäuben. Den Teig auswallen und die Form damit auslegen, den Teig, falls die Form zu niedrig ist, etwas über den Rand der Form hinausragen lassen.

Den Ofen auf 200 Grad vorheizen.

Den Teigboden mit Konfitüre bestreichen, die Mandelcreme darauf verteilen und mit einer Schicht Pinienkerne bedecken. Den Kuchen im vorgeheizten Ofen 35 bis 40 Minuten backen. Abkühlen lassen und vor dem Servieren mit einem Hauch Puderzucker bestäuben.

Pyrénées, Languedoc, Roussillon

Das Languedoc ist eine zusammengewürfelte und vielfältige Region, deren Grenzen schwer genau zu ziehen sind. Zu ihr gehören Ebenen, Kalkböden und Berge, und gegen Süden öffnet sie sich zum Mittelmeer hin. Die Region Toulouse zeichnet sich dadurch aus, dass man hier mit Gänse- und Schweinefett kocht, während in der Mittelmeergegend das Olivenöl vorherrscht, doch ist dies keine scharfe Grenze. In der ganzen Region spiegeln sich in der breiten Vielfalt der Desserts und Süssspeisen die verschiedensten Einflüsse.

Das mediterrane Languedoc blickt auf eine sehr lange Geschichte zurück. Die Märkte von Narbonne, Béziers und Perpignan zogen bereits die Syrer, Griechen, Byzantiner und Marokkaner an. Gewisse Rezepte zeugen noch heute von den Einflüssen der verschiedenen Völker des Mittelmeerraumes, insbesondere jener des Vorderen und Mittleren Orients. So stammen die zuerst pochierten und dann gebackenen «Echaudés» des südlichen Aveyron, die «Tchaoudals», ursprünglich aus Ägypten. Sie sind häufig mit Anis parfümiert. Die Pfefferbiskuits, eine Spezialität von Limoux, sind eine klassische Zubereitung aus der jüdischen Küche Spaniens. Im katalanischen Haselnussnougat, den Zimtkrapfen, Fladengebäck und Pfannkuchen mit Anis zeigen sich spanische und arabische Einflüsse.

Vom einen bis zum anderen Ende dieser Region variieren die Grundprodukte und damit die Küche beträchtlich. Auf den Kalkböden und in den Bergen herrscht eine rustikale Küche vor. Es ist dies das Land der Jäger und der Sammler. Hier findet man einfache Gebäcke, häufig auf dem Herd gegart, wie die «Crespères» und die «Pascades», halb Pfannkuchen, halb Krapfen, und den eigentümlichen pyrenäischen Kuchen am Spiess, eine in der Gegend sehr verbreitete Kochtechnik. Der Kuchen am Spiess wird in einem komplizierten Prozedere hergestellt und aus diesem Grund vorwiegend an Hochzeiten zubereitet. Er wird auf einer speziellen Form gebacken, einem hölzernen Kegel, der auf einem Spiess fixiert ist. Die Form wird mit ölbestrichenem Papier bedeckt und vor dem offenen Feuer gedreht, bis sie sehr heiss ist, dann giesst man löffelweise einen dickflüssigen Crêpeteig darauf, der unter der intensiven Hitze sofort bäckt und sich Schicht um Schicht um die Form legt. Wenn die Technik perfekt beherrscht wird, geht kein einziger Tropfen Teig verloren. Nach und nach verschwindet die Form unter dem Teig, und dieser nimmt eine appetitliche Farbe an. Hat er seine endgültige Form erreicht und ist fertig gebacken, wird der Kuchen mit Puderzucker bestäubt genossen. Dieser Kuchen am Spiess ist grossen Festen vorbehalten, denn man sagt, es brauche, um ihn herzustellen, einen Ster Holz.

Auf dem flachen Land dominieren Gemüse- und Früchtekulturen. Pfirsiche, Birnen, Aprikosen und Feigen gedeihen im Überfluss von Agen bis zur Mittelmeerküste. Ab Mitte Juni reifen in den Obstgärten des Languedoc die ersten Aprikosen: «Rouges de Sernhac», gefolgt von den «Rouges du Roussillon», «Bergerons» und

«Orangés de Provence». Die Aprikosen werden natürlich frisch, so wie sie vom Baum kommen, genossen, sie eignen sich aber auch vortrefflich für Marmeladen, Konfitüren und Kompotte, die selbst wiederum zahlreichen Desserts Farbe und Aroma geben. Auch die Kirschen reifen hier vor allen anderen, und jedes Jahr werden die ersten in Céret geernteten Früchte vom französischen Präsidenten höchstpersönlich verkostet. Dank der intensiven Sonnenbestrahlung wurden im Languedoc sogar Exoten wie die Chinesische Dattel oder Jujube mit ihrem zarten, süssen Fleisch und die Mispel, die ein köstliches Kompott abgibt, heimisch.

Die Reben, die in der ganzen Region gedeihen, ergeben hier mehr als irgendwo sonst natürliche Süssweine, die wie dazu gemacht sind, Schokoladendesserts zu begleiten, sonst eine recht schwierige Geschmacksverbindung. Es sind dies die ausserordentlichen Muscats de Rivesaltes, Frontignan und Lunel, aber auch die Maury und Banyuls mit ihrem ziegelroten Farbton und Aromen, die an Kakao, Pflaumen oder Kaffee erinnern – Weine, die uns die Wärme des Bodens, aus der sie geboren sind, vermitteln.

ALLELUIAS DE CASTELNAUDARY
Hefezöpfe mit kandierten Früchten

Für ungefähr 25 Stück

Vorbereitung: 45 Minuten
Ruhezeit: 3 Stunden
Backzeit: 20 Minuten

220 g gewürfelte kandierte
Früchte
500 g Mehl
25 g Frischhefe
100 ml Milch
2 Kaffeelöffel Salz
50 g Puderzucker
3 Eigelb
200 ml Wasser
100 g gesalzene Butter
1 Ei zum Bestreichen

Abbildung gegenüber

Ostern steht nicht nur für das Ende der Fastenzeit und das Freudenfest der Auferstehung, sondern auch für den Beginn des Frühlings und die Wiedergeburt der Natur. Schon lange bevor man Schokoladeneier machte, war das Ei als Symbol neuen Lebens ein wichtiger Bestandteil des Osterfestgebäcks. Das ohne Eier und Butter zubereitete Fastengebäck wurde nun mit den Eiern bereichert, welche die Kinder am Samstag vor Ostern von Hof zu Hof zusammenbettelten.

In der Gegend von Lauragais machen die Bäcker zu Ostern ein kleines Hefegebäck mit kandierten Zitronen. Man erzählt sich, dass dieses Gebäck am Anfang des letzten Jahrhunderts entstanden und von Papst Pius VII. anlässlich seines Osterbesuches «Halleluja» getauft worden sei.

Die kandierten Früchte unter lauwarmem Wasser spülen, auf Küchenpapier abtropfen lassen und gründlich trocknen, dann mit 30 g Mehl vermischen.

Die Hefe in einer halben Tasse lauwarmem Wasser auflösen. Zusammen mit 50 ml Milch in eine Rührschüssel geben, das Mehl, das Salz und den Puderzucker zufügen. Bei langsamer Geschwindigkeit kneten, die Eigelbe dazugeben und nach und nach die restliche Milch und das Wasser, bis der Teig eine schöne Konsistenz hat. Ungefähr 10 Minuten weiterkneten, von Zeit zu Zeit den Teig vom Gefässrand streifen. Zum Schluss den Gefässrand mit etwas Mehl bestäuben und den Teig davon lösen.

Die Butter in kleinen Stücken sehr schnell einarbeiten, dies sollte nicht länger als 2 Minuten dauern. Die kandierten Früchte beigeben und nur kurz unterrühren. Die Arbeitsfläche mit Mehl bestäuben und darauf den Teig zu einer Kugel formen. In einer Schüssel, mit einem Tuch bedeckt, 1½ Stunden kühl stellen.

Dann den Teig nochmals kurz durcharbeiten und auf einer mit Mehl bestäubten kalten Arbeitsfläche 1½ cm dick auswallen. In 2 cm breite Bänder von etwa 30 cm Länge schneiden und diese vorsichtig zu ungefähr 50 cm langen dünnen Strängen rollen. Jeweils 3 Stränge zu lockeren Zöpfen flechten. Jeden Zopf in 3 Teile schneiden.

Die Zöpfchen auf ein Backblech geben, mit Ei bestreichen und bei Zimmertemperatur etwa 1½ Stunden auf das Doppelte aufgehen lassen.

Den Ofen auf 180 Grad vorheizen. Die Zöpfchen nochmals mit Ei bestreichen und 20 Minuten backen. Zusammen mit Konfitüre zum Frühstück reichen.

GRATIN ARIEGEOIS
Apfeldessert mit Meringuehaube

Für 4 Personen

Vorbereitung und Backzeit:
45 Minuten

Für das Apfelmus:
200 g Kochäpfel (Reinetten
oder Calvilles)
50 g Zucker
1 Kaffeelöffel Zitronensaft

300 g säuerliche Äpfel
(Granny Smith)
30 g Vanillezucker
20 g Butter
300 g Konditorcreme
(Rezept Seite 253)
2 Eiweiss
1 Prise Salz
einige Tropfen Zitronensaft
40 g Zucker
Puderzucker

*K*alt ähnelt dieses Apfeldessert mit Meringuehaube einer Charlotte. Es ist eine etwas raffiniertere Variante der unzähligen Apfelkuchen, die man überall auf dem Land findet. Diese Süssspeise ist auch in den Rezeptbüchern des Schlosses Gudanes erwähnt, dem Sitz von Louis Gaspard de Sales, dem letzten königlichen Statthalter des Département de Foix, dem man den Übernamen «König der Pyrenäen» gegeben hatte. In seinem Buch «La Cuisine du comté de Foix et du Couserans» beschreibt Christian Bernadac auf sehr unterhaltsame Weise den Tagesablauf dieses «Mäzens, Schutzherrn und Gönners von Dichtern und Schriftstellern, dessen Tafel als die beste des Landes von Foix galt und wo sich der gesamte Adel des Südwestens traf».

Für das Apfelmus die Äpfel schälen, vierteln, entkernen und ungefähr 10 Minuten in etwas Wasser zusammen mit dem Zucker und dem Zitronensaft kochen. Anschliessend pürieren.

Die anderen Äpfel ebenfalls schälen, entkernen und in Scheiben schneiden. Zusammen mit dem Vanillezucker in der Butter sanft dünsten. Wenn sie weich sind, aus der Pfanne nehmen und abkühlen lassen.

Eine Gratinform buttern und mit Zucker ausstreuen. Die Hälfte der Konditorcreme hineinfüllen. Mit der Hälfte der Apfelscheiben belegen, mit dem Apfelmus bedecken, dann die restlichen Apfelscheiben und die restliche Konditorcreme darauf geben.

Das Eiweiss mit dem Salz und einigen Tropfen Zitronensaft steif schlagen und am Schluss den Zucker beifügen. Den Eischnee gleichmässig auf dem Auflauf ausstreichen, mit Puderzucker bestäuben und 3 bis 4 Minuten unter dem Grill Farbe annehmen lassen.

PAINS D'ANIS
Anisbrötchen

Für 30 bis 35 Stück

Vorbereitung am Vortag:
30 Minuten
Ruhezeit: 4½ Stunden
Backzeit: 15 bis 20 Minuten

10 g Frischhefe
35 g Butter
250 g Mehl
30 g Puderzucker
5 g Salz
3 Esslöffel Milch
1½ Esslöffel Olivenöl
1 Ei
1 Esslöffel grüne Anissamen
1 Ei zum Bestreichen

Abbildung folgende Doppelseite

Anis war früher viel verbreiteter als heute und wurde bis in die Anjou angepflanzt, obwohl die Pflanze im mediterranen Klima besser gedieh. Man brannte daraus Schnaps, oft kombiniert mit Absinth, Koriander, Wacholderbeeren, Angelika und Zimt, was den ausgezeichneten und geschätzten Anisschnaps von Hendaye ergab. Auch heute noch sind verschiedene, industriell hergestellte Anisgetränke beliebt. Dem Anis wurden die vielfältigsten Heilwirkungen nachgesagt, und im Mittelalter dienten die kleinen Körner sogar allgemein als Gegengift.

Sehr früh schon wurde Anis in ganz Europa auch für Backwaren verwendet. Im 14. Jahrhundert erwähnt Taillevent Anis als Bestandteil seines Kuchenteigs, im Elsass kam er in die Brezel und in Skandinavien ins Knäckebrot. Heute ist Anisgebäck in vielfältiger Form beliebt: «Rosquilles», ein glasiertes trockenes Gebäck in Form einer Acht, «Galfes», ein ursprünglich spanisches Kranzgebäck aus den Pyrenäen, kleine, geflochtene Brötchen aus Narbonne, «Rioutes», Fladenbrötchen, aus Savoyen oder die zuerst gekochten und dann gebackenen «Echaudés» aus der Rouergue.

Die Hefe in einer halben Tasse lauwarmem Wasser auflösen. Die Butter bei Zimmertemperatur weich werden lassen.

Das Mehl mit Puderzucker, Salz, Milch, dem Öl, der Hefe und dem Ei mischen und bei langsamer Geschwindigkeit in der Küchenmaschine kneten. Die Butter beigeben und 4 bis 5 Minuten weiterkneten, hin und wieder den Teig von der Wand des Gefässes abstreifen. Es sollte ein fester, elastischer Teig entstehen, der nicht mehr an den Fingern kleben bleibt. Zuletzt die Anissamen beigeben und nochmals kurz weiterkneten, um sie gut einzuarbeiten.

Den Teig mit einem Tuch zugedeckt 1½ Stunden bei Zimmertemperatur aufgehen lassen. Den Teig nochmals durcharbeiten und anschliessend 2 Stunden kühl stellen. Den Teig erneut durcharbeiten und wieder kalt stellen.

Am folgenden Tag den Teig auf einer mit Mehl bestäubten Arbeitsfläche 6 bis 7 mm dick auswallen und 30 Minuten kühl stellen.

Den Ofen auf 200 Grad vorheizen.

Ein Backblech mit Backpapier auslegen. Aus dem Teig etwa 4½ cm grosse Scheiben ausstechen und auf das Backblech legen. Bei Zimmertemperatur an einem geschützten Ort ohne Durchzug auf das Doppelte aufgehen lassen. Die Brötchen mit Ei bestreichen, in den Ofen geben, und die Hitze sofort auf 180 Grad senken, 15 Minuten backen.

TOURON CATALAN
Katalanisches Nougat-Konfekt

Vorbereitung und Kochzeit
am Vortag: 30 Minuten
Ruhezeit: 12 Stunden

300 g Haselnüsse
150 ml Wasser
200 g Zucker
100 g Honig
100 g Mandeln
50 g Milchschokolade
150 g Puderzucker
100 g kleingewürfelte
kandierte Früchte

Sowohl die Basken wie die Katalanen beanspruchen die Vaterschaft für diese spanische Spezialität. Sie wird «Turron», französisch «Touron», oder nach der katalanischen Stadt gleichen Namens, deren Markenzeichen sie ist, häufig auch «Jijona» genannt. Nach Spanien gelangte dieses Konfekt aller Wahrscheinlichkeit nach durch die Araber, denn jenseits der Pyrenäen zeugen in einzelnen Turron-Rezepten noch die traditionellen Gewürze des Maghreb, Koriander und Zimt, von diesem Ursprung.

Ausschliesslich mit gerösteten Mandeln, Honig und Zucker hergestellt, erhält man das berühmte «Jijona». Die baskische Variante wird mit einer Fülle von Würz- und Geschmackszutaten zubereitet, Vanille, Pistazien, Erdbeeren, Kaffee, die dem Konfekt Farbe und Aroma verleihen. Für das rustikalere katalanische Nougat, das dem provenzalischen schwarzen Nougat ähnelt, werden den Mandeln häufig Haselnüsse und Pinienkerne untergemischt. Der weisse, mit kandierten Früchten zubereitete Turron schliesslich ist eher als Dessert denn als Konfekt zu bezeichnen.

Den Ofen auf 240 Grad vorheizen. Auf einem Blech die Haselnüsse, mit einem zweiten Blech bedeckt, 10 Minuten rösten, dann zwischen zwei groben Tüchern reiben, um die Haut zu entfernen.

Das Wasser mit dem Zucker und dem Honig zu einem Sirup kochen.

Die Haselnüsse zusammen mit den Mandeln im Mixer zerkleinern; nach und nach den Sirup beigeben und zu einem feinen, noch leicht körnigen Teig verarbeiten. Die Masse in einen Topf geben und auf kleinem Feuer unter ständigem Rühren 6 bis 8 Minuten köcheln lassen, um den Teig auszutrocknen (er soll einen Kloss bilden und sich vom Topf lösen).

Die Schokolade über sehr sanfter Hitze (40 Grad) zerlassen. Zusammen mit dem Puderzucker unter den Teig mischen und diesen mit dem Handballen bearbeiten, bis eine glatte Masse entstanden ist. Die kandierten Früchte einarbeiten.

Den Teig 1½ cm dick auswallen und mit Plastikfolie bedeckt über Nacht kühl stellen. Am folgenden Tag nach Belieben in kleine Formen schneiden oder ausstechen. Man kann den Teig auch in einer mit Backpapier ausgelegten Cakeform fest werden lassen; zum Servieren aus der Form nehmen und in Scheiben schneiden. Der Nougat lässt sich in Alufolie verpackt im Kühlschrank gut aufbewahren.

Dieses Nougat-Konfekt kann auch mit Pistazien zubereitet werden.

CREME FRITE
Fritierte Creme

Für 6 bis 8 Personen

Vorbereitung: 30 Minuten
Abkühlen: ca. 1 Stunde
Fertigung: 20 Minuten,
5 Minuten zum Fritieren

900 g Konditorcreme
(Rezept Seite 253)
2 Esslöffel Armagnac
2 Eier
100 g Paniermehl
vanillierter Puderzucker

*B*ereits in der Mitte des 16. Jahrhunderts findet sich ein Rezept für fritierte Creme in dem in Lyon erschienenen Werk mit dem schönen Titel «Livre fort excellent de cuisine, très utile et profitable (…) avec la manière de servir les banquets et les festins», zu deutsch etwa «Ausgezeichnetes, sehr praktisches und nutzbringendes Kochbuch (…) mit der Art und Weise, Bankette und Festessen auszurichten».

Im letzten Jahrhundert noch häufig serviert, geriet die fritierte Creme etwas in Vergessenheit und erlebt heute wieder eine Renaissance. Im Midi aromatisiert man sie oft mit Armagnac oder serviert sie mit einer mit Armagnac parfümierten englischen Creme. Die heutigen Rezepte werden mit weniger Mehl zubereitet als die früheren. Dadurch werden die Krapfen etwas weniger fest, aber um so leichter und bekömmlicher.

Die Konditorcreme mit der doppelten Menge Mehl herstellen: 80 g auf ½ l Milch. Am Schluss der Kochzeit den Armagnac einrühren. Die Masse 1½ cm dick auf einem gebutterten Blech ausstreichen und abkühlen lassen. Aus dem Teig kleine Formen nach Belieben ausstechen und ungefähr 1 Stunde in den Kühlschrank oder 20 Minuten in den Tiefkühler stellen.

Die ausgestochenen Formen zuerst in den aufgeschlagenen Eiern und dann im Paniermehl wenden (man kann sie auch in einem klassischen Backteig wenden) und in heissem Öl schwimmend ausbacken. In der Hälfte der Zeit wenden, so dass sie beidseitig schön Farbe annehmen. Auf Küchenpapier abtropfen lassen, mit Puderzucker bestäuben und heiss servieren.

BLANC-MANGER
Gestürzte Mandelcreme

Für 6 Personen

Vorbereitung der Früchte:
am Vortag
Vorbereitung und Garzeit:
45 Minuten
Gelierzeit: 2 Stunden

3 Birnen
½ Zitrone

Für den Sirup:
1 l Wasser
400 g Zucker
200 g Honig
¼ Zimtstengel
2 Gewürznelken
1 Kaffeelöffel schwarze
Pfefferkörner

3 Blatt Gelatine
½ l Milch
80 g Zucker
130 g gemahlene Mandeln
Vanillezucker
3 Eigelb
1 Esslöffel Kirsch
¼ l Rahm
30 g geröstete Mandel-
blättchen

Abbildung gegenüber

Dies ist bestimmt eines der ältesten Desserts, das auch heute noch zubereitet wird, obgleich es nicht mehr sehr in Mode ist. Im 14. Jahrhundert gibt Taillevent in seinem berühmten «Viandier», einem der ältesten französischen Kochbücher, gleich mehrere Rezepte für Blanc-manger: mit Fisch, mit Geflügel, mit Mandeln. Die von ihm beschriebene Zubereitung mit Mandeln ist eines der wenigen Rezepte in diesem Werk, das heute noch praktisch genau so gemacht wird wie zu Taillevents Zeiten.

Vom 17. bis 19. Jahrhundert erlebte das Blanc-manger seine Blüte. Antonin Carême schlägt in seinen äusserst detailliert beschriebenen Rezepten die Zugabe von Maraschino, Rum, Zitronat, Vanille, Kaffee und noch manchem anderem vor. Bei ihm findet sich auch ein Rezept für Blanc-manger mit Schlagrahm, was aus diesem delikaten Dessert zugleich einen Vorläufer des Bavarois, der Bayerischen Creme, macht.

Die Birnen am Vortag schälen, entkernen und mit der halben Zitrone einreiben. Alle Zutaten für den Sirup in einem Topf mischen, aufkochen, die Temperatur senken und die Birnen hineingeben. 10 bis 15 Minuten leicht köcheln lassen, dabei überwachen, dass die Früchte fest bleiben. Vom Feuer nehmen und zugedeckt in einer Schüssel bis am folgenden Tag ziehen lassen.

Die Gelatine in etwas kaltem Wasser einweichen.

Die Milch mit 30 g Zucker, den gemahlenen Mandeln und etwas Vanillezucker aufkochen, dann vom Feuer nehmen und ziehen lassen, bis sie abgekühlt ist. Durch ein mit Musselin ausgeschlagenes Sieb passieren, um eine Mandelmilch zu erhalten.

In einer Schüssel die Eigelbe mit dem restlichen Zucker aufschlagen, bis die Mischung hell wird. Die Mandelmilch erneut erhitzen und heiss unter ständigem Schlagen unter die Eigelbmasse rühren. Die ausgedrückte Gelatine in die noch warme Mischung einrühren und den Kirsch dazugiessen. Die Masse abkühlen lassen, indem man die Schüssel in ein grösseres Gefäss mit kaltem Wasser stellt. Inzwischen den Rahm steif schlagen und unter die abgekühlte Masse ziehen.

Sechs etwa 10 cm grosse Formen leicht einölen oder mit kaltem Wasser ausspülen, abtropfen lassen und mit Puderzucker ausstäuben. In jede Form eine halbe Birne mit der Schnittfläche nach unten legen, mit der Creme bedecken und 2 Stunden im Kühlschrank fest werden lassen.

Zum Servieren die Formen kurz in warmes Wasser stellen und die Creme auf Teller stürzen. Mit Mandelblättchen bestreuen und dazu zum Beispiel ein Himbeercoulis servieren.

CREPES FRISEES DES PYRENEES
Crêpes-Spiralen

Für 4 bis 6 Personen

Vorbereitung: 15 Minuten
Ruhezeit: 1 Stunde
Fritierzeit: 2 bis 3 Minuten

80 g Butter
250 g Mehl
60 g Puderzucker
6 Eier
1 Orange, fein abgeriebene
Schale
1 Esslöffel Grand Marnier
1 Esslöffel Rum
100 ml Milch

Abbildung gegenüber

*T*raditionsgemäss bereitet man zur Karnevalszeit im Norden Frankreichs Crêpes zu und im Süden Krapfen. Dabei gibt es aber zahlreiche Überschneidungen: So handelt es sich etwa bei den elsässischen «Roussettes» um Krapfen und bei den «Crespères gasconnes» um Pfannkuchen. Im allgemeinen werden im Midi die Crêpes dicker zubereitet als im Norden, oft mit Früchten angereichert und natürlich in Öl gebraten.

In den Pyrenäen bereitet man eine eigentümliche Art von gekräuselten Crêpes zu, die man ähnlich auch im Périgord antrifft. In viel Öl in der Pfanne fritiert, sind sie sozusagen ein Zwischending zwischen Krapfen und Crêpes.

Die Butter zerlassen und leicht Farbe nehmen lassen.

In einer Schüssel mit dem Schneebesen oder dem Handmixer Mehl, Puderzucker, Eier, Orangenschale und die braune Butter vermischen, dabei den Grand Marnier und den Rum zugeben. Nach und nach die Milch dazugiessen und weiterrühren, bis ein glatter Teig entstanden ist. Mindestens 1 Stunde ruhen lassen.

In einer Pfanne reichlich Öl erhitzen.

Die Teigmasse in einen Dressiersack mit 6-mm-Lochtülle (oder nach Belieben einer grössen Tülle) füllen und den Dressiersack mit einer Wäscheklammer zuklemmen. Den Teig spiralförmig in das Öl laufen lassen. Er geht sehr schnell auf und nimmt Farbe. Die gebackenen Teigringe auf Küchenpapier abtropfen lassen und mit Puderzucker bestäuben.

Périgord, Quercy, Rouergue

Zwischen dem Zentralmassiv und den Pyrenäen liegen zwei landschaftlich sehr verschiedene Regionen, die jedoch kulturell eine Einheit bilden. Das Périgord mit seinen bewaldeten Hochebenen und den stolzen grünen Tälern wird immer wieder im gleichen Atemzug genannt wie das Quercy mit seinen steilen Schluchten und den Kalkebenen, die nur eine karge Vegetation aufweisen. Der Mensch lernte sehr früh, den jeweiligen Bedingungen das Beste abzuringen und das, was die Natur bietet, auszuschöpfen: Wild ist im Überfluss vorhanden, und die Gewässer sind reich an Fischen.

Die Landgasthöfe verbreiteten den Ruf der traditionellen Küche des Südwestens Frankreichs. Aus dem Garten kam das Gemüse, das Wild wurde vom Ehemann erlegt, und Geflügel hielt man sich im Hinterhof. Daraus entstand eine einfache häusliche Küche, mit der sich manche Hausfrau bei den Arbeitern und Saisonniers ein Zubrot verdiente. Desserts kamen vor allem an Feiertagen auf den Tisch. Dabei handelte es sich zunächst um einfache Abwandlungen von salzigen Gerichten aus Grundzutaten wie Nüssen, Kastanien und Maismehl.

Mit Mais machte man in der Dordogne einen dicken Brei, «Las poux», der gesüsst und mit etwas Butter in kleinen Steingutnäpfen serviert wurde. Den abgekühlten festen Brei schnitt man in kleine Fladen, die dann in Gänsefett goldbraun gebraten wurden.

Walnüsse verschiedenster Sorten (Marbot, Corne, Grandjean) gedeihen im Périgord und Quercy üppiger als sonst irgendwo in Frankreich. Viele Abende lang sitzen die Frauen beim Feuer und lösen mit gekonntem Handgriff die Nusskerne, ohne sie zu beschädigen, aus den Schalen. Aus den Nüssen machen sie herrliche Kuchen, aber auch Konfekt und sogar ausgezeichnete Konfitüre. In jedem Haushalt steht eine Flasche Nusswein im Schrank, der zum Aperitif oder zum Dessert gereicht wird. Er wird aus ganz jungen, im Frühling geschnittenen Walnussbaumblättern zubereitet, die mit Zucker, Schnaps und einer Vanilleschote in rotem Bergerac eingelegt werden. Dieser ausgezeichnete Aperitifwein gewinnt mit den Jahren noch.

Die Spezialität des Quercy ist ein aussergewöhnliches Blätterteiggebäck, «Pastis» genannt, welches von den spanischen Mauren eingeführt wurde. Die Zubereitung ist voller Tücken, und manchmal bestellen selbst gestandene Patissiers das Gebäck bei einer Frau aus dem Dorf, die die Technik seiner Herstellung noch beherrscht. Die Kunst besteht darin, den Teig von Hand auf einem grossen, leicht mit Mehl bestäubten Tuch hauchdünn auszuziehen. Könnerinnen ihres Fachs bringen den Teig bis auf Seidenpapierdicke! Dann wird der Teig vorsichtig mit Öl bestrichen und mit Orangenblütenwasser parfümiert und anschliessend zu einem Viereck gefaltet oder gerollt und in einer leicht eingeölten Kuchenform gebacken. Ebenso wie die Nusskuchen der Region hat auch der «Pastis» Berühmtheit erlangt.

TARTE AUX NOIX
Walnusskuchen

Für 8 Personen

Vorbereitung: 45 Minuten
Ruhezeit: 1 bis 2 Stunden
Backzeit: 20 Minuten für den
Boden, 45 Minuten für den
Belag

300 g Zuckerteig
(Rezept Seite 251)
70 g Puderzucker
2 Eier
100 ml Rahm
40 g Butter
100 ml Grand Marnier oder
sehr starker Kaffee
75 g brauner Zucker
200 g gehackte Walnüsse

Für die Dekoration:
8 bis 10 Walnusskerne
Puderzucker

Abbildung gegenüber

*E*in kleiner liebenswerter Brauch zeigt den Stellenwert, den die Walnuss im Périgord und Quercy hatte, die Gabe des «Cocolou», einer kleinen Nuss, die der junge Mann seiner Verlobten überreichte und die von dieser als kostbarer Talisman gehütet wurde.

Lange Zeit waren die Walnüsse der Reichtum der Provinzen des Südwestens. Ursprünglich wurden sie wegen ihres Öls kultiviert, das gängigerweise in der Küche als Fettstoff diente. Da in der Gegend die Schafzucht vorherrschte, war Butter ein Luxusartikel. Nussöl diente auch, in Messinglampen gefüllt, der Beleuchtung. Die Nüsse allein wurden selten gegessen, doch waren sie als Zutat in Naschwerk äusserst geschätzt. Bereits im Mittelalter kandierte man sie in Honig. Etwas später begann man, die Nüsse in Sirup zu kochen und, ähnlich wie man es mit Mandeln tat, zu einer Paste zu verarbeiten, aus der dann Nussbonbons hergestellt wurden, die in den Salons Furore machten. Heute werden Nusspaste und Nusskerne gerne zusammen mit Früchten oder Schokolade und für Backwaren verwendet.

Den Ofen auf 220 Grad vorheizen. Eine Kuchenform von 26 cm Durchmesser ausbuttern.

Den Teig 4 mm dick zu einer Scheibe von 32 cm Durchmesser auswallen. Die Form mit dem Teig auslegen und den überstehenden Rand zwischen Daumen und Zeigefinger zusammendrücken. 1 bis 2 Stunden im Kühlschrank ruhen lassen.

Den Teigboden mit einer Gabel einstechen, mit einem Backpapier bedecken und mit Hülsenfrüchten beschweren. 20 Minuten im vorgeheizten Ofen blind backen. Herausnehmen, etwas abkühlen lassen und das Papier mit den Hülsenfrüchten entfernen.

Für den Belag den Puderzucker mit den Eiern und dem Rahm mischen. Die Butter zerlassen und zusammen mit dem Grand Marnier (oder Kaffee), dem braunen Zucker und den gehackten Nüssen beigeben. Gründlich vermischen und auf den Kuchenboden giessen. 40 bis 45 Minuten bei 200 Grad backen. Den Kuchen etwas abkühlen lassen, mit wenig Puderzucker bestäuben und mit den Nusshälften garnieren.

Um ihnen Glanz zu geben und sie knuspriger zu machen, können die Nüsse in einen dicken Zuckersirup getaucht werden. Dazu wird Zucker mit wenig Wasser aufgekocht, die Nüsse einzeln auf Holzspiesschen gesteckt und in den Sirup getaucht. Sobald der Zuckerüberzug hart wird, mit der Spitze eines Messers vom Spiess lösen und auf einem Backpapier trocknen lassen.

PASTIS QUERCYNOIS
Strudelteigkuchen

Für 2 Kuchen
(6 bis 8 Personen)

Vorbereitung (½ Tag im
voraus): 1 Stunde
Ruhezeit: 2 Stunden
Backzeit: 30 bis 35 Minuten

80 bis 100 ml Wasser
300 g gesiebtes Mehl
50 ml Erdnussöl
1½ Esslöffel Zitronensaft
1 Ei

2 Äpfel
50 g Vanillezucker
160 g Butter
4 Esslöffel Armagnac
20 g Puderzucker

Aus jener Zeit, als die spanischen Mauren noch im Midi siedelten, bevor sie über die Pyrenäen zurückgedrängt wurden, stammt der heute noch im Südwesten Frankreichs zubereitete «Pastis». Dieses Gebäck, dessen Zubereitung sehr zeitaufwendig ist und auch eine gewisse Fingerfertigkeit voraussetzt, zählte ehemals zu den berühmten Spezialitäten Cahors. Der gezogene Teig, aus dem es hergestellt wird, gilt als hochwertiger als der übliche ausgewallte Blätterteig.

Zur Zeit, als man auf jedem Bauernhof das Brot noch zweimal monatlich im grossen Steinofen buk, nützte man die Gelegenheit und buk gleich auch noch den «Pastis» mit. Im Quercy nennt man das Gebäck manchmal auch «Serpent quercynois», Quercyschlange, von der Form des schlangenartig gewellten Teigdeckels.

Das Wasser auf 35 bis 45 Grad, gerade noch handwarm, erwärmen.

In einer Rührschüssel das gesiebte Mehl mit dem Öl und dem Zitronensaft verkneten, dabei nach und nach soviel Wasser zugeben, wie das Mehl aufnehmen kann, so dass ein fester Teig entsteht. Das Ei beigeben und kräftig durchkneten, bis der Teig schön glatt und geschmeidig ist.

Auf einer leicht mit Mehl bestäubten Arbeitsfläche den Teig in 4 gleich grosse Stücke teilen und jedes mit dem Handballen zu einer Kugel formen. Pro Kuchen braucht es 2 Kugeln. Mit Öl bestreichen und mit einer Plastikfolie bedeckt 1½ bis 2 Stunden im Kühlschrank ruhen lassen.

Die Äpfel schälen, entkernen und in ziemlich dicke Scheiben schneiden. Zusammen mit 20 g Vanillezucker in 50 g Butter sanft dünsten.

Zwei Kuchenformen von 19 cm Durchmesser und ungefähr 2½ cm Höhe mit einem nussgrossen Stück Butter ausstreichen.

Auf der leicht mit Mehl bestäubten Arbeitsfläche eine erste Teigkugel so dünn wie möglich zu einem Rechteck auswallen. Mit den Händen unter den Teig fassen und ihn wie Strudelteig vorsichtig ausziehen. Den Teig auf ein mit Mehl bestäubtes Tuch legen und weiter den Rändern entlang ausziehen, bis er hauchdünn und durchscheinend ist. Das Rechteck sollte etwa 62 x 54 cm messen. Den Teig 10 Minuten trocknen lassen.

Zwei Scheiben von je 24 cm Durchmesser ausschneiden, aufeinanderlegen und auf den Boden der Form legen. Mit einer zweiten Teigkugel ebenso verfahren und die zwei weiteren Teigscheiben auf die ersten beiden legen. Auf diesem vierfachen Teigboden die Hälfte der Apfelscheiben gleichmässig verteilen. Die restliche Butter (110 g) mit dem restlichen Vanillezucker und dem Armagnac zerlassen und mit einem Viertel davon die Äpfel bestreichen.

Aus den Teigabschnitten, die in der Zwischenzeit leicht getrocknet sind, den Teigdeckel formen. Der Teig muss noch geschmeidig und darf nicht brüchig sein. Den Teig ziehharmonikaartig in nicht zu enge Falten legen und auf die Äpfel legen. 2 Stunden ruhen lassen und mit einem weiteren Viertel der aromatisierten Butter bestreichen.

Auf dieselbe Weise den zweiten Kuchen herstellen.

Den Ofen auf 200 Grad vorheizen. Die Kuchen in den Ofen geben, die Temperatur sofort auf 180 Grad senken und die Kuchen 25 Minuten backen. Aus dem Ofen nehmen, mit Puderzucker bestäuben und nochmals 10 Minuten in den Ofen geben. Das Gebäck wird am besten lauwarm gegessen.

BEIGNETS DE FLEURS D'ACACIA
Akazienkrapfen

Für 4 bis 6 Personen

Vorbereitung: 15 Minuten
Ruhezeit: 2 Stunden
Fritierzeit: 5 Minuten

Für den Ausbackteig:
10 g Frischhefe
240 g Mehl
130 ml Milch
2 Eigelb
100 ml Bier
3 Esslöffel Öl

300 g Akazienblüten
100 g Zucker
1 Glas Rum oder Cognac

3 Eiweiss
70 g Zucker

Man muss den Monat Mai abwarten, bis die Robinie, im Volksmund Akazie oder Scheinakazie genannt, erblüht. Dieser aus Nordamerika stammende Baum hat sich in der Aquitaine sehr gut angepasst und erreicht hier eine imposante Höhe von bis zu 25 Metern. Im Frühling ist er übersät mit Trauben wohlriechender Blüten, die man zu Krapfen verarbeitet.

Man wählt dazu Rispen von kleinen, aber voll erblühten Blüten, die taufeucht gepflückt werden. Es gibt zwei verschiedene Arten, diese überaus raffinierten Krapfen herzustellen: Entweder werden die Blüten abgepflückt und dem Teig beigegeben, oder aber man zieht sie in Rispen, wie sie vom Baum kommen, durch den Ausbackteig und kann sie dann wie Weintrauben vom Stiel weg verzehren.

Für den Ausbackteig die Hefe in einem Esslöffel lauwarmer Milch auflösen. In einer Schüssel das Mehl mit einem Drittel der Milch, den Eigelben, dem Bier und der Hefe vermischen und kräftig mit dem Schneebesen aufschlagen. Wenn ein geschmeidiger Teig entstanden ist, den Rest der Milch und das Öl beigeben und weiterschlagen. Den Teig mindestens 2 Stunden ruhen lassen.

Sehr frische Blütenrispen wählen, und eventuell beschädigte Blüten entfernen. Mit der Hälfte des Zuckers bestreuen, mit dem Rum oder Cognac begiessen und 30 Minuten ziehen lassen.

Das Eiweiss zu Schnee schlagen, dabei in der Hälfte der Zeit die Hälfte des Zuckers und am Schluss den Rest beifügen. Den Eischnee vorsichtig unter den Ausbackteig ziehen.

Die Blütenrispen in den Ausbackteig tauchen und in sehr heissem Fritieröl ausbacken. Sie sollen gleichmässig Farbe annehmen. Auf Küchenpapier abtropfen lassen. Mit dem Rest des Zuckers bestreuen und heiss servieren.

CROUSTADE
Gedeckter Apfelkuchen

Für 6 bis 8 Personen

Vorbereitung: 45 Minuten
Ruhezeit: 3 bis 4 Stunden
Backzeit: 45 Minuten

Für den Teig:
200 g Mehl
2 Eier
4 Esslöffel Erdnussöl
20 g Zucker
1 Prise Salz

4 mittelgrosse Äpfel
100 g Butter
50 g Vanillezucker
Puderzucker

Abbildung gegenüber

Anfangs war «Croustade» eine andere Bezeichnung für den berühmten «Pastis». Heute ist daraus ein eigenständiges Gebäck geworden, in der Herstellung einfacher als der «Pastis» und angereichert mit Früchten. Wie der «Pastis» gehört die «Croustade» zu den gedeckten Kuchen, die mit Hitze von oben und von unten im Feuerofen gebacken wurden. Doch während das Backen selbst auch bei diesem Kuchen eine etwas delikate Angelegenheit war, war die Zubereitung, häufig aus Teigresten, dafür um so einfacher. Dennoch erinnert der Kuchen immer noch an seinen berühmten Verwandten und ist im Südwesten Frankreichs so beliebt, dass er manchmal sogar die klassischen Crêpes und Karnevalskrapfen verdrängt. Für dieses Gebäck braucht es geschmacksintensive Äpfel, am besten Reinetten oder Boskop, Golden sind weniger geeignet.

In einer Schüssel das Mehl mit den verquirlten Eiern, einem Esslöffel Öl, Zucker, Salz und wenn nötig etwas Wasser zu einem geschmeidigen Teig kneten. Auf der mit Mehl bestäubten Arbeitsfläche zu einer Kugel rollen, mit Öl bestreichen und 3 bis 4 Stunden im Kühlschrank ruhen lassen.

Den Teig auf einer grossen Arbeitsfläche mit einem mehlbestäubten Teigroller so dünn wie möglich auswallen, mit etwas Öl bestreichen und, wie beim Auswallen von Blätterteig (siehe Seite 250), dreifach falten. Das Ausrollen und Falten dreimal wiederholen, anschliessend den ausgewallten Teig 20 Minuten in den Kühlschrank geben.

Den Teig in zwei Stücke teilen, das eine etwas grösser als das andere. Zwei Scheiben ausschneiden, die eine in der Grösse der Form, die andere etwas grösser, und nochmals 30 Minuten in den Kühlschrank geben.

Die Äpfel schälen, entkernen und in Scheiben schneiden. In 50 g Butter mit 30 g Vanillezucker 5 Minuten dünsten.

Den Ofen auf 200 Grad vorheizen. Eine 26 cm grosse Kuchenform mit herausnehmbarem Boden leicht ausbuttern. Die kleinere Teigscheibe in die Form legen und mit Apfelscheiben bedecken, dabei einen Rand von 1½ cm Breite frei lassen. Die restliche Butter in kleinen Flocken auf den Äpfeln verteilen und mit dem restlichen Vanillezucker bestreuen. Den freien Rand mit einem Pinsel befeuchten, die grössere Teigscheibe auf den Kuchen legen und den Rand mit dem Daumen kräftig zusammendrücken; nach Belieben mit einem Messerrücken verzieren.

Aus den Teigresten Blätter oder andere Formen schneiden und den Kuchen damit verzieren. 45 bis 50 Minuten im vorgeheizten Ofen backen. Nach 35 Minuten den Kuchen mit Puderzucker bestäuben und nochmals 10 Minuten weiterbacken.

DUCHESSE DE SARLAT
Charlotte mit Walnusscreme

Für 6 bis 8 Personen

Vorbereitung: 45 Minuten
Ruhezeit: ungefähr 3 Stunden

Für den Sirup:
70 g Zucker
4 cl Wasser
4 cl Nusswein

Für die Füllung:
225 g Konditorcreme
(Rezept Seite 253)
150 g Butter
100 g gemahlene Walnüsse
100 g Puderzucker

20 Löffelbiskuits

Für die Schokoladensauce:
100 g Schokolade
100 ml Milch
1 Esslöffel Rahm
25 g Zucker
15 g Butter

8 Walnusskerne für die
Dekoration

Abbildung gegenüber

*N*eben der Region Isère ist die Dordogne das zweitwichtigste Anbaugebiet Frankreichs für Walnüsse.
Von Grenoble wird der grösste Teil der Ernte in Form von getrockneten Nüssen verschickt, während Sarlat als das Zentrum der grünen, geschälten Nusskerne gilt. Heute noch zählt hier zur Erntezeit das Klappern der Nussknacker die Stunden.

Zucker und Wasser mischen und zu Sirup kochen. Abkühlen lassen und den Nusswein beigeben.

Die Konditorcreme herstellen und bis zum letzten Moment vor ihrer Verwendung kalt stellen. Die Butter an einem warmen Ort weich werden lassen. Die gemahlenen Walnüsse mit dem Puderzucker vermischen. Die Butter bei kleiner Geschwindigkeit cremig schlagen und nach und nach in vier bis fünf Malen die Nuss-Puderzucker-Mischung einrühren. 5 Minuten bei mittlerer Geschwindigkeit weiterschlagen, anschliessend vorsichtig die Konditorcreme einrühren. Die Masse muss so kalt wie möglich bleiben.

Eine Charlottenform mit Backpapier auslegen. Die Löffelbiskuits mit der flachen Unterseite im Sirup tränken. Den Boden und die Wände der Form mit den Löffelbiskuits auslegen, die Löffelbiskuits auf der Höhe des Formenrands abschneiden. 300 g von der Nusscreme in die Form füllen, mit einer Schicht in Sirup getränkter Löffelbiskuits bedecken, den Rest der Creme darauf geben und mit einem Palettenmesser glattstreichen. Die Charlotte etwa 3 Stunden kalt stellen.

Für die Schokoladensauce die Schokolade zusammen mit einem Kaffeelöffel Wasser im Wasserbad oder über sehr sanfter Hitze schmelzen. In einem zweiten Topf die Milch aufkochen, den Rahm beigeben und nochmals aufkochen. Vom Feuer nehmen, den Zucker, die Butter und die geschmolzene Schokolade einrühren, nochmals kurz aufkochen und zum Abkühlen in eine Schüssel giessen.

Die Charlotte aus der Form auf eine Platte stürzen. Die Oberfläche so mit der Schokoladensauce begiessen, dass diese etwas zwischen die Löffelbiskuits fliesst. Nach Belieben mit einigen Nusshälften dekorieren. Dazu einen Nusswein reichen.

RISSOLES AUX PRUNEAUX
Mit Pflaumen gefüllte Teigtaschen

Für 24 bis 26 Stück

Vorbereitung und Fritierzeit:
30 Minuten

160 g Pflaumen
40 g Apfelmus
400 g Butterhefeteig
(Rezept Seite 252)
vanillierter Puderzucker

Abbildung gegenüber

*D*er ganze Südwesten Frankreichs ist Pflaumenland. Die Mönche von Clairac im Quercy pflanzten um 1148 die ersten Pflaumenbäume an, die von den Kreuzrittern aus Syrien eingeführt worden waren. Berühmt wurden die Pflaumen von Agen, einer alten Hafenstadt an der Garonne, von wo die Früchte der ganzen Region nach Bordeaux verschifft wurden.

Neben den frischen Früchten sind die Dörrfrüchte von grosser Bedeutung. Früher wurden sie auf Horden oder auf Stroh gedörrt, heutzutage geschieht dies in Dörröfen bei genau kontrollierter Hitze und Luftfeuchtigkeit. Mit vanilliertem Apfelmus oder Pflaumenpaste gefüllt, ergeben sie ein raffiniertes Naschwerk.

Ursprünglich waren Teigtaschen ein einfaches, kleines Schmalzgebäck, das gewöhnlich aus Teigresten hergestellt wurde. Nach und nach bereicherte man sie mit vorgekochten salzigen oder süssen Füllungen, wie zum Beispiel ganzen, entsteinten Pflaumen.

Die entsteinten Pflaumen mit dem Apfelmus im Mixer pürieren.

Aus dem Teig auf einer leicht mit Mehl bestäubten kalten Arbeitsfläche ungefähr 20 kleine Kugeln (aus je etwa 20 g Teig) formen. Diese bei Zimmertemperatur zur doppelten Grösse aufgehen lassen und anschliessend kurz in sehr heissem Fritieröl ausbacken. Sie sind fertig gebacken, wenn sie an die Oberfläche steigen und eine schöne goldgelbe Farbe angenommen haben. Auf Küchenpapier abtropfen lassen.

In jeden Krapfen ein kleines Loch bohren. Die Pflaumenpaste in einen Dressiersack mit 1-cm-Lochtülle geben und die Krapfen damit füllen. In vanilliertem Puderzucker wenden und servieren.

MILLAS PERIGOURDIN
Maisbreikuchen

Für 6 bis 8 Personen

Vorbereitung: 20 Minuten
Ruhezeit: 2 Stunden
Backzeit: 55 Minuten

250 g Mürbeteig
(Rezept Seite 251)
1 Ei zum Bestreichen

Für die Füllung:
3 Eigelb
1 Ei
50 g Maismehl
50 ml Orangensaft
1 Kaffeelöffel Orangenblütenwasser
350 ml Milch
70 g Butter
120 g Zucker
½ Orange, fein abgeriebene
Schale

30 g Puderzucker

*N*achdem Christoph Kolumbus den Mais aus Amerika in Europa ein-geführt hatte, wurde daraus im Südwesten Frankreichs in Kürze ein Grundnahrungsmittel, das, meist in Form von Brei und Pfannkuchen zube-reitet, die Hirse ersetzte. Bevorzugt wurde der Mais, das «spanische Getrei-de», vor allem aus geschmacklichen Gründen auch für das schwere Fladen-brot, die Alltagskost der ländlichen Bevölkerung. Weizen war den besonde-ren Gelegenheiten und den Bessergestellten vorbehalten.

Heute wird Maismehl nur noch für verschiedene traditionelle Spezialitäten verwendet. Am besten ist das im Herbst hergestellte neue Mehl von reifem, frisch gemahlenem Mais. Geschmacklich verträgt sich Maismehl sehr gut mit Kürbis, und es gibt zahlreiche «Millas»-Rezepte, welche die beiden Zu-taten kombinieren. Doch auch ohne Kürbis schmeckt ein Maisbreikuchen ausgezeichnet.

Eine Kuchenform von 22 cm Durch-messer ausbuttern.

Den Teig auf einer leicht mit Mehl be-stäubten Arbeitsfläche auswallen und die Form damit auslegen. Den Rand etwas überstehen lassen und zwischen Daumen und Zeigefinger zu einer Art Kamm pressen. Den Teig 2 Stunden im Kühl-schrank ruhen lassen.

Den Ofen auf 180 Grad vorheizen.

Den Teigboden mit einer Gabel fein einstechen. Mit Backpapier auslegen und mit Hülsenfrüchten oder Obstkernen beschweren. 30 Minuten im vorgeheizten Ofen blind backen, dann das Papier mit den Hülsenfrüchten oder Kernen ent-fernen. Den Teigboden mit geschlagenem Ei bestreichen und nochmals ungefähr 5 Minuten in den Ofen geben.

Für die Füllung die Eigelbe und das ganze Ei mit dem Maismehl, dem Oran-gensaft und dem Orangenblütenwasser mischen und mit dem Schneebesen auf-schlagen. Die Milch mit der Butter, dem Zucker und der abgeriebenen Orangen-schale aufkochen und kochendheiss zur Eiermasse giessen. Die Masse glattrühren und auf den Kuchenboden giessen.

Die Ofentemperatur auf 210 Grad er-höhen und den Kuchen 20 Minuten backen. Abkühlen lassen und mit Puder-zucker bestäubt servieren.

COQUE DE MOISSAC
Brioche mit kandierten Früchten

Für 2 Brioches
für je 6 bis 8 Personen

Vorbereitung: 30 Minuten
Ruhezeit: 5 bis 6 Stunden
Backzeit: 30 bis 35 Minuten

20 g Frischhefe
2 cl Rum
5 g Salz
3 cl Orangenblütenwasser
500 g Mehl
3 Eier
100 g Zucker
150 g Butter
1 Ei zum Bestreichen
200 g Zitronat, kandierte
Melone oder andere
kandierte Früchte, in feinen
Streifen
Hagelzucker für die

*B*rioches mit kandierten Früchten zählen zu den traditionellen Backwaren der Gegend von Moissac und sind auch in Cahors und Rocamadour sehr beliebt. Noch bis vor nicht allzulanger Zeit wurden zum alljährlich an Pfingsten begangenen Fest der Flussschiffer des Midikanals imposante Brioches gefertigt, und zu Ostern beschenkten die Bäcker der Stadt ihre besten Kunden mit diesem Gebäck. Schliesslich diente die «Coque» auch als Dreikönigskuchen.

Traditionell wird das Gebäck oval, manchmal aber auch – die Sonne symbolisierend – in Kranzform zubereitet. Da es von Einheimischen und Besuchern der Gegend gleichermassen geschätzt wird, ist es heutzutage das ganze Jahr über erhältlich.

Die Hefe in ein bis zwei Esslöffeln lauwarmem Wasser auflösen.

In einer Rührschüssel den Rum, das Salz und das Orangenblütenwasser vermischen und mit dem Mehl und der Hefe bei niedriger Geschwindigkeit verkneten. Die Eier eines nach dem anderen einarbeiten. Nach etwa 2 Minuten den Zucker und soviel Wasser (2 bis 3 Esslöffel) beifügen, dass der Teig noch ziemlich fest ist. Ungefähr 10 Minuten kneten, dabei von Zeit zu Zeit den Teig vom Gefässrand abstreifen. Zuletzt die Gefässwand leicht mit Mehl bestäuben, damit der Teig nicht mehr festklebt.

Unverzüglich die Butter in kleinen Stücken einarbeiten; dies sollte nicht mehr als 2 Minuten beanspruchen. Den Teig zu einer Kugel formen und in der Schüssel, mit einem Tuch bedeckt, ungefähr 3 Stunden bei Zimmertemperatur ruhen lassen.

Den Teig in zwei gleich grosse Stücke teilen und diese zu Kugeln formen.

Nochmals 5 bis 10 Minuten ruhen lassen. In der Mitte jeder Teigkugel mit dem Daumen ein Loch bohren und den Teig gleichmässig zum Kranz auseinanderziehen. Den Vorgang zwei oder drei Mal wiederholen, bis das Loch in der Mitte einen Durchmesser von etwa 10 bis 12 cm hat. Damit der Teig nicht reisst, vor jedem Auseinanderziehen einige Minuten ruhen lassen. Daraufhin 2 Stunden bei Zimmertemperatur aufgehen lassen. Das Volumen sollte sich ungefähr verdoppeln.

Die Oberfläche mit Ei bestreichen. Mit einer in zerlassene Butter getauchten Schere kleine Einschnitte in der Teigoberfläche anbringen und die Zitronatstreifchen hineinstecken. Dazwischen grob zerdrückten Hagelzucker streuen.

Den Ofen auf 200 Grad vorheizen und die Brioches darin 30 bis 35 Minuten backen.

Nach Belieben können dem Teig zusätzlich 150 g helle Rosinen beigegeben werden.

Fraises au Pecharmant
Erdbeeren in Rotwein

Für 6 Personen

Vorbereitung: 30 Minuten

½ l Pécharmant
(oder leichter Bordeaux)
160 g Zucker
6 Körner grüner Pfeffer
1 Beutel Schwarztee
1 kg Erdbeeren
einige Minzenblätter

Abbildung gegenüber

*D*ieses ausgezeichnete, einfache Dessert vereint zwei der besten Produkte des Périgord: Erdbeeren und Pécharmant.

In der Dordogne und dem Lot nennt man die Höhlen und Schluchten «pech». Eine dieser Schluchten, «Pech Armand» genannt, hat ihren Namen dem wohl besten Rotwein des Bergerac verliehen, einem Wein, der dem Vergleich mit leichten Bordeaux ohne weiteres standzuhalten vermag. Fruchtig und vollmundig, harmoniert er hervorragend mit den geschmacksintensiven Erdbeeren des Périgords. Für dieses Rezept sollte man selbstverständlich schmackhafte, aromatische Freilanderdbeeren verwenden; Treibhausfrüchte sind viel geschmacksärmer.

Den Wein erhitzen, Zucker, Pfefferkörner und den Teebeutel beigeben und alles zum Kochen bringen. Auf kleinem Feuer zu einem leichten Sirup einkochen.

Die Erdbeeren putzen und eventuell zerkleinern.

Den Sirup durch ein Sieb giessen, wieder aufs Feuer stellen, die Erdbeeren hineingeben und 3 Minuten leicht köcheln lassen. In Schalen oder auf Desserttellern anrichten und mit ganzen oder mit der Schere feingeschnittenen Minzenblättern bestreuen.

Man kann die Erdbeeren in Rotwein auch noch lauwarm mit einer Kugel Vanilleeis servieren oder zusammen mit einem Stück Brioche mit kandierten Früchten (Rezept Seite 195).

AQUITAINE,
PAYS BASQUE

*S*üdwestfrankreich umfasst ein weitläufiges Gebiet, das vom Médoc bis zu den Pyrenäen, von Agen bis ins Baskenland reicht. Sein Tor zur Welt ist der grosse Hafen von Bordeaux. Diese seit der Römerzeit geschäftige Stadt gewann im 12. Jahrhundert unter der Herrschaft Heinrichs II. aus dem Hause der Plantagenet an Bedeutung. Zu dieser Zeit begann man auch, Wein nach England zu exportieren. Im 17. Jahrhundert eröffnete der Handel mit den Antillen der Stadt weitere Horizonte. Rum, Zucker, Zitrusfrüchte, Kakao und jede Menge Gewürze landeten im Hafen von Bordeaux. Dies war das goldene Zeitalter der Hauptstadt der Aquitaine, deren wirtschaftlicher Aufschwung auch das ganze Hinterland mitzog.

Das Bordeauxgebiet zeichnet sich seit langem durch seine bürgerliche Küche und seine raffinierten Backwaren mit ihren zahlreichen Spezialitäten aus: «Fanchonnettes», kleine gefüllte, mit Meringuemasse überbackene Blätterteigtörtchen, Mandelmakronen, «Ninettes au rhum», mit Mandelcreme gefülltes Mürbeteigkonfekt, «Cannelets», ein zartes Teegebäck, das man nur in Bordeaux findet, da sonst nirgends mehr die für seine Herstellung unerlässlichen gerillten Formen hergestellt werden. Patissiers und Köche wie Jean-Paul Barbier in Arcins, Claude Darroze in Langon, M. Lopez in Libourne und Jean-Marie Amat in Bordeaux erhalten diese alten Traditionen am Leben.

In Saint-Emilion, rund um die bemerkenswerte Höhlenkirche, gibt es Makronen, die, am selben Tag gebacken, so leicht und zart sind, dass man sie sich, ohne sich zu versehen, gleich schachtelweise einverleiben könnte …

In den Obstgärten des Médoc reifen Früchte im Überfluss: Erdbeeren und Kirschen von Pauillac und Marmande; auf der Garonne gelangen die aromatischen Pflaumen von Villeneuve-sur-Lot hierher, aus denen die verschiedensten Desserts, Kuchen und Konfitüren hergestellt werden. Ausserdem legt man sie in Armagnac ein oder kandiert sie, entsteint und gefüllt. Pflaumen harmonieren vortrefflich mit den grossen Bordeauxweinen, an erster Stelle den Sauternes, jenen ausgezeichneten Dessertweinen, die für sich allein schon einen ausgezeichneten Abschluss jedes Essens bilden.

Das Baskenland kokettiert gleichzeitig mit Frankreich und mit Spanien. Seine einfache Küche war sehr früh schon geprägt durch den Mais, der am Anfang des 16. Jahrhunderts durch die spanischen Seefahrer aus Zentralamerika eingeführt wurde. Man machte daraus Brei, Fladen und ein gelbliches, schweres Brot, «Méture» genannt, das zweimal wöchentlich im Ofenhaus gebacken wurde. Knödel aus Maismehl («Miques») und süsser Maisbrei («Cruchade») kamen erst später auf.

Der spanische Einfluss zeigt sich auch im Turron, französisch «Touron» genannten Nougat-Konfekt von Bayonne. Es unterscheidet sich deutlich von seinem katalanischen Cousin, denn mit der Zeit wandelte es sich zu einer raffinierten Mandelmasse, der die verschiedensten Aromen zugesetzt wurden: Pistazien, Vanille, Erdbeeren,

Kaffee. Das pastellfarbene Nougat schmeckt nirgends besser als in Anglet bei meinen Freunden Monique und André Mandion. Das Baskenland kann sich auch noch anderer, nicht minder verführerischer Süsswaren rühmen, denn Bayonne ist seit dem 17. Jahrhundert «Schokoladenstadt», und auch heute noch zählt sie zahlreiche Schokoladenfabrikanten. Die Qualität ihrer Produkte zeugt von handwerklichem Können, aber auch von der Güte des verwendeten Kakaos, gewonnen aus den für ihre Feinheit und ihr ausgezeichnetes Aroma berühmten venezolanischen Kakaobohnen. Schokolade hat im ganzen Baskenland Tradition. In Saint-Jean-Pied-de-Port

zum Beispiel serviert Firmin Arrambide einen ausserordentlichen Schokoladenteller als Dessert. Ein Besuch in seinem schönen, gepflegten Haus gibt einen hervorragenden Eindruck der baskischen Küche in ihrer höchsten Vollendung.

Schliesslich lohnt sich ein Halt in Saint-Jean-de-Luz, um neben den Kreationen aus feiner Schokolade und köstlicher Mandelpaste auch die auf der Zunge zergehenden Karamellen («Ranougats»), zarte Makronen und baskische Kuchen mit schwarzen Kirschen zu versuchen, alles Spezialitäten, die von der Vorliebe der Basken für süsse Schleckereien zeugen.

GALETTE DES ROIS BORDELAISE
Dreikönigskranz

Für 8 Personen

Vorbereitung am Vortag:
50 Minuten
Ruhezeit am Vortag sowie
am folgenden Tag: je 1½ bis
2 Stunden
Backzeit: 30 bis 40 Minuten

30 g Zucker
2 Kaffeelöffel Salz
½ Zitrone, abgeriebene
Schale
½ Esslöffel Rum
1 Esslöffel Orangenblütenwasser
300 g Mehl
15 g Frischhefe
3 Eier
200 g Butter
nach Belieben 100 g feinge-
schnittene kandierte Früchte
1 Ei zum Bestreichen

100 g Aprikosenkonfitüre
60 g Hagelzucker
80 g Zitronat oder andere
kandierte Früchte

Abbildung gegenüber

Aus den Saturnalien der Antike hervorgegangen, einem Fest, an dem während eines Tages die Sklaven das Szepter übernahmen, hat der Brauch des Dreikönigsfests die Wechselfälle der Geschichte und sogar die Französische Revolution überlebt. Damals begnügte man sich damit, den Festschmaus zum «Fest der guten Nachbarschaft» und das Dessert zum «Kuchen der Gleichberechtigung» umzutaufen. Die Bohne, die in den Dreikönigskuchen gesteckt wurde, nahm dabei die Form einer kleinen Jakobinermütze an.

Traditionell macht man das Hefegebäck zum Dreikönigsfest im Norden Frankreichs in Form runder Brote, im Süden von Kränzen. Ein Nachschlagewerk aus dem Béarn aus dem 18. Jahrhundert beschreibt den «Garfou» genannten Königskuchen als ein mit Rum oder grünem Anis parfümiertes Hefegebäck. In Bordeaux fügt man dem Dreikönigskranz Cognac und Zitronat bei.

Zucker, Salz, die abgeriebene Zitronenschale, den Rum, das Orangenblütenwasser und einen Esslöffel Wasser in eine Rührschüssel geben. Das Mehl und die in einem Esslöffel Wasser aufgelöste Hefe dazuschütten, mischen, zwei Eier beifügen und alles zu einem glatten Teig kneten. Das dritte Ei beifügen und weiterkneten, bis der Teig geschmeidig ist und sich problemlos auseinanderziehen lässt, ohne zu reissen.

Die Butter zwischen zwei Stück Plastikfolie legen und mit dem Teigroller weich schlagen. Die Butter zügig in kleinen Stücken in den Teig arbeiten. Den Teig 1½ bis 2 Stunden bei Zimmertemperatur ruhen lassen, dann nochmals durcharbeiten und bis zum folgenden Tag in den Kühlschrank stellen.

Ein Backblech mit Backpapier auslegen. Den Teig von Hand auf der leicht mit Mehl bestäubten Arbeitsfläche flachdrücken. Die feingeschnittenen kandierten Früchte auf dem Teig verteilen. Den Teig vom Rand her zur Mitte falten und zu einer Kugel formen. Auf das Backblech legen und 10 Minuten ruhen lassen, dann mit dem Daumen in der Mitte ein Loch bohren und den Teig gleichmässig auseinanderziehen. Dies zwei- bis dreimal wiederholen, bis das Loch einen Durchmesser von 12 bis 14 cm hat, dazwischen jedes Mal einige Minuten warten, damit der Teig nicht reisst. Den Hefekranz bei Zimmertemperatur 1½ bis 2 Stunden aufgehen lassen.

Den Ofen auf 200 Grad vorheizen.

Den Hefekranz mit Ei bestreichen. Mit einer befeuchteten Schere regelmässige kleine, schräge Einschnitte im Teig anbringen. Den Hefekranz 30 bis 40 Minuten backen, dabei aufpassen, dass er nicht zuviel Farbe nimmt. Den Kranz abkühlen lassen, mit Aprikosenkonfitüre bestreichen und mit Hagelzucker und den kleingeschnittenen kandierten Früchten dekorieren.

PRUNEAUX AU SAUTERNES
Pflaumen in Sauternes

Für 8 Personen

Vorbereitung und Garzeit:
10 Minuten
Marinierzeit: 3 Tage

1 Flasche Sauternes
110 g Zucker
1 kleiner Zimtstengel
800 g entsteinte Pflaumen

*P*flaumen werden in verschiedenen Regionen Frankreichs gedörrt, so in der Touraine und in der Provence, doch die eigentliche Heimat der Dörrpflaume ist die Gegend rund um Agen. Die Früchte werden in der Gegend von Villeneuve-sur-Lot auf einem speziellen hellgrauen, aus feinem Sand und Kieseln bestehenden Schwemmboden, den es nur in der Aquitaine gibt, gezogen. Die Pflaumensorte, um die es sich hier handelt, entstand schon im 12. Jahrhundert durch eine Kreuzung mit dem Ziel, speziell für das Dörren geeignete Früchte zu erzeugen.

Die Süsse der Pflaumen harmoniert perfekt mit der Lieblichkeit der Dessertweine, und daher ist es nur natürlich, dass man im Bordeauxgebiet Pflaumen in Sauternes einlegt. Die grossen Sauterneseweine sind ausserordentlich süss und besitzen Honig-, Lindenblüten- und Aprikosennoten. Nur wenige französische Weine werden durch das Verfahren der Edelfäulnis hergestellt. Diese Methode kommt nur im Elsass, an der Mosel und bei den grossen Weissen der Loire, den Bonnezeaux und Quarts-de-Chaumes, zum Zug. In einem kühlen Keller gelagert, halten sich die Sauternes sehr, sehr lange; man muss sich nur die Mühe nehmen, die Zapfen auszuwechseln ... alle dreissig Jahre. Dann kann er gut ein Jahrhundert überdauern.

Den Wein mit dem Zucker und dem in kleine Stücke geschnittenen Zimtstengel aufkochen. Sobald er köchelt, die Pflaumen hineingeben und sofort vom Feuer nehmen. In eine Schüssel giessen und drei Tage im Kühlschrank ziehen lassen.

Reichen Sie zu diesem köstlichen Dessert ein Stück «Pastis bourrit» (folgendes Rezept) oder Makronen.

PASTIS BOURRIT
Hefekuchen

*I*m Unterschied zum «Pastis quercynois» (Seite 186) ist der von den Landes bis in die Pyrenäen verbreitete «Pastis bourrit» ein Hefeteigkuchen. Dieses Festtagsgebäck wird traditionell zusammen mit Karamelcreme oder «Koka basque» (Rezept Seite 215) serviert.

Ursprünglich vor allem mit Orangenblütenwasser und Zitronenschale aromatisiert, fügt man heute des öfteren Rum oder Anisschnaps bei. Gut gebacken – er muss schön goldgelb sein – hält er sich acht Tage. Doch auch altbacken lässt man ihn sich, in dicke Scheiben geschnitten und geröstet, zur herrlichen Gänsestopfleber der Gegend schmecken. Der leicht bittere Geschmack der Stopfleber verbindet sich aufs beste mit der Süssigkeit des Gebäcks.

Für 6 bis 8 Personen
Vorbereitung: 30 Minuten
Backzeit: 60 bis 65 Minuten

10 g Frischhefe
250 g Mehl
3 Esslöffel Milch
125 g Butter
75 g Zucker
1 Prise Salz
2 Esslöffel Orangenblütenwasser
1 Esslöffel Rum
3 Eigelb
3 Eiweiss
1 Prise Salz
einige Tropfen Zitronensaft
60 g Orangeat
10 g Zitronat
120 g Zuckerteig
(Rezept Seite 251)
50 g Aprikosenkonfitüre
30 bis 40 g Puderzucker

In einer kleinen Schüssel die Hefe mit 50 g Mehl und 3 Esslöffeln lauwarmem Wasser zu einem Vorteig mischen und bei Zimmertemperatur auf das Doppelte aufgehen lassen.

Die Milch lauwarm erwärmen, Butter, 50 g Zucker und das Salz beigeben und darin auflösen. Wenn die Milch abgekühlt ist, das Orangenblütenwasser und den Rum einrühren.

Das restliche Mehl in eine grosse Schüssel sieben und eine Mulde bilden. Zuerst die aufgelöste Hefe und dann die aromatisierte Milch hineingiessen und zu einem Teig kneten. Die Eigelbe eines nach dem anderen dazugeben und alles zu einem geschmeidigen, leicht elastischen Teig kneten.

Das Eiweiss mit einer Prise Salz und einigen Tropfen Zitronensaft steif schlagen; gegen Schluss die restlichen 25 g Zucker dazugeben. Den Eischnee vorsichtig, ohne dass er zusammenfällt, unter den Teig ziehen. Das feingehackte Orangeat und Zitronat daruntermischen

und den Teig bei Zimmertemperatur auf das Doppelte aufgehen lassen.

Den Ofen auf 180 Grad vorheizen. Eine Form von 20 cm Durchmesser und etwa 5 cm hohem Rand ausbuttern. Ein Backblech mit Backpapier auslegen.

Den Zuckerteig 4 mm dick auswallen und zu einer Scheibe von 20 cm Durchmesser schneiden. Mit einer Gabel einstechen, auf das Blech geben und 15 bis 20 Minuten im vorgeheizten Ofen backen. Den Teigboden abkühlen lassen und in die ausgebutterte Form geben. Mit der Aprikosenkonfitüre bestreichen und den Hefeteig mit den kandierten Früchten darauf geben. Den Hefeteig weiter aufgehen lassen, bis er die Form vollständig füllt.

Die Ofentemperatur auf 220 Grad erhöhen. Sobald der Hefeteig die Form ganz ausgefüllt hat, den Kuchen in den Ofen geben. Die Hitze sofort auf 80 Grad senken, und den Kuchen 45 Minuten backen. Abkühlen lassen, aus der Form nehmen und mit Puderzucker bestäuben.

Karamelcreme zum Hefekuchen

Für 6 Personen

Vorbereitung: 10 Minuten
Backzeit : 40 Minuten

180 g Zucker
2 Esslöffel Wasser
einige Tropfen Zitronensaft
2 ganze Eier
4 Eigelb
30 g Vanillezucker
½ l Milch

Den Ofen auf 200 Grad vorheizen.

In einem grossen Topf 150 g Zucker mit dem Wasser zu einem Karamel kochen. Am Schluss noch einige Tropfen Zitronensaft beigeben.

In einer Schüssel die ganzen Eier und die Eigelbe mit dem verbleibenden Zucker und dem Vanillezucker kräftig verrühren.

Die Milch aufkochen. Wenn der Karamel die gewünschte Farbe angenommen hat, die heisse Milch in kleinen Portionen

unter ständigem Rühren mit dem Schneebesen dazugiessen (Vorsicht, es spritzt leicht!). Die Karamelmilch unter fortgesetztem Schlagen unter die Eimischung rühren. Eine Gratin- oder eine andere Form leicht ausbuttern und mit Zucker ausstreuen, die Creme hineingiessen. In ein grösseres, mit Wasser gefülltes Gefäss stellen und 40 Minuten im Wasserbad stocken lassen. Vor dem Servieren vollständig abkühlen lassen.

Macarons de Saint-Emilion
Mandelmakronen

Für etwa 30 Stück

Vorbereitung: 25 Minuten
Backzeit: 20 bis 25 Minuten

175 g gemahlene Mandeln
75 g Zucker
1 Kaffeelöffel Honig (10 g)
2 Eiweiss
4 cl süsser Weisswein
(Sauternes, Bonnezeaux,
Côteaux-du-Layon)
75 g Puderzucker

Abbildung gegenüber

An praktisch jeder Strassenecke im charmanten Dorf Saint-Emilion verkauft man in kleinen Kartonschachteln diese berühmten Makronen. Die zahlreichen Besucher, die zum Weineinkauf kommen, versäumen es nie, von diesem Gebäck etwas mit nach Hause zu nehmen. Am selben Tag genossen, schmeckt es unvergleichlich.

Das Rezept stammt aus dem 18. Jahrhundert und geht auf die Ursulinerinnen des örtlichen Klosters zurück. Während der Französischen Revolution wurden sie aus ihrem Kloster verjagt, doch die Makronen wurden weiterhin von den Bäckern des Dorfes nach dem überlieferten Originalrezept und mit ungeschmälertem Erfolg hergestellt. Neben den Mandelmakronen werden heute zum Teil auch Haselnussmakronen angeboten.

Die Mandeln mit Zucker, Honig, einem Eiweiss und der Hälfte des Weissweins in einen Topf mit dickem Boden geben und bei sanfter Hitze unter ständigem Rühren zu einer glatten Masse arbeiten. Den restlichen Wein einrühren. Vom Feuer nehmen, in eine Schüssel geben und noch 1 bis 2 Minuten weiterrühren, danach vollständig abkühlen lassen. Das zweite Eiweiss und den Puderzucker beigeben und gründlich einarbeiten.

Den Ofen auf 170 Grad vorheizen.

Zwei Backbleche mit Backpapier auslegen. Die Masse in einen Dressiersack mit 12-mm-Lochtülle füllen und in Form von kleinen Häufchen auf das Blech spritzen. Die Teighäufchen mit einem ganz leicht befeuchteten Pinsel etwas flachdrücken. Mit Puderzucker bestäuben und ungefähr 20 Minuten backen.

Geniessen Sie diese Makronen mit in Sauternes eingelegten Pflaumen (Rezept Seite 204) oder Rosinen.

CANNELETS GIRONDINS
Teegebäck

*D*ieses im Bordeauxgebiet als Tee- oder Kaffeegebäck oder auch zum Frühstück gereichte Kleingebäck erhielt seinen Namen von der gerillten Form, in der es gebacken wird. Sein Ursprung ist nicht genau bekannt. Es erinnert an die englischen «Muffins», die jenseits des Kanals traditionell zum Tee aufgetischt werden. Diese waren in der viktorianischen Epoche äusserst populär, und es ist gut möglich, dass sie während der langen Zeit der Herrschaft der Engländer über das Bordeauxgebiet auch an den Ufern der Gironde heimisch wurden.

Die gerillten Kupferförmchen, die zur Herstellung dieses Gebäcks unerlässlich sind, sind nur in Bordeaux erhältlich.

Für 25 Stück

Vorbereitung (mindestens 24 Stunden im voraus): 30 Minuten
Backzeit: 30 Minuten

½ l Milch
25 g Butter
½ Vanilleschote
1 Esslöffel abgeriebene Zitronenschale
einige Tropfen Bittermandelessenz
½ Ei und 2 grosse Eigelbe
250 g Zucker
125 g Mehl
1,5 cl Rum

Für die Formen:
1 Tasse Bienenwachs (naturrein und geruchlos)

Abbildung gegenüber

Die Milch mit der Butter, der längs aufgeschlitzten Vanilleschote, der Zitronenschale und der Bittermandelessenz mischen, aufkochen und zugedeckt lauwarm abkühlen lassen.

Ei, Eigelbe und den Zucker mit dem Schneebesen vermischen. Das Mehl, ohne die Masse stark zu bearbeiten, darunterziehen. Nach und nach die aromatisierte Milch einrühren, bis eine glatte Masse entstanden ist. Den Rum beigeben und die Masse durch ein Sieb passieren. Die Vanilleschote wieder zurück zur Teigmasse geben und diese zugedeckt mindestens 24 Stunden im Kühlschrank ruhen lassen.

Am nächsten Tag die Formen einwachsen: Dazu die Formen bei 130 Grad 10 Minuten im Ofen erhitzen. Das Bienenwachs schmelzen und die noch heissen Formen damit ausstreichen. Sofort umgedreht auf Küchenpapier stellen, damit das überflüssige Wachs abtropft. Dieses etwas ungewöhnliche Verfahren macht das Gebäck glänzend und knusprig.

Den Ofen auf 210 Grad heizen.

Die Formen bis auf 1 cm vom oberen Rand mit der Teigmasse füllen und 25 bis 30 Minuten backen. Die Farbe soll dunkelbraun, jedoch nicht schwarz werden. Das Gebäck in den Formen abkühlen lassen, damit es durch den Temperaturunterschied nicht zusammenfällt. Das Innere sollte weich, das Äussere knusprig sein.

GATEAU BASQUE AUX CERISES
Baskischer Kirschkuchen

Für 12 Personen (2 Kuchen)

Vorbereitung: 30 Minuten
Ruhezeit: 15 Minuten
Backzeit: 35 bis 40 Minuten

200 g Butter
200 g Mehl
70 g gemahlene Mandeln
5 g Backpulver
3 Eier
200 g Zucker
40 g Vanillezucker
1 Esslöffel Rum

Für den Belag:
250 g Konditorcreme
(Rezept Seite 253)
280 g entsteinte Kirschen

1 Ei zum Bestreichen

Abbildung gegenüber

*N*eben dem «Pastis bourrit» (Rezept Seite 204) der benachbarten Region Landes ist dieser Kirschkuchen das Familiengebäck par excellence. Auf baskisch heisst er «Bourrasko opila» oder auch Itxassou-Kuchen, weil man ihn, wenn immer möglich, mit den berühmten Kirschen aus der gleichnamigen kleinen Stadt zubereitet. Die meisten alten Rezepte vom Anfang des Jahrhunderts verwenden Kirschkonfitüre, manchmal jedoch auch die ganzen entsteinten Früchte. Heute wird der Kuchen, abweichend vom ursprünglichen Rezept, häufig mit einer mit Rum parfümierten Konditorcreme zubereitet.

Die Butter zerlassen und abkühlen lassen.

In einer Schüssel Mehl, Mandeln und Backpulver gründlich vermischen. In einer zweiten Schüssel die Eier mit dem Zucker und dem Vanillezucker kurz verrühren. Vorsichtig die zerlassene Butter, die Mehlmischung und den Rum darunterziehen. Die Masse 15 Minuten ruhen lassen.

Den Ofen auf 210 Grad vorheizen.

Zwei Kuchenformen von 21 cm Durchmesser ausbuttern. Die Teigmasse in einen Dressiersack füllen und damit in beide Formen am Rand beginnend und spiralförmig bis zur Mitte einen Boden spritzen. Die Konditorcreme auf die Teigboden geben, dabei rundherum einen Rand von 1 cm frei lassen (damit die Kuchen sich später problemlos aus der Form nehmen lassen). Die Kirschen darauf geben und leicht in die Creme drücken. Zum Schluss wie für den Boden eine Teigschicht als Deckmasse aufspritzen. Die Kuchen mit Ei bestreichen und 35 bis 40 Minuten backen. Noch lauwarm aus den Formen nehmen.

SAINT-EMILION AU CHOCOLAT
Schokoladentorte mit Mandelmakronen

Für 6 bis 8 Personen

Vorbereitung und Garzeit:
45 Minuten
Ruhezeit: 6 Stunden

Für den Sirup:
50 ml Wasser
50 g Zucker
50 ml Cognac

Für die Schokoladenmousse:
250 g bittere Schokolade
150 g Butter
4 Eigelb
6 Eiweiss
1 Prise Salz
1 Essöffel Zitronensaft
40 g Zucker

250 g Mandelmakronen
(Rezept Seite 207)

Für die Glasur:
100 g bittere Schokolade
80 g Puderzucker
40 g Butter
3 Esslöffel Wasser

Abbildung gegenüber

*B*eim Saint-Emilion, der dieser herrlichen Torte den Namen gab, handelt es sich nicht um den Wein, sondern um die Makronen desselben Namens. Schokolade war im Südwesten Frankreichs bereits im 17. Jahrhundert, noch bevor sie in Paris bekannt wurde, ein hochgeschätztes Produkt. Die Spanier, die ihre ersten Kakaobohnen im Jahr 1585 aus Vera Cruz bezogen, begannen bald einen schwunghaften Handel damit nördlich der Pyrenäen. So kam es, dass in Bayonne bereits 1650 die erste französische Schokoladenfabrik entstand, zu einer Zeit, als dies noch ein ausgesprochen exotisches Produkt war. Unter dem Einfluss Spaniens fügte man der Schokolade vielfach Zimt bei. Falls Sie solche Schokolade finden – sie ist heutzutage leider sehr selten erhältlich –, wird diese Torte dadurch nur noch besser!

Eine Form von 22 cm Durchmesser und 4 cm Höhe leicht ausbuttern und mit Zucker bestreuen oder, noch besser, eine Wegwerfform aus Aluminium nehmen, deren Boden eingestochen werden kann, um den Kuchen besser herauszunehmen.

Für den Sirup das Wasser mit dem Zucker aufkochen, vom Feuer nehmen, den Cognac dazugiessen und abkühlen lassen.

Für die Schokoladenmousse die Schokolade im Wasserbad oder auf sehr kleinem Feuer schmelzen. Von der Wärme nehmen und die Butter einrühren, bis die Masse eine cremige Konsistenz hat. Dann die Eigelbe daruntermischen. Die Masse so weit abkühlen, dass sie nicht mehr zerfliesst.

Das Eiweiss mit dem Salz und dem Zitronensaft steif schlagen, in der Hälfte der Zeit den Zucker beigeben. Zunächst ein Viertel des Eischnees gründlich unter die Schokolade mischen, danach das Ganze zum restlichen Eischnee giessen und vorsichtig unterheben.

Die Mandelmakronen mit einem Pinsel mit dem Cognacsirup bestreichen. Einige davon für die Dekoration beiseite legen.

Die Schokoladenmousse in die Form füllen und mit Makronen bedecken. Einen etwas kleiner als die Form zugeschnittenen Karton auf die Makronen legen und diese damit in die Mousse drücken. ½ Tag im Kühlschrank fest werden lassen. Die Form kurz in heisses Wasser tauchen und die Torte herauslösen. Die Schokoladenmousse rund herum und auf der Oberfläche glattstreichen und die Torte in den Kühlschrank zurückstellen.

Für die Glasur die Schokolade im Wasserbad schmelzen, den Puderzucker und die Butter in kleinen Stücken beigeben und einrühren. Wenn eine flüssige Glasur entstanden ist, vom Feuer nehmen und die drei Esslöffel Wasser einen nach dem anderen dazugeben, um eine schöne, glatte Glasur zu erhalten.

Die Torte auf ein Kuchengitter stellen, mit der nur noch leicht lauwarmen Glasur begiessen und diese gleichmässig mit einem Palettenmesser verstreichen. Die beiseitegelegten Makronen halbieren und rund um die Torte legen. Beim Festwerden der Glasur kleben sie fest.

DACQUOISE
Mandelbiskuittorte mit Buttercremefüllung

Für 6 bis 8 Personen

Vorbereitung: 40 Minuten
Ruhezeit: ½ bis 1 Stunde
Backzeit: 30 Minuten

Für die Böden:
175 g gemahlene Mandeln
75 g Zucker
1 Kaffeelöffel Honig (10 g)
2 Eiweiss
4 cl süsser Weisswein
(Sauternes, Barsac)
75 g Puderzucker
50 g Mandelblättchen

Für die Füllung:
160 g Puderzucker
25 g gemahlene Mandeln
75 g gemahlene Walnüsse
200 g Butter
4 Kaffeelöffel Porto
300 g Konditorcreme
(Rezept Seite 253)

*D*iese Torte ist in den Regionen Dax und Pau, wo man sie auch «Paloise» nennt, gleichermassen beliebt. Es handelt sich um eine Variante der bekannten, «Succès» genannten, mit Buttercreme gefüllten Mandelbaisertörtchen. Die Torte wird aus einer Mischung von Haselnüssen und Mandeln zubereitet und häufig mit Schokolade, Haselnüssen, Walnüssen oder Kaffee aromatisiert.

François Barthélémy, der Vorsitzende des Verbandes der Patissiers und Biscuitiers, kreierte am Ende des 19. Jahrhunderts unter dem Namen «Henri IV» ein Dessertrezept, welches unserer Torte recht nahe kommt, und zwar handelte es sich dabei um Böden aus einer Haselnuss-Biskuitmasse, belegt mit einer ebenfalls mit Haselnüssen angereicherten Buttercreme. Dieses Rezept ist übrigens älter als jenes der erst im 20. Jahrhundert in Paris aufgekommenen «Succès».

Die Butter für die Füllung frühzeitig aus dem Kühlschrank nehmen und zwischen 2 Stück Plastikfolie klopfen, bis sie zwar noch fest, aber geschmeidig ist.

Die Mandeln mit Zucker, Honig, einem Eiweiss und der Hälfte des Weissweins in einen Topf mit dickem Boden geben und bei sanfter Hitze unter ständigem Rühren zu einer glatten Masse arbeiten. Den restlichen Wein einrühren. Vom Feuer nehmen, in eine Schüssel geben und noch 1 bis 2 Minuten weiterrühren, danach vollständig abkühlen lassen. Das zweite Eiweiss und den Puderzucker beigeben und gründlich einarbeiten.

Den Ofen auf 170 Grad vorheizen.

Ein Backblech mit Backpapier belegen. Mit einem Dressiersack mit 1½-cm-Tülle den Teig mit etwas Abstand in zwei 23 cm grossen Kreisen aufspritzen. Den einen Teigboden mit den Mandelblättchen bestreuen. Die Teigböden 20 bis 25 Minuten im vorgeheizten Ofen backen. Die Böden sollten durchgebacken, aber noch etwas weich sein. Abkühlen lassen.

Für die Füllung den Puderzucker mit den gemahlenen Mandeln und Walnüssen sorgfältig vermischen. (Notfalls 75 g ganze Walnusskerne zusammen mit dem Puderzucker im Mixer pürieren.)

Die Butter cremig rühren, die Nuss-Puderzucker-Mischung nach und nach in vier bis fünf Malen einrühren. Nach 3 bis 4 Minuten Rühren den Porto und die kalte, glatte Konditorcreme beifügen. Die Creme bis zur Verwendung kühl aufbewahren.

Den Boden ohne Mandelblättchen auf eine Platte legen. Mit einem Dressiersack mit 2-cm-Sterntülle rundherum dem Rand entlang Rosetten spritzen, die restliche Creme in der Mitte aufspritzen. Den Teigdeckel darauf setzen und die Torte in den Kühlschrank stellen, bis die Creme fest ist. Die Torte vor dem Servieren nach Belieben mit Puderzucker bestäuben.

KOKA BASQUE
Gestürzte Karamelcreme

Für 6 Personen

Vorbereitung: 30 Minuten
Garzeit: 40 bis 45 Minuten

Für den Karamel:
50 g Zucker
1 Esslöffel Wasser

6 Eigelb
100 g Zucker
2 Eiweiss
½ l Milch
50 ml dicker Rahm

*G*estürzte Cremen sind eines der in ganz Frankreich am weitesten verbreiteten Desserts. Im Baskenland nennt man sie «Koka». Dieses traditionelle Hochzeitsdessert wird vielfach zusammen mit einer Scheibe Hefegebäck serviert.

Die baskische Variante dieses Klassikers ist nicht mit Vanille parfümiert wie sonst üblich, sondern mit einer dicken Karamelschicht bedeckt, eine aus Spanien stammende Zubereitungsart. Das Wort Karamel ist übrigens eine spanisch-portugiesische Ableitung vom lateinischen «Calamellus», Röhrchen, für Zuckerrohr.

Für den Karamel den Zucker in einem Topf mit dem Wasser beträufeln und über mittlerer Hitze unter Rühren schmelzen. Sobald er geschmolzen ist, nicht mehr weiterrühren und, nachdem der Karamel etwas Farbe angenommen hat, auf Backpapier ausgiessen.

In einer Schüssel die Eigelbe mit dem Zucker kräftig zu einer schaumigen, dicklichen Masse schlagen. Das Eiweiss, dann die Milch und den Rahm beigeben und gründlich unterrühren.

Den Ofen auf 180 Grad vorheizen.

Das hartgewordene Karamelblatt in kleine Stücke zerbrechen und in eine Porzellanschüssel streuen. Die Creme vorsichtig darauf giessen, so dass der Karamel nicht an die Oberfläche steigt. Die Creme in einem Wasserbad im vorgeheizten Ofen 40 bis 45 Minuten stocken lassen. Vollständig abkühlen lassen. Stürzen und gut gekühlt servieren.

ALSACE, LORRAINE

Die Wechselfälle der Geschichte haben in diesen beiden französischen Provinzen tiefe Spuren hinterlassen. Und dennoch gibt es kaum eine Gegend mit fröhlicheren und grosszügigeren Menschen, die ebenso den Sinnenfreuden und im besonderen den Genüssen der Tafel zugetan wären.

Elsass und Lothringen zeichnen sich gleichermassen durch eine äusserst reichhaltige und vielfältige Palette an Grundprodukten aus. Die ausserordentlichen Obstgärten legten den Grundstein für das traditionelle Backwerk der Gegend. Zur Verarbeitung der Pflaumen beispielsweise wurden hier eine Unmenge von Kuchen und Torten kreiert. Mirabellen und Zwetschgen sind in diesem fruchtbaren hügeligen Gebiet mit einem sonnenreicheren Klima, als man gemeinhin vermutet, bestens heimisch geworden. Vor allem die Mirabelle ist der Stolz der Lothringer Obstgärten. Diese kleine, goldgelbe, von der Sonne leicht gerötete Pflaumensorte besitzt ein saftiges, süsses und sehr aromatisches Fleisch. Sie ist weit verbreitet im Weinbaugebiet von Metz, und ihr zu Ehren findet alljährlich im August ein Fest statt, bei dem Mirabellentörtchen unters Volk verteilt werden. An der Mosel gedeihen Johannisbeeren, schwarze Johannisbeeren und vor allem qualitativ hochstehende Erdbeeren. An den ersten Augustwochenenden begeben sich im Elsass ganze Familien auf die Suche nach Heidelbeeren, die man hier «Brimbelles» nennt. In den Vogesen sind auch wilde Himbeeren sehr verbreitet.

Kuchen waren immer der besondere Stolz der Hausherrinnen im Elsass und in Lothringen, und zu Festtagen nahm man nur das beste Weizenmehl. Als Belag verwendete man je nach Jahreszeit am häufigsten Mirabellen, Zwetschgen, Kirschen, Rhabarber und Äpfel. Bevor man die Früchte auslegt, kommt auf den Teigboden ein für den Osten des Landes typischer Guss aus Eiern, Rahm, Milch und Zucker, was dem Kuchen seine unvergleichliche Saftigkeit gibt.

Aus Lothringen kommen raffiniertere Backwaren. Der Blätterteig soll übrigens vom Lothringer Claude Gelée erfunden worden sein, und der Brandteig wird dem Städtchen Pont-à-Mousson zugeschrieben. Nachdem König Stanislas Leszczynski in der Mitte des 17. Jahrhunderts in Nancy im Exil weilte, wurden in der Region auch polnische Spezialitäten wie die berühmte Baba übernommen.

In dieser Landesgegend werden Gebäck und Kuchen zu jeder Tageszeit genossen. Vom Frühstück an stehen eine Fülle von Backwaren zur Auswahl, die ein Zwischending zwischen Brot und Kuchen sind: mit Milch, mit Rosinen, mit Nüssen, mit Mandeln oder mit Anis, mit Mohn oder Zimt. Dazu verschiedenstes Hefegebäck: Brioches mit kandierten Früchten, Zöpfe, Zuckerkuchen. Am Nikolaustag, dem 6. Dezember, erhalten die Kinder Lebkuchen und Schokolade in Form von Nikoläusen; zum 30. November, dem Sankt-Andreas-Tag, macht man kleine Männchen, die «Mannle», welche die jungen Männer ihren Verlobten schenken. Zu Weihnach-

ten gibt es in Lothringen köstliches kleines Sandteiggebäck und Spekulatius. Zum Wahrzeichen
der elsässischen Bäcker wurde die Brezel, ein altes Symbol für den Sonnenlauf. Und wer Elsass
sagt, denkt natürlich auch sogleich an den Gugelhopf. In den siebziger Jahren führte das Städtchen Ribeauville das «Fest des Gugelhopfs» ein,
um die besten Backwaren der Region zu feiern
und die Tradition lebendig zu erhalten.

An Festen fehlt es auch sonst nicht im Elsass;
entlang der fröhlichen Weinstrasse feiert jedes
Dorf alljährlich seinen Wein, auf den die Elsässer
mit Recht stolz sein können. Vielen ist übrigens
nicht bewusst, dass gewisse Elsässer Weine, die
wie der Sauternes durch Beeren- und Trocken-
beerenauslesen hergestellt werden, ideale Dessertweine abgeben.

TARTE A LA RHUBARBE
Rhabarberkuchen

Für 6 Personen

Vorbereitung: 40 Minuten
Backzeit: 45 Minuten

300 g Zuckerteig
(Rezept Seite 251)
600 g frischer Rhabarber
100 g Zucker
10 g Geliermittel für Konfitüre
100 g Johannisbeeren
30 g Löffelbiskuits

Für die Meringue:
2 Eiweiss
1 Prise Salz
1 Kaffeelöffel Zitronensaft
125 g Zucker
20 g Puderzucker

Abbildung gegenüber

Die Verwendung des Rhabarbers in der Küche verdanken wir den Engländern. Seit dem 18. Jahrhundert verarbeiteten sie diese aus Nordasien importierte Pflanze für ihre «Pies». Während sie in ihrer Heimat nur als Heilpflanze angebaut wurde und pharmazeutischen Zwecken diente, fand sie ihren Platz bei uns in den Gemüsegärten.

Im Elsass, wie übrigens auch in Deutschland und der Schweiz, macht man aus Rhabarber, manchmal zusammen mit Äpfeln, Konfitüre, Kompott und Kuchen. Man muss feste und fleischige Stengel auswählen; verwendet werden nur die Stengel, die Blätter haben abführende Wirkung.

Eine Form von 22 cm Durchmesser mit herausnehmbarem Boden ausbuttern.

Den Teig etwas grösser als die Form auswallen und diese damit auslegen, in den Kühlschrank stellen.

Die Rhabarberstengel klein würfeln und in eine Schüssel geben. Zucker und Gelierzucker sorgfältig vermischen und beigeben. Die Johannisbeeren daruntermischen.

Den Ofen auf 210 Grad vorheizen.

Die Löffelbiskuits paniermehlartig zerreiben und auf den Teigboden streuen. Die Rhabarbermischung darauf geben, und den Kuchen 45 Minuten backen.

Für die Meringue das Eiweiss mit Salz und Zitronensaft steif schlagen. In der Hälfte der Zeit einen Kaffeelöffel Zucker dazugeben. Den restlichen Zucker mit 3 Esslöffeln Wasser zum Ballen kochen, das heisst: aufkochen und ungefähr 5 Minuten kochen lassen; etwas vom Zuckersirup in eiskaltes Wasser tropfen,

er sollte sich leicht zu einer Kugel formen lassen.

Den Zuckersirup dann schnell dem Gefässrand entlang zum Eischnee giessen und noch ungefähr 10 Minuten bei kleiner Geschwindigkeit bis zur vollständigen Abkühlung weiterschlagen. Die Meringuemasse in einen Dressiersack mit Sterntülle füllen und in kleinen Rosetten auf den Kuchen spritzen. Mit Puderzucker bestäuben und 2 bis 3 Minuten unter dem Grill eine schöne goldgelbe Farbe nehmen lassen.

Als einfachere Variante kann man den Kuchen mit einer französischen Meringue bedecken. Das Eiweiss mit Salz und Zitronensaft steif schlagen, in der Hälfte der Zeit 20 g Zucker und den restlichen Zucker am Schluss dazugeben. Die Masse sofort mit dem Dressiersack auf dem Kuchen verteilen und kurz überbacken.

KUGELHOPF OU KOUGLOF
Gugelhopf

Für 6 Personen

Vorbereitung: 15 Minuten
Ruhezeit: 2 Stunden
Backzeit: 40 bis 45 Minuten

Mandelblättchen oder ganze
weisse Mandeln für den Boden der Form
360 g Butterhefeteig
(Rezept Seite 252)
100 g helle Rosinen

Für den Sirup:
50 ml Wasser
50 g Zucker
1 Kaffeelöffel Orangenblüten-wasser

50 g zerlassene Butter
Puderzucker

Abbildung gegenüber

Dieses berühmte Hefegebäck mit Rosinen gehört ebenso zum Elsass wie das Sauerkraut. Der Gugelhopf soll im 18. Jahrhundert von Österreich ins Elsass gelangt sein. Den Namen verdankt er einerseits seiner runden Form und andererseits der Bierhefe (Hopfen), die früher in ganz Mitteleuropa als Treibmittel verwendet wurde. Zum Erfolg dieses Gebäcks, das Paris unter dem orthographisch französisierten Namen «Kouglof» eroberte, hat zu einem guten Teil Königin Marie-Antoinette beigetragen.

Kein Fest im Elsass ohne Gugelhopf. Da er leicht altbacken besser mundet, bereitet man ihn am Vortag zu. Man benützt dazu eine gerillte Form aus Kupfer oder Steingut; im Elsass bringt jede Braut eine Gugelhopfform in ihrer Aussteuer mit. Ich ziehe Formen aus dickem, glasierten Steingut den kupfernen vor, da die Hitze in ihnen sanfter ist und sich besser verteilt. Das Steingut muss jedoch von bester Qualität sein, denn wenn Butter in das Material eindringt, gibt es schon nach wenigen Wochen Gebrauch dem Gugelhopf einen ranzigen Geschmack.

Eine Gugelhopfform ausbuttern und Mandelblättchen oder ganze Mandeln auf dem Boden verteilen.

Auf der mit Mehl bestäubten Arbeitsfläche den Teig zu einem 4 cm dicken Rechteck auswallen und in 2 Stücke schneiden. 50 g Rosinen auf die eine Hälfte verteilen, mit dem zweiten Teigstück bedecken und den Rest der Rosinen darauf geben. Die Teigränder etwas zur Mitte schlagen und den Teig zu einer Kugel formen. 15 Minuten mit Mehl bestäubt ruhen lassen.

Mit dem Daumen in der Mitte ein etwa 10 cm grosses Loch bohren und den Teig gleichmässig kranzförmig auseinanderziehen. Diesen Vorgang zwei- bis dreimal wiederholen, dazwischen den Teig jedesmal einige Minuten ruhen lassen, damit er nicht reisst. Den Hefekranz in die Form geben und gründlich hineindrücken. 2 Stunden bei Zimmertemperatur aufgehen lassen. Der Teig muss die Form zu etwas mehr als zwei Dritteln füllen.

Den Ofen auf 200 Grad vorheizen und den Gugelhopf darin 40 bis 45 Minuten backen. Er ist fertig gebacken, wenn die Klinge eines in den Teig gesteckten Messers trocken herauskommt.

Inzwischen das Wasser mit dem Zucker zu einem Sirup kochen. Lauwarm abkühlen lassen und das Orangenblütenwasser daruntermischen.

Den Gugelhopf warm aus der Form nehmen und sofort zuerst mit der zerlassenen Butter und anschliessend mit dem Sirup bestreichen. Mit Puderzucker bestäubt servieren.

BABA AU RHUM
Baba mit Rum

Für 10 Personen

Vorbereitung: 30 Minuten
Ruhezeit: 1 Stunde
20 Minuten
Backzeit: 25 Minuten

75 g Butter
10 g Frischhefe
250 g Mehl
1 Kaffeelöffel Salz
2 ganze Eier
1 Eigelb
2 gestrichene Kaffeelöffel
Zucker
80 ml Milch

Für den Sirup:
350 g Zucker
½ l Wasser
2 Esslöffel Rum oder Kirsch

Aprikosenkonfitüre
400 g geschlagener Rahm
oder 600 g Konditorcreme
(Rezept Seite 253)
etwa 10 Knorpelkirschen
(Bigarreaux)

Will man der Legende Glauben schenken, verdanken wir Stanislas Leszczynski dieses Gebäck, das weit über die Grenzen Lothringens hinaus zu einem Klassiker geworden ist. Dieser polnische Fürst, so erzählt man sich, fand den Gugelhopf zu trocken und kam auf die Idee, ihn mit Rumsirup zu übergiessen. Zu Ehren seines Lieblingshelden aus «Tausendundeiner Nacht», ein Buch, das sich im 18. Jahrhundert höchster Popularität erfreute, soll er seine Erfindung «Ali Baba» getauft haben.
Wahrscheinlicher jedoch ist, dass er ein bereits bestehendes polnisches Rezept in Lothringen einführte. Tatsächlich gab es in Polen einen hohen Kuchen aus Roggenmehl, den man mit ungarischem Wein begossen ass. Bevor die Zubereitung mit Rum sich endgültig etablierte, zog der frühere polnische Herrscher während langer Zeit gesüssten und mit Safran gewürzten Malaga vor.

Die Butter schmelzen und abkühlen lassen. Die Hefe in 2 Esslöffeln lauwarmem Wasser und 1 Esslöffel Milch auflösen.
In einer Rührschüssel das Mehl mit dem Salz und der aufgelösten Hefe mischen und bei langsamer Geschwindigkeit kneten. Dann bei mittlerer Geschwindigkeit ein Ei und das Eigelb beigeben und knapp 1 Minute zu einem festen Teig kneten. Den Teig von der Gefässwand und den Knethaken streifen, das zweite Ei beigeben und vollständig einarbeiten. Der Teig sollte glatt und geschmeidig sein. Den Zucker und nach und nach die Milch beigeben (eventuell nicht die ganze Milch, damit der Teig nicht zu weich wird). Anschliessend die abgekühlte geschmolzene Butter einarbeiten und noch 2 Minuten weiterkneten. Der Teig muss sich problemlos mit den Fingern auseinanderziehen lassen, ohne zu reissen. 20 Minuten bei Zimmertemperatur aufgehen lassen, keinesfalls länger, sonst wird das Gebäck zu zerbrechlich.
Eine Ringform von 25 cm Durchmesser leicht ausbuttern. Den Teig nochmals kurz durcharbeiten und in die Form geben. Etwa 1 Stunde bis zum Rand der Form aufgehen lassen.
Den Ofen auf 210 Grad vorheizen und den Kuchen ungefähr 25 Minuten backen. Er ist fertig gebacken, wenn eine in den Teig gestochene Messerklinge trocken herauskommt. Warm aus der Form nehmen und einige Stunden abkühlen lassen.
Den Zucker mit dem Wasser zu einem Sirup kochen. Lauwarm abkühlen lassen und den Rum oder Kirsch darunterrühren. Den Kuchen auf ein Kuchengitter stellen und mit einer Schöpfkelle mit dem Sirup begiessen, bis er vollständig durchtränkt ist. Auf eine Platte geben und mit Aprikosenkonfitüre bestreichen. In die Mitte mit dem Dressiersack mit 2-cm-Sterntülle grosse Rosetten von Schlagrahm oder Konditorcreme spritzen. Mit den Kirschen dekorieren.
Der Hefekuchen kann noch warm aus der Form genommen in einen fest verschlossenen Gefrierbeutel gegeben und tiefgefroren werden und bleibt so 2 Monate haltbar. Zum Auftauen 24 Stunden in den Kühlschrank stellen und erst danach mit Sirup tränken.

Nids d'Abeilles
Bienenstich

Für 8 Personen

Vorbereitung: 30 Minuten
Ruhezeit: 45 Minuten
Backzeit: 35 Minuten

550 g Butterhefeteig
(Rezept Seite 252)
65 g Butter
80 g Zucker
35 g Tannenhonig
100 g Mandelblättchen

Für die Füllung:
400 g Konditorcreme
(Rezept Seite 253), mit
1 Esslöffel Kirsch parfümiert

*B*evor sie für ihre Backwaren Frischhefe verwendeten, kannten die elsässischen Hausfrauen bereits die Treibkraft der Bierhefe und nutzten sie, um Teige luftig und locker zu machen.

In dieser Gegend Frankreichs werden nicht nur die klassischen Gebäcksorten wie der Gugelhopf aus Hefeteig hergestellt, sondern auch Früchtekuchen, Quarkkuchen und zartes Kleingebäck, das wie andernorts Kekse genossen wird.

Der Bienenstich erhielt seinen Namen vermutlich von den sich beim Aufgehen des Teigs bildenden kleinen Bläschen.

Eine 26 cm grosse Form mit etwa 5 cm hohem Rand ausbuttern.

Den Teig auf einer leicht mit Mehl bestäubten Arbeitsfläche auf die Grösse der Form auswallen. In die Form geben, mit einer Gabel dicht einstechen und bis zur Weiterverarbeitung kühl stellen.

Auf sanftem Feuer Butter, Zucker und Honig wärmen, dabei mit einem Holzlöffel rühren. Sobald die Masse aufkocht, die Mandelblättchen beigeben und noch einige Sekunden rühren. Die Masse auf dem Teig verteilen und diesen bei Zimmertemperatur 40 bis 45 Minuten aufgehen lassen.

Den Ofen auf 180 Grad vorheizen und den Kuchen 35 Minuten backen. Aus dem Ofen nehmen und vollständig abkühlen lassen. Dann mit einem Sägemesser waagrecht entzweischneiden und mit der Konditorcreme füllen.

BETTELMAN
Kirschenauflauf

Für 8 Personen

Vorbereitung: 15 Minuten
Backzeit: 55 Minuten

½ l Milch
½ Vanilleschote oder
½ Zimtstengel
3 Eier
5 Eigelb
270 g Zucker
170 g Brioche
60 g helle Rosinen
400 g entsteinte schwarze
Kirschen

*D*ieser raffinierte Nachtisch wird aus einfachen Brotresten oder im Elsass aus Resten von Brioche oder Gugelhopf hergestellt. Doch dient dabei das altbackene Brot nur noch als Vorwand.

Diese Art Früchteauflauf wird das ganze Jahr hindurch mit Äpfeln zubereitet, in Lothringen macht man ihn seit langem auch mit Mirabellen, aber am besten schmeckt er ohne Zweifel mit grossen, frischgepflückten schwarzen Kirschen. Er ist mehrere Tage haltbar und kann lauwarm oder mit einer englischen Creme (Rezept Seite 253) serviert werden.

Die Milch zusammen mit der längs halbierten Vanilleschote oder dem Zimtstengel aufkochen. In einer Rührschüssel Eier, Eigelbe und Zucker mischen und 1 Minute schlagen. Die Vanilleschote entfernen und die kochende Milch zu den Eiern geben und weiterschlagen.

Den Ofen auf 200 Grad vorheizen.

Eine etwa 22 cm grosse Porzellan- oder Gratinform ausbuttern und den Boden mit Zucker bestreuen. Den Brioche in 1½ cm dicke Scheiben schneiden und etwas mehr als die Hälfte davon auf dem Boden auslegen. Die Rosinen und die Kirschen darauf verteilen und mit dem Rest der Briochescheiben bedecken.

Die Eiermilch vorsichtig darübergiessen, dabei die Briochescheiben mit einer Gabel festhalten, damit sie nicht an die Oberfläche steigen.

Den Auflauf in einem Wasserbad im vorgeheizten Ofen 50 Minuten bis 1 Stunde garen, dabei die Farbe überwachen und den Auflauf wenn nötig gegen Ende der Backzeit mit Alufolie abdecken. Aus der Form nehmen und kalt zusammen mit einem frischen Himbeerpüree oder einem mit etwas Kirsch parfümierten Kirschcoulis servieren.

GATEAU AU CHOCOLAT DE NANCY
Schokoladenkranz

Abbildung gegenüber

*I*m Unterschied zum Elsass hat man in Lothringen schon immer viel Schokolade für Gebäck und Naschwerk verwendet. Die Schokolade erscheint in den verschiedensten Formen: in Mirecourt, der Hochburg des Geigenbaus in Frankreich, natürlich in Geigenform, und in Nancy wird das Wahrzeichen der Stadt, die Silberdistel, in Schokolade gegossen.

Auch König Stanislas hat seinen Namen einem Schokoladenkuchen mit Mandeln gegeben. Daneben gibt es den Lothringer Kuchen mit einer englischen Creme, den Luxemburger Kuchen, eine Art Charlotte, und den Schokoladenkuchen von Metz, der diesem Schokoladenkranz sehr ähnlich ist.

Für 6 Personen

Vorbereitung: 25 Minuten
Backzeit: 45 bis 50 Minuten

200 g schwarze Tafelschoko-
lade
175 g Butter
180 g Zucker
30 g Vanillezucker
3 Eigelb
100 g gemahlene Mandeln
40 g Mehl
5 Eiweiss
1 Prise Salz
2 Kaffeelöffel Zitronensaft
Mandelblättchen

Die Tradition der Schokoladenverarbeitung wurde so in den beiden rivali-
sierenden «Hauptstädten» Lothringens, Metz und Nancy, lebendig erhalten.
Für diesen Schokoladenkranz braucht es schwarze Schokolade von bester
Qualität mit mindestens fünfzig Prozent Kakaoanteil.

Die Schokolade über einem Wasserbad schmelzen.

Die Butter rechtzeitig aus dem Kühl-
schrank nehmen, damit sie weich wird. In einer Rührschüssel mit dem Schnee-
besen weich und geschmeidig schlagen. Die noch lauwarme Schokolade (etwa 40 Grad warm) einrühren. 100 g Zucker, den Vanillezucker und die Eigelbe eines nach dem anderen dazugeben und kräftig hineinschlagen. Schliesslich die gemahlenen Mandeln und das Mehl beigeben und zu einer glatten Masse arbeiten.

Das Eiweiss mit Salz und Zitronensaft steif schlagen, gegen Schluss noch den restlichen Zucker hineinstreuen. Zunächst ein Viertel des Eischnees vorsich-
tig unter den Schokoladenteig heben, dann vorsichtig den Rest des Eischnees darunterziehen.

Den Ofen auf 220 Grad vorheizen.

Eine 26 cm grosse Ringform ausbuttern, mit den Mandelblättchen ausstreu-
en und den Teig in die Form füllen; sie sollte nicht mehr als zu drei Vierteln gefüllt sein. In den Ofen geben, die Temperatur sofort auf 170 Grad senken und den Kuchen 45 bis 50 Minuten backen. Lauwarm aus der Form nehmen und mit einer Vanillesauce servieren.

MADELEINES DE COMMERCY
Madeleines

Vorbereitung: 20 Minuten

Ruhezeit: 12 Stunden
Backzeit: 8 bis 10 Minuten

125 g Butter
3 Eier
130 g Zucker
20 g flüssiger Honig
(eventuell Kirschblütenhonig)
1 Prise Salz
150 g Mehl
5 g Backpulver
½ Zitrone oder ½ Orange,
abgeriebene Schale

Abbildung gegenüber

Dieses kleine Gebäck, dessen Form an eine Jakobsmuschel erinnert, brachte mit seinem delikaten Zitrusparfüm auch Marcel Proust ins Schwärmen. Seinen Namen erhielt es aller Wahrscheinlichkeit nach von seiner Schöpferin, einer kleinen Magd mit Vornamen Madeleine, die das Ge-
bäck einst für den in Commercy residierenden früheren Polenkönig Stanis-
las Lesczynski zubereitete. Eines Abends hatte nämlich der Patisssier des Schlosses in einem Wutanfall die Küche verlassen, und der König hatte seinen Gästen keine Nachspeise anzubieten. Das kleine Gebäck seiner Diene-
rin begeisterte ihn aber dermassen, dass er es nach ihr «Madeleine» taufte und davon sogleich an seine Tochter Marie, die Gemahlin von König Ludwig XV., schickte. Das Gebäck wurde am Hof von Versailles auf Anhieb zu einem grossen Erfolg.

Das Rezept wurde lange Zeit geheimgehalten und schliesslich anscheinend für viel Geld den Patissiers von Commercy verkauft, die es zur Spezialität der Stadt erhoben. Heute verarbeiten sie Tag für Tag mehrere hundert Eier zu Madeleines.

Den Teig am Vortag zubereiten. Die Butter im Wasserbad schmelzen. In einer Schüssel Eier, Zucker, Honig und Salz mit dem Schneebesen kräftig schlagen, bis die Masse schaumig und hell wird. Das Mehl sieben und zusammen mit dem Backpulver, der zerlassenen Butter und der Zitrusfruchtschale beigeben und mischen. Den Teig im Kühlschrank ruhen lassen.

Am folgenden Tag den Ofen auf 220 Grad vorheizen.

Ein Madeleine-Blech oder Madeleine-Förmchen leicht ausbuttern und mit Mehl bestäuben. Die Formen jeweils zu zwei Dritteln mit Teig füllen und im vorgeheizten Ofen 8 bis 10 Minuten backen. Aus den Formen nehmen und auf einem Kuchengitter abkühlen lassen.

Die Madeleines sind fest verschlossen im Kühlschrank sehr gut haltbar.

VISITANDINES DE LORRAINE
Rumküchlein

Für 18 bis 20 Stück

Vorbereitung: 15 Minuten
Backzeit: 15 Minuten

110 g Butter
80 g gemahlene Mandeln
145 g Puderzucker
4 Eiweiss
50 g Mehl
100 ml Rum
Stärkemehl und Puderzucker in gleichen Mengen für die Formen

Abbildung gegenüber

Nach der Vielzahl an Backwaren zu urteilen, die ihnen zugeschrieben werden, müssen die Lothringer Nonnen echte Schleckmäuler gewesen sein. Von Makronen bis zum Lebkuchen, von den Nonnenfürzen bis zu diesen Rumküchlein scheinen sie ihren Einfallsreichtum vor allem in Süssem ausgelebt zu haben und haben damit die hiesigen Desserts stark geprägt. Es sei denn, diese Küchlein wurden aus Gründen der Sparsamkeit eigens dazu erfunden, um überflüssiges Eiweiss zu verwerten ...
Da die Kreationen der Visitandinen köstlich mundeten, verbreiteten sie sich schnell und wurden von den Konditoren des Ortes übernommen und abgewandelt. So kann man sie nach dem Backen mit einer leichten Schicht Aprikosenkonfitüre oder mit Kirschglasur überziehen, was sie zu einem raffinierten Konfekt macht.

Die Butter schmelzen, bis sie haselnussbraune Farbe annimmt.

In einem Topf über sanftem Feuer die gemahlenen Mandeln mit dem Puderzucker und dem Eiweiss unter ständigem Rühren langsam erwärmen. Vom Feuer nehmen, das Mehl und darauf die zerlassene Butter und den Rum untermischen.

Den Ofen auf 210 Grad vorheizen.

Kleine ovale Formen (von etwa 8 auf 4 cm) ausbuttern. Gleichmässig mit der gesiebten Mischung aus Puderzucker und Stärkemehl ausstäuben. Die Formen zu drei Vierteln mit dem Teig füllen und 15 Minuten backen. Vor dem Essen 2 bis 3 Stunden bei Zimmertemperatur ruhen lassen.

Diese Biskuits halten sich im Kühlschrank in einer fest verschlossenen Dose eine Woche.

SOUFFLE AU KIRSCH
Kirschsoufflé

Für 4 Personen

Vorbereitung: 20 Minuten
Backzeit: 25 Minuten

Für das Coulis:
1 Glas Kirschen in leichtem
Sirup
80 g Zucker
1 gestrichener Kaffeelöffel
Geliermittel für Konfitüre
2 Kaffeelöffel Kirschwasser

¼ l Milch
¼ Vanilleschote
80 g Zucker
45 g Mehl
30 g Butter
3 Eier
2 Esslöffel Elsässer Kirschwasser
1 Prise Salz
1 Kaffeelöffel Zitronensaft

Puderzucker

*D*ieses Soufflé erhält sein intensives Kirscharoma nicht von den Früch ten selbst, die ein Aufgehen verhindern würden, sondern in konzentrierter Form vom Kirschwasser – man bedenke, dass es für einen Liter Kirschschnaps 25 Kilo Kirschen braucht.

Das Schnapsbrennen hat sowohl im Elsass wie in Lothringen Tradition. Ein Gesetz aus dem Jahr 1953 schränkt die hauseigene Destillation mittels einer hohen Steuer sehr stark ein; vorher wurden pro Haushalt jährlich dreissig bis fünfzig Liter Schnaps konsumiert! Einige Familien haben aber immer noch das Recht, kleinere Mengen Alkohol steuerfrei für ihren persönlichen Verbrauch zu destillieren.

Kirsch ist neben Himbeergeist, Mirabellen- und Birnenschnaps im Elsass eines der beliebtesten gebrannten Wasser. Er wird aus den ganzen Früchten, einschliesslich der Steine, destilliert und in Steingutfässern oder mit Glas verkleideten Holzfässern reifen gelassen. Kirsch ist immer absolut farblos. Kirsch mit Phantasiebezeichnungen ist zu vermeiden, er hat meist nur noch wenig mit einem Qualitätsbranntwein gemein.

Das Kirschencoulis vor dem Soufflé zubereiten, damit es Zeit hat, abzukühlen. Die Kirschen abtropfen lassen und entsteinen. 200 g Kirschensirup mit dem Zucker, 100 g Kirschen und dem Geliermittel mischen, aufkochen und 4 bis 5 Minuten sanft köcheln lassen. Im Mixer pürieren und zusammen mit den restlichen Kirschen und dem Kirschwasser in eine Schüssel giessen. Kühl stellen.

Für die Soufflémasse 4 Esslöffel Milch beiseite geben, den Rest zusammen mit der längs aufgeschnittenen Vanilleschote in einen Topf geben und aufkochen.

60 g Zucker mit dem Mehl und den 4 Esslöffeln Milch vermischen. Ein wenig kochende Milch beigeben und vorsichtig rühren. Zur Milch in den Topf giessen und unter Rühren 2 Minuten kochen,

vom Feuer nehmen, die Butter einrühren und zugedeckt 15 Minuten abkühlen lassen. Die Eier trennen. Die Eigelbe und den Kirsch zur Soufflémasse geben und mit dem Schneebesen aufschlagen.

Den Ofen auf 180 Grad vorheizen. Eine Souffléform von etwa 16 cm Durchmesser leicht ausbuttern und mit Zucker ausstreuen.

Das Eiweiss mit der Prise Salz und dem Zitronensaft nicht allzu steif schlagen, in der Hälfte der Zeit den restlichen Zucker beigeben. Die Eigelbmasse zum Eischnee giessen und vorsichtig unterziehen. Die Form zu drei Vierteln damit füllen, mit etwas Puderzucker bestäuben und ungefähr 25 Minuten backen. Mit dem Kirschencoulis servieren.

GATEAU LORRAIN AUX MIRABELLES
Mirabellenkuchen

Für 6 bis 8 Personen

Vorbereitung: 45 Minuten
Mazerationszeit: 1 Stunde
Backzeit: 35 Minuten

Für den Biskuit:
4 Eier
125 g Zucker
50 g Mehl
50 g Stärkemehl
1 Zitrone, abgeriebene
Schale
40 g Butter
1 Prise Salz
1 Kaffeelöffel Zitronensaft
20 g Zucker

850 g Mirabellen
230 g Zucker
85 ml Mirabellenschnaps
85 ml Wasser
20 g Vanillezucker
½ l Rahm
50 g geröstete, gehackte
Mandeln

Die Mirabelle, diese kleine, goldgelbe Pflaume mit ihren roten Flecken und dem festen, aromatischen Fleisch findet sich im Elsass und in Lothringen in zahlreichen Kuchen, Aufläufen und Dessertspeisen. Die ursprünglich aus Persien stammende Frucht wurde vermutlich vom guten König René in den beiden Provinzen, über die er herrschte, Provence und Lothringen, eingeführt. In Lothringen gedieh sie besser und entwickelte ein ausserordentlich intensives Aroma. Seit dem 17. Jahrhundert bereitet man aus ihr eine weiterum geschätzte Konfitüre, Dörrfrüchte und einen Schnaps mit geschützter Herkunftsbezeichnung zu.

Für Kuchen ist die Mirabelle die Pflaume par excellence. Früher bereitete man auf den Bauernhöfen damit riesige, «chaudés» genannte Früchtekuchen für die Angestellten zu.

Den Biskuitteig nach dem Rezept Seite 134 zubereiten und in einer Form oder einem Tortenring von 24 cm Durchmesser backen.

Die Mirabellen entsteinen und auf ein Backblech legen. Mit 140 g Zucker bestreuen und mit zwei Dritteln des Mirabellenschnapses begiessen. Gut vermischen und 1 Stunde ziehen lassen.

Den Ofen auf 200 Grad vorheizen und die Früchte darin 30 bis 35 Minuten backen: Die Mirabellen bekommen dadurch Geschmack und Farbe. Aus dem Ofen nehmen, abkühlen lassen und ein Drittel davon für die Dekoration des Kuchens beiseite geben.

Das Wasser mit 50 g Zucker und dem Vanillezucker zu einem Sirup kochen. Vom Feuer nehmen, den restlichen Mirabellenschnaps dazugeben und abkühlen lassen.

Den Rahm mit dem verbleibenden Zucker steif schlagen. Den Biskuit waagrecht mit einem Sägemesser in 3 Scheiben schneiden und jede Scheibe mit einem Pinsel mit dem Sirup tränken. Den ersten Biskuitboden auf eine Kartonscheibe gleicher Grösse legen. Mit 100 g Schlagrahm bestreichen, die Hälfte der Mirabellen darauf legen und etwas in den Schlagrahm drücken. Die zweite Biskuitschicht darauf legen und ebenso wie die erste mit 100 g Schlagrahm und den restlichen Mirabellen belegen. Mit der dritten Biskuitschicht bedecken.

Die Oberfläche der Torte mit Schlagrahm bedecken und glattstreichen. Den restlichen Schlagrahm mit dem Dressiersack rundherum auf den Rand spritzen und anschliessend mit einem Palettenmesser gleichmässig von oben nach unten verstreichen. Die für die Dekoration beiseitegelegten Mirabellen in die Mitte geben und rundherum die gerösteten Mandeln streuen. Die Torte kühl stellen und innerhalb von 2 Stunden verzehren.

Les Iles

Schillernd und farbig spielt die Küche der Überseeinseln mit der explosiven Verbindung von Süsse und Schärfe und verführt auf Anhieb mit feurigen und fruchtigen Gesckmacksnoten. In mildem Klima gedeihen hier die Früchte reicher und üppiger als wohl irgendwo sonst und umschmeicheln zu jeder Jahreszeit mit ihren Düften, Farben und Formen die Sinne.

So berichtete schon Kolumbus bei seiner Rückkehr von den Antillen: «Das Land bietet überall den gleichen Anblick von überwältigender Schönheit. Die Felder sind grün und voller roter bis scharlachroter Beeren und Früchte, über allem schwebt der übermächtige süsse Duft der Blumen, widerhallt das Gezwitscher der Vögel.» Die Märkte der Antillen bieten ein Feuerwerk an Farben. Verschiedene Ananassorten drängen sich auf den Tischen: Flaschenananas, zweimal so gross wie die bei uns bekannten, die grüne «Queen», die «Red Spanish», rosa, grüne und gelbe Bananen, Zwergbananen und riesige Kochbananen, daneben türmen sich Berge grosser, saftiger Zitronen, Orangen, süss wie Honig, Pampelmusen mit dicker, gebuckelter Schale, junge, grüne oder ältere, braune Kokosnüsse, pralle rötliche oder ins Violette spielende Mangos – ein Augenschmaus sondergleichen.

Daneben gibt es auch unbekanntere Früchte: der Sternapfel, der versteckt am Baum ausreift, mit seinem Rosenaroma, der Cashewapfel, der vom selben Baum stammt wie die gleichnamige Nuss, die runzelige Sapote und die tatsächlich stechende Stachelannone.

All diese grosszügig von der Natur gespendeten Wunder versprechen originelle und aussergewöhnlich raffinierte Nachspeisen. Die Desserts der Antillen zeugen von den Einflüssen der verschiedenen Völker, die sie bewohnen: Europäer, Afrikaner, Inder und Chinesen. Aber alle verwenden sie die gleichen Grundprodukte, die Früchte, deren Mannigfaltigkeit jede Menge von Zubereitungen ermöglicht. Bananen und Kokosnüsse werden gewöhnlich gekocht und mit Salz oder Zucker gewürzt, während Mangos und Ananas frisch, höchstens mit etwas Zitronensaft oder Rum beträufelt, gegessen werden.

Die Desserts der Insel La Réunion sind jenen der Antillen sehr ähnlich, verwenden aber zum Teil andere Früchte. Hier wächst die unvergleichliche, bei uns praktisch nicht erhältliche «Ananas victoria», die unter ihren Tausenden von Stacheln ein extrem süsses Fruchtfleisch verbirgt. Die Mangos sind zwar klein und verraten damit ihre nahe Verwandtschaft mit der indischen Urform der Frucht, besitzen aber einen intensiven Duft und Geschmack. Litchis sind sehr verbreitet und werden meistens «nature» oder zusammen mit Mangos als Fruchtsalat gegessen.

Unverzichtbarer Bestandteil der Desserts der Antillen und der Insel La Réunion mit ihrer harmonischen Verbindung von Kühl und Heiss, Süss und Sauer, Mild und Scharf ist der Rum. Der auf Martinique beliebte Landrum, «Grappe blanche» genannt, ist klar wie Wasser und von herbem, wildem Geschmack. Dies ist der Rum für den «Ti'punch», den man hier selbst in der grössten Hitze ohne Eiswürfel serviert. Zusammen mit Limetten parfümiert er jeden Fruchtsalat. Der dunkle Rum verdankt seine Bernsteinfarbe und seine intensive Holznote der Reifung im Fass. Er wird hauptsächlich nach dem Essen, als «Digestif», geschätzt, aromatisiert aber auch Kuchen- und Krapfenteige und flambierte frische Früchte.

Rochers a la Noix de Coco
Kokosnusspyramiden

Für 30 Stück

Vorbereitung: 30 Minuten
Backzeit: 20 Minuten

4 Eiweiss
280 g Zucker
20 g Vanillezucker
1 Esslöffel Apfelmus
350 g geraspelte Kokosnuss

Abbildung gegenüber

Nachdem die erste Kokosnuss 1674 Paris erreicht hatte und der «Académie française» präsentiert worden war, verging noch lange Zeit, bis die Frucht auch in der Küche Einzug hielt. Am Ende des 19. Jahrhunderts waren «Rochers italiens» aus Mandelteig und «Rochers au chocolat», ein pyramidenförmiges Kleingebäck, sehr populär. Nachdem nach dem Ersten Weltkrieg zunehmend auch exotische Früchte in den Handel kamen, begann man das Gebäck auch mit Kokosnuss herzustellen. In Afrika und auf der Insel La Réunion ist eine einfachere Version davon das populäre Naschwerk par excellence: geraspeltes, gesüsstes Kokosnussfruchtfleisch, das zu Kugeln geformt und fritiert wird.

In einer in ein Wasserbad gestellten Schüssel das Eiweiss mit dem Zucker und dem Vanillezucker unter ständigem Schlagen auf etwas mehr als Handwärme erhitzen (etwa 45 Grad).

Den Ofen auf 180 Grad vorheizen. Ein Backblech mit Backpapier bedecken.

Die Schüssel aus dem Wasserbad nehmen, das Apfelmus und das geraspelte Kokosnussfleisch beigeben und 3 Minuten kräftig weiterschlagen, bis ein fester Teig entsteht. Mit einem Löffel pflaumengrosse Teigkugeln auf das Backblech setzen und mit den benetzten Fingern pyramidenförmig formen. Im vorgeheizten Ofen 20 Minuten backen, bis sie ganz leicht Farbe angenommen haben, aber innen noch weich sind.

Kühlgestellt in einer fest verschlossenen Dose können sie 8 bis 10 Tage aufbewahrt werden.

Daube de Bananes
Geschmorte Bananen

Es gibt eine Vielzahl von Bananensorten auf den Antillen, die Hauptunterscheidung ist jene in Fruchtbananen, die man roh oder gekocht essen kann, und Gemüse- oder Kochbananen mit leicht rosafarbene Fleisch, die nur gekocht geniessbar sind. Die noch unreifen Früchte gart man wie Kartoffeln in der Schale in Wasser oder in Asche; sie passen gut zu Fleischgerichten. Reifere Früchte sind weniger mehlig und werden in Butter gebraten oder zu Krapfen verarbeitet; für Süssspeisen eignen sie sich weniger. Diese Süssspeise geht auf ein afrikanisches Rezept zurück, das über den Ozean in die Karibik gelangte: Es handelte sich ursprünglich um einen Schmortopf von Kochbananen, die mit Zimt, Salz, Pfeffer und Kräutern gewürzt wurden.

Für 3 bis 4 Personen

Vorbereitung und Garzeit:
25 Minuten

3 Bananen
50 g Butter
¼ l Rotwein
70 g Zucker
1 Prise Zimt

Die Bananen der Länge nach halbieren. Die Butter in einer grossen Pfanne schmelzen. Die Bananen 4 bis 5 Minuten darin goldgelb braten, dabei von Zeit zu Zeit wenden. Den Wein mit Zucker und Zimt mischen, darübergiessen und 10 bis 15 Minuten köcheln lassen.

Die Bananen herausheben und auf eine Platte legen.

Den Wein 4 bis 5 Minuten einkochen lassen und den Sirup über die Bananen giessen. Gut durchkühlen und nach Belieben mit Schlagrahm servieren.

Pain aux Bananes
Bananencake

Für 12 Personen (2 Cakes)

Vorbereitung: 30 Minuten
Backzeit: 1 Stunde 10 Minuten

280 g Mehl
10 g Backpulver
60 g Pekannüsse
3 Prisen Muskatnuss
100 g Rosinen
300 g Bananenfruchtfleisch
(ca. 3 Bananen)
½ Zitrone, Schale und Saft
140 g Butter
2 Prisen Salz
2 Eier
220 g Puderzucker

Die Banane ist heute nach Apfel und Orange die am häufigsten gegessene Frucht. Doch hat sie einen langen Weg zurückgelegt, bis sie auf unsere Teller gelangte.

Ursprünglich aus Indien stammend, kam die Banane durch arabische Händler nach Afrika und von dort nach Spanien. Im 16. Jahrhundert nahmen sie die spanischen Kolonisten, die sie für das heisse zentralamerikanische Klima ideal geeignet erachteten, mit auf ihre Überfahrt in die Neue Welt. Man nimmt jedoch an, dass Bananenbäume bereits in Südamerika, insbesondere in Peru, wuchsen, bevor sie von den Europäern auf den Antillen angepflanzt wurden.

Bananencake ist auf Jamaika und auf den Antillen sehr beliebt und wird dort häufig zu eiskaltem, mit Limetten parfümiertem Tee serviert.

Mehl und Backpulver zusammen sieben. Die Pekannüsse grob zerstampfen und zusammen mit dem Muskatnuss und den Rosinen zum Mehl geben. Die Bananen zu Püree zerdrücken, den Zitronensaft und die feingeriebene Zitronenschale einrühren.

In einem grossen Gefäss die Butter mit dem Salz, einem Ei und der Hälfte des Puderzuckers mischen und mit dem Schneebesen schlagen, bis eine geschmeidige, glatte Masse entstanden ist. Das zweite Ei und den restlichen Zucker dazugeben. Anschliessend zuerst die Hälfte des Mehls und der zerdrückten Bananen und dann den Rest einrühren.

Zwei Cakeformen leicht ausbuttern und mit Backpapier auslegen, das Papier etwas über die Ränder hinausstehen lassen. Den Teig einfüllen und 1 Stunde kühl stellen.

Den Ofen auf 240 Grad vorheizen. Die Cakes in den Ofen geben und 10 Minuten backen, dann die Temperatur auf 170 Grad senken und fertigbacken. Eine in den Teig gestochene Messerklinge sollte dann trocken herauskommen.

Die Bananencakes nach Belieben mit Aprikosenkonfitüre bestreichen und mit ganzen Pekannüssen dekorieren.

BEIGNETS D'ANANAS
Ausgebackene Ananas

Für 8 Personen

Vorbereitung: 40 Minuten
Ruhezeit: 2 Stunden
Fritierzeit: 5 Minuten

8 Scheiben frische Ananas
50 g Zucker
3 Esslöffel weisser Rum

Für den Ausbackteig:
10 g Frischhefe
240 g Mehl
130 ml Milch
2 Eigelb
100 ml Bier
3 Esslöffel Öl

Für die Konditorcreme:
6 Eigelb
150 g Zucker
60 g Mehl
½ l Milch
30 g Butter
2 Esslöffel Rum

3 Eiweiss
1 Prise Salz
1 Kaffeelöffel Zitronensaft
70 g Rohrzucker

Von allen exotischen Früchten und Gemüsen, welche die Siedler in der Neuen Welt entdeckten, war die Ananas bei der einheimischen Bevölkerung der Inseln die populärste. Sie stammte ursprünglich aus Südamerika und begleitete die karibischen Völker auf ihrem Weg von Insel zu Insel.

In unseren Breiten isst man hauptsächlich die Sorte «Cayenne», doch die wohlschmeckendsten Varietäten werden häufig gar nicht exportiert. Die Flaschenananas («Ananas bouteille») von den Antillen ist besonders süss, ebenso die Sorte «Viktoria» der Insel La Réunion, die kein holziges Herzstück aufweist.

Durch die Inder und Chinesen eingeführt, war die Zubereitung fritierter Krapfen aller Art auf den Antillen und der Insel La Réunion bald sehr beliebt. Ananas und Bananen eignen sich am besten dafür, und natürlich darf der obligate Rum nicht fehlen.

Die Ananasscheiben mit dem Zucker bestreuen, mit dem Rum begiessen und ziehen lassen.

Für den Ausbackteig die Hefe in einem Esslöffel lauwarmer Milch auflösen. In einer Rührschüssel das Mehl zusammen mit einem Drittel der Milch, den Eigelben, dem Bier und der aufgelösten Hefe mit dem Schneebesen kräftig verrühren. Sobald ein glatter Teig entstanden ist, die restliche Milch und das Öl beigeben und einarbeiten. Den Teig mindestens 2 Stunden ruhen lassen.

Inzwischen für die Creme die Eigelbe und den Zucker mit dem Schneebesen kräftig schlagen, bis die Masse hell wird, dann das Mehl darunterziehen, ohne weiterzuschlagen. Die Milch aufkochen, zur Eigelbmasse giessen, vorsichtig verrühren, und das Ganze wieder zurück in den Topf auf den Herd setzen. Die Creme 1 Minute kochen lassen, dabei kräftig schlagen, damit sie nicht am Boden festsitzt. Vom Feuer nehmen, und flockenweise die Butter und den Rum einrühren.

Die Ananasscheiben auf Küchenpapier abtropfen lassen, dann mit etwas Abstand auf eine Platte legen. Mit einer Schicht der noch warmen Creme bedecken und 1 Stunde in den Kühlschrank stellen. Anschliessend die Ananasscheiben vierteln und nochmals für ungefähr 20 Minuten in den Tiefkühler stellen.

Das Eiweiss mit der Prise Salz, dem Zitronensaft und dem Rohrzucker steif schlagen und unter den Ausbackteig ziehen. Die Ananasstückchen eines nach dem andern vorsichtig auf eine Gabel spiessen, in den Teig tauchen und in das heisse Fritieröl gleiten lassen. Sie sinken auf den Boden und sollten sofort wieder an die Oberfläche steigen. Die Ananasstückchen von Zeit zu Zeit wenden, bis sie gleichmässig goldbraun sind. Herausheben, auf Küchenpapier abtropfen lassen und heiss, mit Zucker bestreut, servieren. Dazu ein Passionsfrucht-Aprikosen-Gelee reichen.

CREME A LA NOIX DE COCO
Kokosnusscreme

Für 6 Personen

Vorbereitung: 20 Minuten
Backzeit: 50 bis 55 Minuten

Für den Karamel:
100 g Zucker
1 Esslöffel Wasser
einige Tropfen Zitronensaft

100 g frisches Kokosnuss-
fleisch
½ l Milch
2 Eier
4 Eigelb
120 g Zucker
30 g Melassezucker
50 g dickflüssiger Rahm
1 Esslöffel weisser Rum

Die noch sehr junge Kokosnuss besitzt ein glasiges, im Innern noch wäs-seriges Fruchtfleisch und wird vor allem frisch als Trinkfrucht konsumiert. Für Cremen und Massen verwendet man die vollreife Kokosnuss, deren mit der Reifung hartgewordenes Fruchtfleisch geraspelt werden muss. Die klassischen Rezepte des Mutterlands wurden auf den Überseeinseln abgewandelt und den lokalen Produkten angepasst. So findet man auf Martinique eine aus Kokosnussmasse hergestellte Abwandlung der Zuckermandeln, und auf Guadeloupe ein Blanc-manger, eine gestürzte Creme, mit geraspelter Kokosnuss anstelle der sonst üblichen Mandeln. Das folgende Rezept ist eine neuere Kreation zum selben Thema.

Für den Karamel den Zucker mit dem Wasser und dem Zitronensaft in einem Topf erhitzen. Sobald er eine blonde Farbe annimmt, auf ein Stück Backpapier giessen und hart werden lassen.

Das Kokosnussfleisch fein raspeln, mit der Milch mischen, aufkochen und 30 Minuten ziehen lassen. Danach die Milch erneut aufkochen. In einer Schüssel die Eier und Eigelbe mit dem Zucker, dem Melassezucker und dem Rahm aufschlagen. Die kochende Milch dazugiessen, vorsichtig umrühren und anschliessend den Rum beigeben.

Den Ofen auf 220 Grad vorheizen und eine Form leicht ausbuttern.

Den Karamel in kleine Stücke brechen und auf den Boden der Form streuen. Die Kokosnusscreme darübergeben und im vorgeheizten Ofen im Wasserbad 50 bis 55 Minuten stocken lassen. Die Creme ist fertig gegart, wenn eine hineingestochene Messerklinge trocken herauskommt. Gründlich abkühlen lassen, und aus der Form nehmen.

TARTE DES ILES
Kuchen mit exotischen Früchten

Abbildung gegenüber

Wie viele andere Früchte der Antillen stammt auch die Mango ursprünglich aus Asien, genauer gesagt aus China. Die Legende will, dass Buddha einst unter einem Mangobaum meditierte.
In Indien verwendet man die noch unreifen, grünen Früchte für Chutneys, eine süss-saure Würzsauce nach englischem Rezept. Diese auf La Réunion beliebte Zubereitungsart gelangte auch auf die Antillen, wo Mangochutneys sich grösster Beliebtheit erfreuen. Die vollreife Frucht wird frisch genossen oder zu Cremen, Kuchen, Fruchtsalat und Milk-Shakes verarbeitet.

Für 8 Personen

Vorbereitung: 30 Minuten
Ruhezeit: 2 Stunden
Backzeit: 30 bis 35 Minuten

250 bis 300 g Zuckerteig
(Rezept Seite 251)

Für die Füllcreme:
80 g Butter
80 g gemahlene Mandeln
80 g Puderzucker
1 Ei
10 g Maisstärke
1 Esslöffel Rum
125 g Konditorcreme
(Rezept Seite 253)

1 Mango
2 Bananen
2 Kiwi
1 Kaki
3 Litchis
80 g Gelee aus exotischen
Früchten, nach Belieben

Für das Coulis:
400 g frische Ananas
100 g Zucker

Eine Form oder einen Kuchenring von 24 cm Durchmesser ausbuttern. Den Teig etwas grösser als die Form auswallen und in die Form legen, so dass der Teig etwas über den Rand der Form ragt. Den Boden mit einer Gabel dicht einstechen. 2 Stunden im Kühlschrank ruhen lassen.

Für die Mandelcreme die Butter weich werden lassen und geschmeidig rühren. Die gemahlenen Mandeln, den Puderzucker und das Ei beigeben und zu einer glatten, leichten Masse arbeiten. Löffelweise die Maisstärke, den Rum und die Konditorcreme beigeben.

Den Ofen auf 210 Grad vorheizen. Den Kuchenboden mit der Mandelcreme be-

decken und 30 bis 35 Minuten backen. Abkühlen lassen und aus der Form nehmen.

Die Früchte schälen und in feine Scheiben schneiden. Die Bananenscheiben einige Augenblicke in Zitronensaft legen, damit sie sich nicht verfärben. Die Früchtescheiben aussen beginnend kreisförmig auf dem Kuchenboden auslegen. Die Früchte nach Belieben mit einem Gelee aus exotischen Früchten bestreichen.

Zum Kuchen ein Ananascoulis reichen: Dazu Ananas im Mixer mit etwas Zucker pürieren.

BANANES A LA CREOLE
Überbackene Bananen und Orangen

Orangen und Bananen haben den gleichen Weg genommen. Aus Asien stammend, sind sie in Europa von arabischen Händlern eingeführt und dann von portugiesischen und spanischen Siedlern auf die Antillen gebracht worden. Im 16. Jahrhundert waren Orangen in Frankreich ein Luxusartikel, und die Kolonialherren liessen sie auf den Inseln anpflanzen, um die Höfe Europas damit zu beliefern.

Heutzutage sind Orangen auf den Antillen weit verbreitet. Einige Sorten haben eine dicke, grobkörnige Schale, und fast alle sind selbst bei voller Reife von gelbgrüner Farbe. Ob sauer oder süss, sind sie immer sehr saftig, und ihre Schale ist ausgesprochen parfümiert.

Auf den Antillen werden viele Desserts mit Südfrüchten zubereitet: im Ofen gebackene Orangen mit Creme, Soufflés und Mousses oder ein Nachtisch wie dieser, den man mit ein bisschen Rum parfümieren kann.

Für 6 Personen

Vorbereitung und Garzeit:
30 Minuten

4 Orangen
½ Glas Grenadinesirup
2 Esslöffel Wasser
4 Bananen

Für den Guss:
4 Eigelb
45 g Rohrzucker
100 ml Rahm
5 g Vanillezucker

Die Orangen schälen, alles Weisse entfernen, die Filets aus den Häutchen lösen.

In einem Topf den Grenadinesirup mit dem Wasser mischen und aufkochen. Die Orangenfilets beigeben und 15 Sekunden darin köcheln lassen. Vom Feuer nehmen und abkühlen lassen, die Orangen in einem Sieb abtropfen lassen.

Die Bananen schälen und in 1 cm dicke Scheiben schneiden. Mit den Orangen in 6 kleine Gratinteller verteilen.

Für den Guss eine Schüssel in ein 90 Grad heisses Wasserbad stellen (das Wasser darf nicht kochen), und darin die Eigelbe mit dem Zucker, dem Rahm und dem Vanillezucker 10 Minuten kräftig aufschlagen.

Den Ofengrill (Oberhitze) vorheizen. Die Schüssel aus dem Wasserbad nehmen und die Creme 1 Minute weiterschlagen, dann über die Früchte giessen und ungefähr 3 Minuten unter dem Grill gratinieren; dabei die Färbung überwachen. Nach Belieben mit einem Sorbet nach Wahl sofort servieren.

DOUCEUR DES ILES
Gestürzte Kokos-Rum-Creme mit exotischen Früchten

Für 12 Personen

Vorbereitung: 30 Minuten
Ruhezeit: 3 bis 4 Stunden

Für die Creme:
650 ml Rahm
130 g Zucker
10 g Butter
½ Vanilleschote
⅓ Zitrone, abgeriebene
Schale
2 Blatt Gelatine
2 Esslöffel Kokosnussschnaps
2 Esslöffel weisser Rum

Für das Coulis und den Fruchtsalat:
1 Ananas von etwa 1½ kg
1 Mango
1 Banane
1 Kiwi
2 Orangen, Saft
einige Tropfen Limettensaft
140 ml Grenadinesirup

6 frische Litchis für die Dekoration

*D*er Name Ananas soll aus der Sprache der Tupi-Indianer stammen, in der «Nana», Duft, die Bezeichnung für diese Frucht ist. Jean de Cléry, ein in Brasilien lebender hugenottischer Flüchtling, soll sie so getauft haben. Diese schon von den Kolonisten sehr geschätzte Frucht kam erst Ende des letzten Jahrhunderts in Europa auf, zur gleichen Zeit, als man sie auch in Polynesien anzupflanzen begann.

In ihrer Blüte ist die Pflanze von Myriaden kleiner roter Blüten übersät, die nach einem Tag schon verwelken und später zu den «Augen» der reifen Frucht werden.

Hat man die Wahl zwischen grün geernteten, auf dem Transport per Schiff gereiften und vollreif geernteten, per Luftfracht eingeflogenen Früchten, sind natürlich letztere vorzuziehen, auch wenn sie etwas teurer sind. Sie schmecken einfach besser.

12 kleine Auflaufförmchen von 7 cm Durchmesser und 4 cm Höhe leicht ausbuttern.

250 g Rahm (den Rest im Kühlschrank bereit halten) mit dem Zucker, der Butter und der längs aufgeschnittenen Vanilleschote aufkochen, und durch eine Sieb passieren. Die Samenkörner gründlich aus der Vanilleschote kratzen und zusammen mit der abgeriebenen Zitronenschale beigeben. Die Creme vollständigen abkühlen lassen.

Die Gelatine in etwas kaltem Wasser einweichen. 5 Esslöffel der abgekühlten Creme in einem kleinen Gefäss in ein Wasserbad stellen, die abgetropfte Gelatine beigeben und erwärmen (auf etwa 40 Grad), bis die Gelatine vollständig aufgelöst ist. Mit dem Schneebesen unter die Creme mischen. Den Kokosnussschnaps und den Rum untermischen. Den restlichen Rahm steif schlagen.

Zunächst ein Viertel davon vorsichtig unter die Creme heben, dann den Rest darunterziehen. Die Creme in die Formen füllen und 2 bis 3 Stunden kühl stellen.

Die Früchte schälen. Von der Ananas den holzigen Teil entfernen, dann die Frucht zuerst in Scheiben und diese anschliessend in sehr kleine Würfel schneiden. Die Mango ebenfalls sehr fein würfeln. Ananas- und Mangowürfel zu gleichen Teilen mischen und je nach Geschmack und Reife der Früchte süssen. Die restlichen Fruchtwürfel und Früchte zusammen mit dem Orangensaft, einigen Tropfen Limettensaft und dem Grenadinesirup im Mixer zu einem Coulis pürieren. Kühl stellen.

Zum Servieren die Formen kurz in heisses Wasser stellen, und dann auf die Teller stürzen. Die Früchtewürfel darauf verteilen, mit etwas Coulis begiessen, und jeweil mit einer ungeschälten Litchi dekorieren.

GLACE A LA NOIX DE COCO
Kokosnusseis

Für 6 Personen

Vorbereitung und Kochzeit:
30 Minuten

150 g frisches Kokosnuss-
fleisch
½ l Milch
200 g Zucker
6 Eigelb
150 ml Rahm
2 Kaffeelöffel weisser Rum

Abbildung gegenüber

*D*ie Kokosnuss ist in zahlreichen Nachspeisen der Karibikinseln gegenwärtig: Sandteiggebäck, Vierviertelkuchen und Milchreis mit Kokosnuss sind sehr populär. Auf Guadeloupe sagt man der Kokosnuss auch aphrodisische Qualitäten nach und gab ihr den hübschen Übernamen «Tourment d'amour», «Liebeskummer» … Auf Barbados macht man Kuchen mit Kokosnusscreme, in Puerto Rico Kokosnussfladen, in Jamaika mit Rum parfümierte Kokosnusstörtchen und in Martinique diese Glace, ein delikates Dessert für die grosse Hitze.

Mit einem Messer das Kokosnussfleisch fein raspeln. Die Milch mit dem Kokosnussfleisch und der Hälfte des Zuckers aufkochen und 30 Minuten ziehen lassen. Bevor sie der Masse beigegeben wird, nochmals aufkochen.

In einer Schüssel die Eigelbe mit der zweiten Hälfte des Zuckers schlagen, bis die Mischung hell wird. Ein wenig kochende Milch beigeben und weiterschlagen. In einem Topf über sehr sanfter Hitze oder im Wasserbad ständig rühren. Sobald die Creme leicht angedickt auf dem Kochlöffel liegenbleibt, vom Feuer nehmen, den Rahm und den Rum einrühren. In eine Schüssel giessen und diese für ungefähr 30 Minuten in ein mit Eiswasser gefülltes Gefäss stellen. Von Zeit zu Zeit rühren, dann in eine Eismaschine füllen und gefrieren lassen.

In Portionenschalen zusammen mit einem Ananascoulis servieren.

ILE FLOTTANTE ANTILLAISE
Kokosnuss-Schneeier

Für 6 bis 8 Personen

Vorbereitung: 20 Minuten
Garzeit: 10 Minuten

Für die englische Creme
½ l Milch
nach Belieben 15 g Vanillezucker und 1 Esslöffel Rum
6 Eigelb
120 g Zucker

100 g geraspeltes Kokosnussfleisch
20 g Puderzucker
6 Eiweiss
1 Prise Salz
1 Kaffeelöffel Zitronensaft
150 g Zucker

Für den Karamel
(nach Belieben):
100 g Zucker
3 Esslöffel Wasser
einige Tropfen Zitronensaft

Abbildung gegenüber

*D*ieses traditionelle Dessert aus dem französischen Mutterland wurde in Übersee erfolgreich abgewandelt. Die Meringue mit ihrem Kokosnussgeschmack und der mit Rum parfümierte Schlagrahm vereinen aufs beste alle Aromen der Inseln.

Der Rum – fester Bestandteil der kreolischen Desserts – ist der Alkohol, der den Geschmack des Grundproduktes, aus dem er hergestellt wird, am besten bewahrt, da er anders als bei den Kornbränden, für die zuerst Getreidestärke in Zucker verwandelt werden muss, direkt aus dem Zucker destilliert wird. Für Backwaren wird im allgemeinen brauner Rum bevorzugt, doch für dieses Rezept eignet sich der leichte weisse Rum, die Spezialität von Martinique, besser.

Zuerst die englische Creme zubereiten. Die Milch zusammen mit dem Vanillezucker aufkochen. Die Eigelbe mit dem Zucker schlagen, bis die Mischung hell wird. Die kochende Milch darübergiessen und weiterschlagen. Alles zurück in den Topf geben und über sanfter Hitze rühren, dabei aufpassen, dass die Creme auf keinen Fall zum Kochen kommt. Sobald die Creme leicht angedickt auf dem Kochlöffel liegenbleibt, den Topf in ein kaltes Wasserbad stellen, um den Garvorgang zu unterbrechen. Wenn Sie die englische Creme mit Rum parfümieren wollen, diesen beigeben, sobald die Creme abgekühlt ist.

Den Ofengrill (Oberhitze) vorheizen. Die Kokosraspel mit dem Puderzucker mischen, in eine Gratinform geben und unter dem Grill leicht rösten, dabei die Farbe überwachen. Hin und wieder rühren. Aus dem Ofen nehmen und bereit halten.

2 l Wasser in einem grossen Gefäss erhitzen, die Temperatur so einstellen, dass es knapp unter dem Siedepunkt bleibt (85 Grad). Gleich neben dem Herd ein grosses Backpapier ausbreiten und befeuchten.

Das Eiweiss mit dem Salz und dem Zitronensaft steif schlagen. Den Zucker beigeben und noch 30 Sekunden weiterschlagen. Den Eischnee in einen Dressiersack füllen und damit auf dem Papier Rosetten aufspritzen oder mit einem Löffel Kugeln formen. Diese mit einem Palettenmesser ins heisse Wasser gleiten lassen und darin pochieren, dabei darauf achten, dass sie sich nicht berühren, denn sie quellen beim Kochen auf. Das Wasser darf nie den Siedepunkt erreichen! Nach 7 Minuten wenden und auf der anderen Seite noch 3 Minuten pochieren. Die Schneeier auf einem sauberen Tuch abtropfen lassen.

Die englische Creme in Schalen verteilen, die pochierten Schneeier in den karamelisierten Kokosnussraspeln wenden, auf die Creme legen und kühl stellen.

Kurz vor dem Servieren nach Belieben eine Karamelgarnitur zubereiten: Den Zucker mit dem Wasser erhitzen. Sobald er aufkocht, den Zitronensaft beigeben und den Karamel eine schöne Farbe annehmen lassen. Die Pfanne vom Herd nehmen, einige Augenblicke in kaltes Wasser stellen und dann mit einem Löffel den Karamel in langen Fäden über die Meringues ziehen. Sofort servieren.

GRUNDREZEPTE

PATE FEUILLETEE
Blätterteig

Für 1,2 kg Teig

Vorbereitung (5 Stunden im
voraus): 30 Minuten

575 g Butter
500 g Mehl
15 g Salz
¼ l Wasser

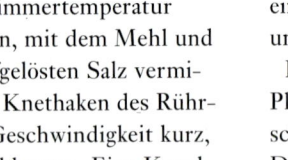

75 g Butter bei Zimmertemperatur
weich werden lassen, mit dem Mehl und
dem im Wasser aufgelösten Salz vermischen und mit den Knethaken des Rührgeräts bei kleiner Geschwindigkeit kurz,
30 Sekunden, durchkneten. Eine Kugel
formen und mit einem Messer kreuzweise
einschneiden. In eine Schüssel geben
und 2 Stunden zugedeckt kühl stellen.

Den Rest der Butter zwischen 2 Stück
Plastikfolie geschmeidig, aber nicht weich
schlagen. Den Teig viereckig auswallen.
Die Butter in die Mitte darauf legen, den
Teig darüberschlagen, um die Butter
fest darin einzuwickeln.

Den Teig zu einem Rechteck auswallen
und dreifach falten: Dazu zuerst das
obere Drittel zur Mitte hin schlagen,
dann das untere Drittel darüberschlagen
(dies wird eine «Tour» genannt). Dann
mit dem Teig eine Vierteldrehung machen, erneut zu einem Rechteck auswallen und wieder wie oben beschrieben
dreifach falten.

Den Teig einwickeln und 1 Stunde
im Kühlschrank ruhen lassen. Erneut
zweimal wie beschrieben auswallen und
zusammenlegen und anschliessend wieder einwickeln und 1 Stunde im Kühlschrank ruhen lassen.

Blätterteig hält sich, in Folie gewickelt,
nur 3 bis 4 Tage im Kühlschrank. Dazu
den Teig erneut viermal tournieren und
dann in Portionen von 400 g teilen.

PATE BRISEE
Mürbeteig

Für 950 g Teig

Vorbereitung: 15 Minuten
Ruhezeit: 12 Stunden

500 g Mehl
20 g Zucker
15 g Salz
350 bis 400 g Butter (nach
Belieben bis 200 g davon
gesalzene Butter; Salzmenge
reduzieren)
2 Eier
2 bis 3 Esslöffel Milch

Das Mehl auf die Arbeitsfläche geben und eine Mulde bilden. Zucker und Salz auf den äusseren Rand des Mehls streuen, die Butter und die Eier (diese dürfen auf keinen Fall mit dem Salz in Berührung kommen) in die Mitte der Mulde geben und das Ganze zu einem Teig zusammenfügen. Den Teig so kurz wie möglich kneten; er darf nicht elastisch werden. Anschliessend den Teig mit dem Handballen bearbeiten und dabei die Milch beigeben. Zur Kugel formen und wenn möglich über Nacht im Kühlschrank ruhen lassen. Der Teig wird dadurch leichter zu verarbeiten.

In der Küchenmaschine zuerst Zucker, Salz und die Butter in kleinen Flocken vermischen. Dann Eier, Milch und das Mehl auf einmal beigeben. So kurz wie möglich kneten.

Gut eingepackt hält sich der Mürbeteig 8 Tage im Kühlschrank.

PATE A CHOUX
Brandteig

Für 800 g Teig

Vorbereitung: 15 Minuten

⅛ l Milch
⅛ l Wasser
110 g Butter
5 g Salz (1 Kaffeelöffel)
5 g Zucker (1 Kaffeelöffel)
140 g Mehl
5 Eier (¼ l)

In einem Topf Milch und Wasser aufkochen, Butter, Salz und Zucker beigeben. Sobald die Flüssigkeit kocht, vom Feuer nehmen und das Mehl einrühren. Nochmals 1 Minute aufs Feuer stellen und rühren, bis der Teig trocken ist, einen Kloss bildet und sich vom Topf löst.

Den Teig in eine vorgewärmte Schüssel geben. Zunächst zwei, dann zwei weitere Eier und schliesslich das letzte Ei beifügen, und die Masse zu einem geschmeidigen Teig arbeiten.

Den Teig sofort verwenden.

PATE SUCREE
Zuckerteig

Für 1,2 kg Teig

Vorbereitung: 15 Minuten
Ruhezeit: 12 bis 24 Stunden

500 g Mehl
125 g Zucker oder Puderzucker
13 g Vanillezucker
125 g gemahlene Mandeln, nach Belieben
1 Prise Salz
350 g Butter
2 Eier

Die Teigzutaten wie für einen Mürbeteig vermischen. Im Mehl eine Mulde bilden, den Zucker, den Vanillezucker, nach Belieben gemahlene Mandeln und das Salz auf den äusseren Rand des Mehls verteilen, Butter und Eier (sie dürfen auf keinen Fall mit dem Salz in Berührung kommen) in die Mulde geben und das Ganze zu einem Teig zusammenfügen. Den Teig so kurz wie möglich kneten; er darf nicht elastisch werden. Anschliessend den Teig mit dem Handballen durcharbeiten und zu einer Kugel formen.

In der Küchenmaschine Mehl, nach Belieben gemahlene Mandeln, Zucker, Salz und die Butter in kleinen Stücken kurz kneten, dann die Eier einarbeiten und den Teig zu einer Kugel formen.

Mindestens über Nacht, wenn möglich 24 Stunden im Kühlschrank ruhen lassen. Dann den Teig in Portionen von 300 g in Folie verpackt im Kühlschrank aufbewahren. Er hält sich 14 Tage.

PATE A BRIOCHE
Butterhefeteig

Für 1,2 kg Teig

Vorbereitung am Vortag:
30 Minuten
Ruhezeit: 4 Stunden

15 g Frischhefe
30 g Zucker
15 g Salz
2 Esslöffel Milch
500 g Mehl
6 Eier
350 g Butter (bis 175 g
davon nach Belieben
gesalzene Butter; Salzmenge
reduzieren)

1 Stunde im voraus die Butter aus dem Kühlschrank nehmen. Die Hefe zerreiben und in 1 Esslöffel lauwarmem Wasser auflösen. In einem zweiten Gefäss Zucker und Salz in der Milch auflösen.

Im Mehl eine Mulde bilden, die aufgelöste Hefe hineingeben und von Hand vermischen. Die Eier eins nach dem andern dazugeben und gründlich einarbeiten, dann die Salz-Zucker-Lösung beifügen. Den Teig von Hand ungefähr 10 Minuten kneten, bis er sehr elastisch ist.

Die Butter zwischen 2 Stück Plastikfolie mit dem Teigroller geschmeidig schlagen. Ein Drittel des Teigs in eine grosse Schüssel geben, die Butter beifügen und mit einem Plastikspatel einarbeiten. Danach die zwei anderen Drittel des Teigs eines nach dem andern beifügen und jedesmal gründlich vermengen. Den Teig 1 Stunde, in ein mit Mehl bestäubtes Tuch geschlagen, bei lauwarmer Temperatur (ungefähr 25 Grad, auf einem Heizkörper oder im etwas vorgewärmten und dann abgeschalteten Ofen) aufgehen lassen.

Anschliessend den Teig von Hand kurz schlagen, dazu mit einer Hand hochheben und mit einer kurzen Bewegung fallen lassen, damit er zusammenfällt. Erneut 2 bis 3 Stunden im Kühlschrank aufgehen lassen. Richtig zubereitet geht der Teig zu einer Kugel auf. Den Teig ein weiteres Mal, wie oben beschrieben, schlagen und über eine Nacht in den Kühlschrank stellen.

Um den Teig in der Küchenmaschine zuzubereiten, zuerst das in Wasser aufgelöste Salz und den Zucker, dann das Mehl und die Hefe in die Rührschüssel geben und mit den Knethaken bei langsamer Geschwindigkeit durcharbeiten. Danach 4 Eier auf einmal beigeben und kneten, bis der Teig fest und glatt ist, dann die 2 restlichen Eier eines nach dem andern einarbeiten.

Bei mittlerer Geschwindigkeit noch 15 Minuten kneten, bis der Teig geschmeidig und elastisch ist, dann die Butter schnell in grossen Stücken einarbeiten. Dies sollte nicht mehr als 2 Minuten dauern. Anschliessend gleich weiterfahren wie bei dem von Hand gekneteten Teig.

CREME D'AMANDES
Mandelcreme

Für 1,4 kg Creme

Vorbereitung: 15 Minuten
(bei fertig zubereiteter Konditorcreme)

250 g Butter
250 g gemahlene Mandeln
250 g Puderzucker
3 Eier
25 g Maisstärke
25 ml Rum (2 Esslöffel)
375 g Konditorcreme

Die Konditorcreme muss abgekühlt sein.

Die Butter in einer Schüssel geschmeidig schlagen. Die gemahlenen Mandeln, den Puderzucker und die Eier eines nach dem andern in Abständen von 30 Sekunden beigeben und einarbeiten.

Bei mittlerer Geschwindigkeit weiterkneten, bis die Masse leicht und glatt ist, dann die Maisstärke und den Rum beifügen.

Diese Grundcreme hält sich eine Woche fest verschlossen im Kühlschrank.

Vor der Verwendung die kalte Konditorcreme löffelweise daruntermischen.

CREME ANGLAISE VANILLEE
Vanillierte englische Creme

Für 700 g Creme

Vorbereitung (mindestens
30 Minuten im voraus):
15 Minuten

½ l Milch
10 g Vanillezucker
6 Eigelb
125 g Zucker

Die Milch mit dem Vanillezucker aufkochen.

Die Eigelbe mit dem Zucker schlagen, bis die Masse hell wird. Die kochende Milch dazugiessen und weiterschlagen. Das Ganze in einem Topf auf kleinem Feuer mit einem Holzkochlöffel rühren; aufpassen, dass es nicht kocht. Sobald die Creme leicht angedickt auf dem Kochlöffel liegenbleibt, den Topfboden in ein kaltes Wasserbad stellen, um den Garvorgang zu unterbrechen.

Unter gelegentlichem Rühren, damit sich auf der Oberfläche keine Haut bildet, abkühlen lassen.

CREME PATISSIERE VANILLEE
Vanillierte Konditorcreme

Für 900 g Creme

Vorbereitung und Kochzeit:
20 Minuten

½ l Milch
5 g Vanillezucker
6 Eigelb
150 g Zucker
40 g Maisstärke

Die Milch mit dem Vanillezucker aufkochen.

In einem Topf die Eigelbe mit dem Zucker kräftig schlagen, bis die Mischung hell wird, dann die Maisstärke dazugeben, ohne weiterzurühren. Die kochende Milch unter ständigem Rühren darübergiessen. Auf das Feuer geben und die Creme 1 bis 2 Minuten kochen lassen, dabei kräftig rühren, damit sie nicht anhängt.

Die Creme in eine Schüssel giessen und abkühlen lassen. Dabei die Oberfläche mit einem kleinen Stück Butter bestreichen, damit sich keine feste Haut bildet.

SUCRE VANILLE
Vanillierter Zucker

Für 1 kg Zucker

Vorbereitung: 10 Minuten

1 kg Zucker
8 Bourbonvanilleschoten von
Madagascar oder La Réunion

Den Zucker in eine Schüssel geben. Die Vanilleschoten längs einschneiden und mit einer Messerspitze die Samen über der Schüssel mit dem Zucker auskratzen und mit einer Gabel gründlich daruntermischen.

Den Zucker zusammen mit den ausgekratzten Vanilleschoten in ein fest verschliessbares Gefäss geben. Die Vanille entwickelt ihr volles Aroma nach ungefähr 2 Monaten. Die ausgekratzten Vanilleschoten können für Milchreis, Vanillesauce oder Konditorcreme weiterverwendet werden.

GLOSSAR

Bayerische Creme (Crème bavaroise): Eine der klassischen Dessertcremen. Geschlagene Creme auf der Basis der englischen Creme (siehe dort), aufgelockert mit Schlagrahm und gebunden mit Gelatine.

Bénédictine: Seit 1510 hergestellter Edellikör aus Kräutern und Gewürzen.

Bittermandel: Mandelart, die in geriebener Form oder in Form von Öl oder Essenz in kleinsten Mengen zum Aromatisieren von Desserts und Gebäck verwendet wird. Ergibt einen intensiven Mandelgeschmack.

Brioche: Lockeres, leicht süssliches, butterreiches Hefegebäck, in kleinen Portionenförmchen mit aufgesetztem Köpfchen oder in grösserer Form gebacken (Rezept Seite 61, Grundrezept Teig Seite 252).

Charlotte: Eine aus England stammende gestürzte Süssspeise. Eine glattwandige, hohe zylindrische Form (Charlottenform) wird mit Löffelbiskuits, Biskuit- oder Weissbrotscheiben ausgelegt und mit Creme, Obstpüree oder Eis gefüllt, dann je nach Füllung gebacken und nach dem Erkalten gestürzt. Charlotte royale ist mit Biskuitrouladenscheiben ausgelegt und mit einer Bayerischen Creme gefüllt; Charlotte russe ist mit Löffelbiskuits ausgelegt und mit einer vanillierten, mit Schlagrahm vermischten Bayerischen Creme gefüllt.

Chartreuse: Ursprünglich ein pikantes Gericht. Eine Becher- oder Auflaufform wird mit Gemüsestücken ausgelegt und mit Fleischfarce und Stücken von Geflügel oder Innereien gefüllt und anschliessend im Wasserbad gegart. In seiner süssen Form – mit Weissbrotscheiben ausgelegt und mit einer süssen Masse gefüllt – ist das Gericht ein Vorläufer der Charlotte (siehe dort).

Ebenfalls Bezeichnung für einen würzigen Likör aus 130 Alpenkräutern und Weinbrand.

Coulis: Konzentrierter Saft oder flüssiges Püree (hier meist von Früchten) als Begleitung von Dessertspeisen.

Crémet: Kleiner Frischkäse (Quarkkäse) aus nicht entrahmter Kuhmilch, der mit Eischnee oder Rahm angereichert wird (Anjou und Vendée). Er hat einen Fettgehalt von 45–50%. Man isst ihn pikant mit Kräutern oder süss in Dessertspeisen.

Dariole: Bezeichnung für ein zylindrisches Becherförmchen und das darin hergestellte, seit alter Zeit bekannte Gebäck, ursprünglich aus Blätterteig und mit Mandelcreme gefüllt, heute auch pikant mit Käse oder Gemüse.

Echaudé: Eines der ältesten bekannten französischen Gebäcke, aus Mehl, Wasser, Butter, Ei und Aromastoffen hergestellt, in viereckige Form geschnitten und anschliessend zuerst in heissem Wasser pochiert und dann gebacken.

Englische Creme (Crème anglaise, Rezept Seite 253): Dickflüssige Vanillesauce, aus Milch, Eigelb, Zucker und Vanille gekocht. Sie dient als Begleitung zu verschiedenen warmen und kalten Dessertspeisen und als Grundlage für weitere Cremesaucen, wie Bayerische Creme.

Fontainebleau: Milder, ungesalzener, mit Rahm angereicherter Frischkäse aus Kuhmilch (Ile-de-France). Dank seinem Fettgehalt von mindestens 40% und bis zu 70% ist er besonders sahnig. Er wird nur gezuckert für Desserts und zu Früchten gegessen.

Frangipanecreme: Gekochte Creme aus Milch, Mehl oder Stärke, Eiern und Vanille, unter die zerstossene Makronen oder Mandeln gemischt werden. Sie wird zum Füllen von Torten und Gebäck verwendet.

Génoise: Biskuitgrundmasse (deutsch Wiener Masse genannt), für die die Eier ganz mit Zucker schaumig aufgeschlagen werden. Im Unterschied dazu wird für den Savoyer Biskuit (siehe Rezept Seite 134) Eigelb und Eiweiss getrennt und das Eiweiss zu Schnee geschlagen unter die Masse gezogen (siehe dazu auch Seite 151-152).

Glace: Speiseeis

Konditorcreme (Crème patissière, Rezept Seite 253): Eine der Grundcremen der Konditorei und Grundlage verschiedener Füllcremen. Sie wird aus Milch, Zucker und Eigelb, gebunden mit Mehl oder Speisestärke, gekocht und mit Vanille aromatisiert. Mit Eischnee wird daraus eine Crème Chiboust, wie sie für Saint-Honoré-Torte (Rezept Seite 20) oder Cremeschnitten (Rezept Seite 29) verwendet wird.

Krokant: Karamelisierte gehackte Nüsse oder Mandeln. Um Krokant selbst herzustellen: Zucker zu einem hellbraunen Karamel schmelzen, grob gehackte, geröstete Mandeln (gleiche Menge wie Zucker) zugeben, schnell einrühren und dann die heisse Krokantmasse auf einem eingeölten Blech mit einem ebenfalls eingeölten Teigroller etwa 1 cm dick ausrollen. Erkalten und dabei fest werden lassen und anschliessend mit einem Küchenhammer oder im Elektrohacker zerkleinern.

Makronen: Kleines rundes Gebäck aus Mandeln, Zucker und Eiweiss. Als Begleitung oder als Verzierung von Dessertspeisen verwendet (Rezepte Seite 38 und 207).

Marrons glacés: Kandierte, in Zuckersirup eingemachte Kastanien.

Masse und Gewichte: Beim Backen ist exaktes Messen und Wiegen unerlässlich. Dabei leisten eine grammgenaue Waage, für grössere Flüssigkeitsmengen ein Messbecher und für kleinere ein gläserner Messzylinder (Mensur), notfalls auch ein geeichtes Schnapsglas oder ein Barmessbecher, gute Dienste. Die grösseren Flüssigkeitsmengen sind wenn immer möglich in Bruchteilen von Litern ($\frac{1}{2}$, $\frac{1}{4}$, $\frac{1}{8}$ l) oder Millilitern (ml) angegeben, die ganz kleinen in Zentilitern (cl). Zur Umrechnung: 100 ml = 10 cl = 1 dl = $\frac{1}{10}$ l. In der praktischen Arbeit wird man dennoch ab und zu auf Esslöffel und Kaffeelöffel als Mass zurückgreifen. Dabei gilt: 1 Esslöffel = 15 ml (1,5 cl), 1 Kaffeelöffel = 5 ml (0,5 cl). 1 Esslöffel = 10 g Mehl, 12 g Zucker, 15 g Salz. 1 Kaffeelöffel = 4 g Zucker, 5 g Salz. Zum Fetten und Ausstäuben der Backformen benötigte Zutaten sind nicht gesondert aufgeführt.

Meringue (Baiser): Masse aus gesüsstem Eischnee, die zu Böden, für Füllungen oder Garnituren verwendet wird. Sie wird bei sehr sanfter Hitze im Backofen mehr getrocknet als gebacken. Sie kann durch weitere Zutaten wie Kaffee, Schokolade, Mandeln oder Nüsse abgewandelt werden. Bei der italienischen Meringue wird ein Teil des Zuckers unter den Eischnee geschlagen und ein Teil zu Zuckersirup gekocht und unter die fertige Masse gezogen.

Orangenblütenwasser: Zum Würzen von feinem Gebäck, Cremen und Glasuren verwendeter Aromastoff. Orangenblütenwasser wird durch Destillation aus den frischen, noch geschlossenen Blütenknospen des Orangenbaumes gewonnen.

Oublies: Seit dem Mittelalter bekanntes Gebäck. Vorläufer der heutigen Waffeln. Siehe dazu Seite 18 und 40.

Palettenmesser: Ein Palettenmesser, oft einfach Palette genannt, ist ein messerähnliches, ziemlich langes und gleichmässig breites, sehr biegsames Arbeitsgerät. Es gibt sie in verschiedenen Grössen und mit abgewinkeltem Griff. Sie eignen sich ideal zum Verstreichen von Massen, Cremen und Glasuren.

Pariserlöffel: Kleiner halbkugelförmiger Löffel mit scharfem Rand zum Ausstechen von Melonenkugeln und ähnlichem.

Rahm (Sahne): Rahm ist die sich beim Kühlen auf Frischmilch absetzende fette Schicht, heute meist industriell durch Zentrifugieren gewonnen; der Fettgehalt beträgt mindestens 30% (Deutschland) bzw. 35% (Schweiz). Gaston Lenôtre verwendet in seinen Rezepten neben dem gewöhnlichen Vollrahm (süsse Sahne, französisch «crème» und in geschlagener Form «crème chantilly» genannt) auch «Crème fleurette», einen leichten, flüssigen und dennoch schlagbaren Rahm von 10–12% Fettgehalt; dieser ist jedoch nur zwei Tage haltbar und bei uns nicht im Handel erhältlich. Auch der echte frische Rahm ist heute vom Markt verschwunden, jeder im Handel erhältliche Rahm ist durch Erhitzen haltbar gemacht, was natürlich eine Geschmackseinbusse gegenüber dem frischen Rahm der guten alten Zeit bedeutet. Beim Schlagen von Rahm ist entscheidend, dass der Rahm selbst, die Schüssel, in der er geschlagen wird, die dazu verwendeten Geräte (Schneebesen, Handrührgerät) und der Ort, an dem man ihn schlägt, möglichst kalt sind. Der Schlagrahm wird dadurch luftiger und die Gefahr, dass er scheidet, ist geringer. Übrigens: Je höher der Fettgehalt, desto besser lässt der Rahm sich schlagen. Zu junger Rahm entwickelt zu wenig Volumen und scheidet leicht; ideal ist ein Alter von 2–3 Tagen, welches der im Handel erhältliche Rahm sowieso hat, bis er beim Konsumenten ist. Mit dem Handrührgerät sollte der Rahm, damit die Luft langsam eingearbeitet wird, nur auf der niedrigsten Stufe und immer unter kreisenden Bewegungen aufgeschlagen werden; am Schluss am besten von Hand fertig schlagen. Zucker schon zu Beginn dem flüssigen Rahm zugeben. Schlagrahm sollte immer möglichst frisch verwendet werden.

Sablé: Sandteig, ein feinkörniger, sandiger Butterteig.

Talmouses: Seit dem Mittelalter bekanntes, ursprünglich pikantes Blätterteiggebäck. Heute in der süssen Form als kleine Blätter- oder Mürbeteigtörtchen, mit Mandel- oder Konditorcreme gefüllt und mit Hagelzucker und Puderzucker bestreut. Siehe dazu auch Seite 28 und 29.

Tarte/Tartelettes/Tourte: Tourte bezeichnet einen runden, mit pikanter oder süsser Füllung versehenen gedeckten Blätter- oder Mürbeteigkuchen. Eine Tarte ist ein flacher, meist runder Kuchen mit pikantem oder süssem Belag, und Tartelettes (auch Torteletts) sind kleine runde oder ovale blindgebackene Törtchenböden mit beliebiger Füllung.

Tortenringe sind einfache Aluminumringe in verschiedenen Grössen, die insbesondere in Profiküchen zur Herstellung von Tortenböden verwendet werden. Um einen Boden zu bilden, wird der Ring in Papier eingeschlagen: dazu stellt man ihn auf ein genügend grosses Stück Pergament- oder Backtrennpapier und wickelt dieses, indem man immer wieder eine Falte legt, satt aussen um den Ring. Der Ring wird innen nicht gefettet. Den gebackenen Tortenboden stürzt man auf ein leicht bemehltes Blech, damit die vom Backen eventuell unregelmässige Oberfläche schön glatt und plan wird und der Teig beim Abkühlen nicht austrocknet.

Vanillezucker: Mischung aus Zucker und zerkleinerten Vanilleschoten (mindestens 5%). Echter Vanillezucker ist erkennbar an den darin enthaltenen winzigen schwarzen Pünktchen, den Samenkörnern aus dem Mark der Vanilleschote. Nicht zu verwechseln mit dem synthetisch aus Nelkenöl, Kumarin und ähnlichem gewonnenen Vanillinzucker; dieser besitzt niemals die geschmackliche Qualität echten Vanillezuckers und hat oft einen bitteren Nachgeschmack. Vanillezucker lässt sich einfach selbst herstellen (Rezept Seite 253).

Werkzeug und Hilfsmittel: Neben Waage, Messbecher und gläsernem Messzylinder (siehe Masse und Gewichte) braucht es noch Rührschüsseln in verschiedenen Grössen; sie sollten einen abgerundeten Boden haben, damit man mit dem Schneebesen gut darin arbeiten kann. Am besten geeignet sind die halbkugelförmigen Rührschüsseln aus Edelstahl oder Kupfer, die genügend Platz bieten, um darin eine Masse zu rühren, und auch direkte Hitzeeinwirkung vertragen. Als Arbeitsfläche ideal ist eine Marmorplatte, notfalls auch eine glatte Fläche aus Kunststoff. Neben Teigroller (Nudelholz, Wallholz), Schneebesen verschiedener Grösse, Palettenmesser (siehe dort), Kochlöffeln und Spateln aus Holz oder Kunststoff, den verschiedenen kleinen Hilfen wie Messer, Backpinsel, Teigschaber, Teigrädchen ist ein Spritzbeutel mit glatten (Loch-) und gezackten (Stern-) Tüllen in verschiedenen Grössen für viele Arbeiten eine praktische Hilfe. Er eignet sich nicht nur zum Anbringen von Verzierungen, sondern auch zum Herstellen von ganzen Teig- oder Meringueböden und von Biskuits. Elektrische Hilfen können bis zu einem gewissen Grad Zeit und Arbeit sparen. Beim Schlagen von Schnee und Schlagrahm und zur Herstellung von Teigen und Massen ist jedoch die gute, alte Handarbeit meist immer noch unübertroffen und in jedem Fall dem Handrührgerät vorzuziehen. Eine Alternative ist allenfalls die Küchenmaschine; sie besitzt einen grösseren Besen, der sich dreht und zusätzlich grosse kreisende Bewegungen ausführt. Letztlich gilt jedoch: Nur durch die Bearbeitung von Hand lernt man die Produkte und ihr Verhalten bei der Bearbeitung wirklich kennen.

Zucker: Heisst es in den Rezepten «Zucker» ist immer weisser Streuzucker (Raffinade) gemeint; andere Formen von Zucker, wie Puderzucker oder brauner (Roh-) Zucker, sind also solche bezeichnet.

Zucker kochen: Für einige Rezepte wird Zuckersirup (meist «zum Ballen» gekocht) gebraucht. Dazu den mit Wasser vermischten Zucker zum Kochen bringen, ab und zu umrühren, damit der Zucker sich gleichmässig auflöst. Sobald er zu kochen beginnt, auf keinen Fall mehr rühren! Der Zucker könnte sonst kristallisieren; aus demselben Grund auch am Rand des Topfs anhaftende Sirupspritzer immer wieder mit einem feuchten Pinsel abstreifen. Zum Ballen gekocht (116–118°) ist er dann, wenn etwas in Eiswasser getropfter Zuckersirup sich zwischen Daumen und Zeigefinger leicht zu einer Kugel rollen lässt. Für Karamel wird Zucker mit wenig (eventuell auch ohne) Wasser unter ständigem Rühren gekocht, bis die gewünschte Bräune erreicht ist.

REZEPTVERZEICHNIS

**Rezeptverzeichnis
nach deutschen Bezeichnungen**

Die Originalausgabe erschien 1991
unter dem Titel «Desserts traditionnels de France»
bei Flammarion unter der Leitung von Ghislaine
Bavoillot und in der Gestaltung von Marc Walter.

Aus dem Französischen übersetzt
von Pierre F. Sommer.

© 1995 der deutschen Ausgabe:
AT Verlag, Aarau, Schweiz
Satz: Grafische Betriebe Aargauer Tagblatt AG, Aarau

Printed in Germany

ISBN 3-85502-549-5